Bernhard Springweiler

**Die menschliche Zivilisation**

Bernhard Springweiler

# DIE MENSCHLICHE ZIVILISATION

Untergehen oder überleben –
wofür entscheiden wir uns?

Dieses Buch entstand zwischen
August 2023 und Juli 2024

www.tredition.de

© 2024 Bernhard Springweiler
bernhard.springweiler.freiburg@gmail.com

ISBN
Hardcover: 978-3-384-28810-3
E-Book: 978-3-384-28811-0

Lektorat, Layout, Cover: Dr. Matthias Feldbaum,
Augsburg

Coverabbildungen: Riaf Seif – jarma – stock.adobe.com

Druck und Distribution im Auftrag des Autors:
tredition GmbH, Heinz-Beusen-Stieg 5, 22926 Ahrensburg

Das Werk, einschließlich seiner Teile, ist urheberrechtlich geschützt. Für den Inhalt ist der Autor verantwortlich. Jede Verwertung ist ohne seine Zustimmung unzulässig. Dies gilt insbesondere für die elektronische oder sonstige Vervielfältigung, Übersetzung, Verbreitung und öffentliche Zugänglichmachung. Die Publikation und Verbreitung erfolgen im Auftrag des Autors, zu erreichen unter: Bernhard Springweiler, Schenkstr. 5, 79106 Freiburg im Breisgau.

Bibliografische Information der Deutschen Nationalbibliothek: Die Deutsche Nationalbibliothek verzeichnet diese Publikation in der Deutschen Nationalbibliografie; detaillierte bibliografische Daten sind im Internet über http://dnb.d-nb.de abrufbar.

## Vorwort

Wir Menschen haben uns auf dem Planeten Erde heimisch gemacht und uns darauf eine Zivilisation errichtet. Wann immer in diesem Buch die Rede von unserer Zivilisation ist, dann ist damit die Gesamt-Zivilisation gemeint. Es geht in diesem Buch nicht um „Teil-Zivilisationen".

Wie hat sich unsere Zivilisation im Laufe der Zeit entwickelt, wo stehen wir heute und wie lange kann unsere Zivilisation überhaupt bestehen? Kann sie gar auf Dauer Bestand haben?

Beschäftigt man sich mit diesem Thema, kommt man nicht umhin, sich auch Gedanken über unser Universum zu machen – denn unser Universum ist die Heimat allen Lebens, auch unsere Heimat und die Heimat unserer Zivilisation. Betrachtet man das Universum und wie es funktioniert, gelangt man zwangsläufig zur Frage, ob wir allein sind oder ob es im Universum auch noch andere Zivilisationen gibt. Unterstellen wir, es gibt sie, dann wäre es interessant zu wissen, wie sich diese anderen Zivilisationen entwickelt haben. Auch in diesem Zusammenhang soll gelten: Immer, wenn von einer außerirdischen Zivilisation die Rede ist, dann ist die dortige Gesamt-Zivilisation gemeint. Gibt es Gemeinsamkeiten zwischen unserer Zivilisation und den anderen Zivilisationen – und worin würden die Unterschiede bestehen. In diesem Buch beschäftigen wir uns hauptsächlich mit unserer eigenen Zivilisation – aber wir werden auch immer einen Seitenblick auf die anderen Zivilisationen werfen.

Wie wird es weitergehen mit unserer Zivilisation – wird unsere Reise, die Reise der Menschheit weitergehen, und wie lange noch kann sie weitergehen? Dazu müssen wir uns ansehen, welche Einflussfaktoren es gibt, die sich auf die Entwicklung und den Fortbestand unserer Zivilisation auswirken. Diese Einflussfaktoren werden maßgebend von uns selbst bestimmt und ausgestaltet. Wir stehen heute vor großen Problemen und gewaltigen Herausforderungen.

Umso wichtiger ist es, einen Moment innezuhalten, Bilanz zu ziehen und realistisch einzuschätzen, wo wir heute stehen. Und wir müssen uns Gedanken darüber machen, ob die Richtung, in der wir bisher marschiert sind, für uns noch der richtige Weg ist. Müssen wir uns vielleicht in eine andere Richtung entwickeln, müssen wir uns und unsere Zivilisation, vielleicht sogar ein Stück weit neu erfinden? Darum wird es in diesem Buch gehen. Es steht viel auf dem Spiel: Es geht um nichts weniger als den Fortbestand unserer Zivilisation und am Ende sogar um das Überleben unserer eigenen Art – dem Homo sapiens.

Dazu ein Zitat von Stephen Hawking: „Wir stehen vor gewaltigen und überaus beunruhigenden Umweltproblemen: Klimawandel, Lebensmittelsicherheit, Überbevölkerung, Rückgang der Artenvielfalt, Epidemien, Übersäuerung der Meere. All diese Phänomene zeigen uns, dass wir gerade am gefährlichsten Zeitpunkt der Menschheitsgeschichte stehen."

Ob die Gefahr besteht und wie groß diese Gefahr ist, dass wir am Ende alles verlieren, dass die Menschheit und ihre Zivilisation untergehen, darüber gibt es sehr unterschiedliche Meinungen und darüber wird heftig gestritten. Aber es hat sich längst bei uns allen – bei jedem Einzelnen von uns – ein Gefühl dafür eingeschlichen, dass wir so nicht weitermachen können. Es ist uns schon längst klar geworden, dass wir unsere Zivilisation nicht noch mal 100 Jahre so weiterbetreiben können, wie wir das in den vergangenen 100 Jahren getan haben.

Mit diesem Gefühl geht jeder von uns anders um – manche haben Angst vor der Zukunft, andere machen sich große Sorgen, wieder andere resignieren, viele verdrängen es einfach und beschäftigen sich nicht damit und dann gibt es auch diejenigen unter uns, die sich kraftvoll engagieren, um etwas zum Besseren zu bewegen. Und dann gibt es noch ganz viele Menschen, die sich überhaupt keine Gedanken machen können, weil sie genug damit zu tun haben, irgendwie ihren eigenen Alltag geregelt zu bekommen. Menschen, die schon heute in Armut leben – aber auch Menschen, für die es immer schwieriger und schwieriger wird, mit ihrem Einkommen noch den eigenen Lebensunterhalt abzusichern. Es herrscht große Armut in vielen Entwicklungsländern, aber auch in unseren reichen Industrieländern fallen immer mehr Menschen in eine neue Form der Armut. Trotz Arbeit reicht ihnen ihr Einkommen nicht mehr aus, um ihre Kosten abzudecken – die Kosten für ihre Grundbedürfnisse, wie Nahrung, Energie und Wohnen. Wer täglich damit zu kämpfen hat, irgendwie „über die Runden zu kommen", hat keine Zeit, sich mit theoretischen Betrachtungen zu beschäftigen.

Irgendwie ist uns aber allen klar – jedem Einzelnen von uns –, dass wir uns auf keinem guten Weg befinden. Und kaum noch jemand glaubt, dass uns dieser Weg in eine erfolgreiche Zukunft wird führen können. Also muss ein neuer Weg her, also brauchen wir neue Ideen und Lösungen, Ideen und Lösungen, die unsere Zivilisation fit machen für die Zukunft. Darum wird es in diesem Buch gehen. Wir betrachten, welche Einflussfaktoren es gibt in Bezug auf die weitere Entwicklung unserer Zivilisation, wie diese Einflussfaktoren heute ausgestaltet sind und wie wir diese steuern und verändern müssen. Dies wird uns dann einen neuen Weg aufzeigen – den Weg in eine erfolgreiche Zukunft.

Einen neuen Weg zu finden, bedeutet immer auch eine Abkehr von vielem, was wir bisher gewohnt waren. Einen neuen Weg zu finden, heißt auch immer, eine gewisse Radikalität zuzulassen, wenn es um neue Ideen geht. Die Vorschläge in diesem Buch werden zunächst wie eine Utopie erscheinen – das ist richtig und auch so gewollt. Wenn man aber einer Utopie den Raum lässt, sich zu entfalten, wenn wir die Utopie in unseren Köpfen zulassen, dann kann aus einer Utopie am Ende eine Vision werden. Und wir brauchen heute nichts dringender als eine Vision.

# Inhalt

1. Was ist der Sinn unseres Lebens? ............................................. 13
2. Sind wir allein im Universum? – Teil 1 ................................... 15
3. Das Universum – die Heimat allen Lebens ........................... 22
4. Sind Zivilisationen für ewig gemacht? .................................... 32
5. Der Beginn unserer Zivilisation ................................................ 36
    5.1 Die Entstehung eines Ich-Bewusstseins ........................... 36
    5.2 Die aktive Nutzung des Feuers ........................................... 36
        5.2.1 Abkopplung von der Natur ........................................ 37
        5.2.2 Sozialverhalten und Sprache .................................... 39
        5.2.3 Das Prinzip Verbrennung als Energiequelle ........ 41
        5.2.4 Eingriff in das Ökosystem ......................................... 43
        5.2.5 Fazit ................................................................................. 43
6. Gibt es einen Fehler im System Natur? ................................... 45
7. Unser Lebenskorridor .................................................................. 51
    7.1 Erläuterung und Einführung ............................................... 51
    7.2 Wann wird es zu heiß für uns? ........................................... 52
    7.3 Wie viel Gift kann unser Organismus vertragen? ......... 56
    7.4 Der Sauerstoff in unserer Atemluft .................................. 58
    7.5 Wie gefährdet ist unser Lebenskorridor? ....................... 59
8. Die Gewalt – ein Bestandteil unserer Zivilisation ................ 61
9. Der Zivilisationsindex und was ihn beeinflusst .................... 66
    9.1 Erläuterung und Einführung ............................................... 66
    9.2 Die Abkopplung von der Natur .......................................... 70
    9.3 Das Bevölkerungswachstum .............................................. 75

9.4 Die Armut ... 85

9.5 Der Traum vom ewigen Wachstum ... 90

9.6 Das Gesetz des Stärkeren ... 98

9.7 Individualismus und Konsum ... 106

9.8 Die verweigerte Verantwortung ... 113

9.9 Das Kapital und wie es funktioniert ... 121

9.10 Die Globalisierung ... 127

9.11 Die Führungsstrukturen – Teil 1 ... 134

9.12 Der Kohlenstoff – Segen und Fluch ... 138

9.13 Der Krieg und seine Folgen ... 144

9.13.1 Wie hat Krieg angefangen? ... 147

9.13.2 Worin besteht die große Gefahr von Krieg? ... 150

9.13.3 Was kosten Kriege – und wer bezahlt sie? ... 151

9.13.4 Eisenhower und der militärisch-industrielle Komplex ... 153

9.13.5 Was sind die Alternativen zum Krieg? ... 155

9.13.6 Wer entscheidet über Krieg oder Frieden? ... 157

9.14 Brauchen wir ein Matriarchat? ... 161

9.14.1 Die Gleichberechtigung ... 161

9.14.2 Warum Männer gewalttätig und Frauen empathisch sind ... 162

9.14.3 Die Führungsstrukturen – Teil 2 ... 171

9.15 Eine neue Intelligenz und eine neue Wissenschaft ... 176

10. Die Herausforderungen, vor denen wir stehen ... 182

10.1 Was wir sofort anpacken müssen ... 182

10.2 Was wir mittelfristig verändern müssen ... 190

11. Wie wir die Veränderungen erreichen wollen .......................... 192
   11.1 Helfen Revolutionen weiter? ......................................... 192
   11.2 Vom friedlichen Umbau unserer Zivilisation ................... 194
12. Gefahren und Risiken auf unserem Weg .............................. 196
   12.1 Individualismus kontra Gemeinwohl ............................... 196
   12.2 Wie stabil sind unsere Demokratien? .............................. 198
   12.3 Wie umgehen mit Migration .......................................... 201
13. Lohnt es sich überhaupt, ein „anständiges" Leben zu führen? ........................................................................... 202
14. Untergehen oder überleben – wofür entscheiden wir uns? .... 205
Schlusswort ............................................................................. 210
Anhang ................................................................................... 211
   1. Anhang: Sind wir allein im Universum? – Teil 2 ................ 211
   2. Anhang: Einstein und die 4. Dimension ............................. 218
Danksagung ............................................................................ 224

# 1. Was ist der Sinn unseres Lebens?

Wir Menschen sind die einzigen Lebewesen, die sich fragen, worin der Sinn der eigenen Existenz besteht. Es gibt kein anderes Geschöpf auf unserem Planeten – weder Tier noch Pflanze – das nach dem Sinn seines Lebens fragen würde. Warum also stellen wir Menschen uns diese Frage? Weil wir wissende Geschöpfe sind – weil wir wissen, dass am Ende unseres Lebens der Tod auf uns wartet. Und dieses Wissen um unseren Tod macht es für uns Menschen mitunter so schwierig, in unserem eigenen, persönlichen Leben einen Sinn zu erkennen.

Wenn wir uns aber nach dem Sinn unseres Lebens fragen, dann müssen wir uns zuallererst daran erinnern, wo wir eigentlich herkommen. Jeder Einzelne von uns ist nämlich nicht nur ein Teil der Menschheit, sondern auch ein Teil der Natur. Aus dieser Natur sind wir hervorgegangen. Und diese Natur gibt jedem Lebewesen den gleichen Auftrag mit, den es in seinem Leben auszuführen hat. Dieser Auftrag besteht darin, durch sein eigenes Leben dazu beizutragen, dass die eigene Art erhalten bleibt, dass die eigene Art weiter existieren und sich weiterentwickeln kann. Die Natur hat nicht vorgesehen, dass im Leben eines ganz bestimmten Individuums ein erkennbarer Sinn zu bestehen hat. Ganz brutal ausgedrückt, die Natur hat es nicht vorgesehen, dass im Leben eines „Herrn Müllers" ein individueller Sinn zu liegen hat. In der Natur geht es nur darum, dass „die Müllers" als Art überleben – es geht in der Natur nie um ein einzelnes Individuum. Da wir Menschen aber wissende Geschöpfe sind, und über ein Bewusstsein verfügen, macht uns diese Erkenntnis das Leben nicht gerade einfacher. Und deswegen sind wir ständig auf der Suche nach einem anderen Sinn in unserem Leben, einem Sinn, der über das hinausgeht, was uns die Natur anzubieten hat.

Und auf der Suche nach diesem anderen Sinn – und weil diese Suche so wichtig für uns ist – haben wir das andere völlig aus den

Augen verloren. Denn unabhängig von diesem höheren Sinn bleibt die Aufgabe bestehen, die uns die Natur erteilt hat – die Aufgabe, die sie jedem Lebewesen mitgegeben hat –, die Aufgabe, sich für den Erhalt der eigenen Art einzusetzen. Die Aufgabe, dafür zu sorgen, dass auch die Nachkommen der eigenen Art noch Überlebenschancen haben. Wir sind heute so sehr auf der Suche nach dem Sinn unseres eigenen Lebens, dass wir völlig verdrängt haben, dass nach uns auch noch Menschen auf diesem Planeten leben müssen. Und es sind nicht irgendwelche Menschen – es sind unsere eigenen Kinder, Enkelkinder und Urenkel.

Die Suche nach einem tieferen Sinn in unserem Leben ist berechtigt – aber wir müssen auch wieder ein Stück weit dorthin zurückkehren, wo wir eigentlich herkommen. Wir müssen wieder ein Stück weit zurückkehren zur Natur und wir müssen begreifen, dass es nicht nur um uns geht, sondern auch um unsere Nachkommen. Wir müssen begreifen, dass wir es unseren Nachkommen schulden, Verantwortung für die Zukunft der Menschheit und ihrer Zivilisation zu übernehmen. Das muss wieder viel mehr zum Sinn unseres Lebens werden.

Und dann bleibt noch die Frage nach Gott. Wir können unserem Leben auch dadurch einen individuellen Sinn geben, indem wir einen religiösen Glauben leben. Glaube ist sinnstiftend – er gibt den Menschen Halt, Zuversicht, Stärke, Kraft, Trost, Mut und am Ende lässt der Glaube die Menschen sogar die Angst vor dem eigenen Tod verlieren. Wer einen starken Glauben hat, erkennt leicht einen Sinn in seinem Leben – und sogar in seinem Tod.

## 2. Sind wir allein im Universum? – Teil 1

Was bedeutet es denn, allein zu sein? Stellen wir uns vor, wir erleiden Schiffbruch auf einer einsamen Insel mitten im Pazifik, völlig auf uns allein gestellt und ohne jeden Kontakt zur Außenwelt. Wir könnten auf dieser Insel von der herrlichsten Natur umgeben sein, von blühendem Leben, Pflanzen und Tiere in allen nur denkbaren Arten und Formen, wunderschön anzusehen – also, wie in einem Paradies. Nur eines hätten wir nicht, wir hätten niemanden, mit dem wir uns unterhalten könnten, niemanden, der uns zuhört und dem wir zuhören könnten. Wenn wir keine Möglichkeit hätten, die Insel zu verlassen, und niemand anderes die Möglichkeit hätte, zu uns auf unsere Insel zu kommen – dann würde es uns nichts nützen zu wissen, dass es noch andere bewohnte Inseln gibt. Wir wären dann doch allein.

Wenn wir uns also fragen: „Sind wir allein im Universum?", dann kann es nicht darum gehen, ob irgendwo da draußen auf einem fernen Planeten einfaches Leben entstanden ist. Obwohl es zunächst auch eine wissenschaftliche Sensation wäre, würden wir einen solchen Planeten finden. Wir hätten dann zumindest den Beweis, dass es überhaupt Leben gibt, außerhalb unseres eigenen Sonnensystems. Aber je mehr solcher Planeten wir finden würden, umso mehr käme ein Verlangen auf, endlich zu erfahren, ob es da draußen im Universum auch noch andere Lebewesen gibt, die uns – dem Homo sapiens – ähnlich sind.

An dieser Stelle wollen wir einen Begriff einführen. Die Wissenschaft nennt uns, den „Homo sapiens" – dabei steht „Homo" für Mensch und „sapiens" kann man umschreiben mit dem Wort „Wissender", also „Homo sapiens" – der „wissende Mensch". Allgemein üblich sind Umschreibungen, wie der verstehende, verständige, weise, gescheite, kluge, vernünftige, vernunftbegabte Mensch, wenn vom Homo sapiens die Rede ist.

Wie wollen wir nun alle die bezeichnen, die in anderen Ecken des Universums leben und die sich, wie wir, auf ihrem Planeten eine Zivilisation aufgebaut haben? „Menschen" können wir sie nicht nennen, das wäre anmaßend von uns – denn es sind keine Menschen, sie sind etwas ganz Eigenes. Nennen wir sie deshalb ganz neutral „Wesen", und da sie sich ebenso weit entwickelt haben wie wir – vielleicht haben sie sich sogar viel weiter entwickelt als wir –, müssen sie ebenfalls „Wissende" sein. Nennen wir sie „wissende Wesen". Wenn also in diesem Buch die Rede von wissenden Wesen oder kurz, von *Wissenden* die Rede ist, sollen immer die gemeint sein, die außerhalb unseres Sonnensystems leben, und sich genau wie wir auf ihrem Planeten eine Zivilisation aufgebaut haben.

Gibt es außerhalb unseres Sonnensystems überhaupt Leben? Leben, das auf anderen Planeten entstanden ist, auf Planeten, die um weit entfernte und fremde Sonnen kreisen, also Leben weit weg von uns, irgendwo im Universum. Diese Frage stellt sich der Mensch, seit er zum ersten Mal den Nachthimmel bestaunte – all die Lichter sah und wie sie sich im Laufe der Nacht bewegten – und er damit angefangen hat, sich Gedanken darüber zu machen, was da oben ist und was da oben vorgeht.

Unser Universum muss voll von Planeten sein, auf denen Leben entstanden ist und immer noch entsteht. Auf allen Gesteinsplaneten – im Gegensatz zu reinen Gasplaneten – könnte Leben entstehen. Denn auf allen Gesteinsplaneten gibt es die gleichen chemischen Elemente und die gleichen Atome – die gleichen chemischen Elemente und Atome, aus denen das Leben besteht. Auf all diesen Gesteinsplaneten gilt auch die gleiche Chemie – die Chemie bestimmt die Spielregeln, welche Atome sich verbinden und wie das geschieht. Die Chemie bestimmt auch, welche chemischen Elemente miteinander Verbindungen eingehen und unter welchen Umweltbedingungen das möglich ist. Die Spielregeln sind überall im

Universum die gleichen. Und so könnten auf allen Gesteinsplaneten die Bausteine des Lebens vorhanden sein.

Weil das Leben aber Wärme braucht, um zu entstehen und zu existieren, müssen die Planeten im richtigen Abstand um ihren Stern herumfliegen. Zu nahe dürfen sie ihm aber auch nicht kommen – denn sonst würde die Hitze und die Strahlung der Sonne, die Entstehung von Leben auf dem Planeten unmöglich machen. Heute geht man davon aus, dass eine weitere Voraussetzung für die Entstehung von Leben auch das Vorhandensein von Wasser auf dem entsprechenden Planeten ist. Denn damit sich lebende Zellen bilden können, brauchen die Zellbestandteile ein Medium – ein Medium, in dem sie sich aufeinander zu bewegen können. Genau solch ein Medium ist Wasser. Wir wissen, dass dies im Wasser funktioniert – ob das etwa auch in Säuren genauso gut funktioniert, ist unklar. Es gibt aber noch weitere Bedingungen dafür, dass auf einem Planeten Leben entstehen kann. Wobei nicht ganz klar ist, ob alle Bedingungen gemeinsam, also gleichzeitig erfüllt sein müssen. Der Planet sollte eine Atmosphäre besitzen, ein Magnetfeld wäre ebenfalls von Vorteil und er sollte sich um seine eigene Achse drehen – also rotieren. Wir auf der Erde hatten ganz besonderes Glück, denn unser Planet hat auch noch einen eigenen Mond. Dieser Mond stabilisiert unsere Flugbahn um die Sonne und sorgte so dafür, dass das Leben relativ stabile Bedingungen hatte, um sich zu entwickeln.

Wir wissen, dass von all den Planeten, die es im Universum gibt, nur ein Bruchteil überhaupt geeignet ist, um Leben darauf zu ermöglichen – weil Planeten mit den passenden Umweltbedingungen eher die Ausnahmen sind. Dennoch, es gibt so unvorstellbar viele Planeten im Universum, dass es völlig ausreichen würde, wenn nur auf jedem tausendsten Planeten die Bedingungen stimmen würden. Dann hätte das Universum immer noch Hunderte Millionen Orte, die vonnöten für die Entstehung von Leben sind. Gleichzeitig muss man aber auch bedenken, dass wohl nicht auf jedem geeigneten

Planeten auch wirklich Leben entstünde – dass dies also eine Zwangsläufigkeit wäre. Es würde auch eine große Zahl von Planeten geben, die geeignet wären, wo aber dennoch kein Leben entsteht. Nehmen wir ein Beispiel aus dem Alltag. Stellen wir uns unser Land vor, mit all seinen Häusern und Wohnungen. In jedem Haushalt werden wir eine Küche vorfinden. Darin wird es die Zutaten geben, die man braucht, um einen Kuchen zu backen. Wenn nicht, kann man diese Zutaten ganz leicht im nächsten Supermarkt besorgen. Und in jeder der Küchen gibt es auch die passenden Kuchenrezepte, oder man kann sie sich, ebenfalls ganz leicht, von irgendwoher schnell und einfach besorgen. Was jetzt noch fehlt, ist ein Backofen. Wenn auch der vorhanden ist, kann in der Küche auch ein Kuchen gebacken werden. Dennoch wird nicht in jeder Küche täglich auch ein Kuchen gebacken. Aber wir können davon ausgehen, dass in unserem Land jeden Tag eine ganze Menge Kuchen gebacken wird. Wir müssen an keiner Wohnungstür klingeln und selbst nachschauen, um die Backaktivitäten auch mit eigenen Augen zu sehen. Wir wüssten es einfach, wir bräuchten nicht einmal einen wissenschaftlichen Beweis dafür. So ähnlich kann man sich das auch mit der Entstehung von Leben im Universum vorstellen. Die Zutaten sind vorhanden auf Gesteinsplaneten, das Rezept – die Spielregeln der Chemie – liegt auch vor, was noch dazu kommen muss, sind die passenden Umweltbedingungen. Es darf nicht so heiß sein, wie in einem Backofen – aber Wärme und dann noch einige andere Umweltbedingungen müssen passen. Trotzdem wird nicht auf jedem geeigneten Planeten dann auch tatsächlich Leben entstehen – genauso wenig, wie in unserem Land in jeder einzelnen Küche täglich ein Kuchen gebacken wird. Aber es gibt diese Orte, die Planeten, auf denen Leben entstehen kann, Hunderte Millionen Mal, also wird es auch ganz viele Planeten geben, auf denen tatsächlich Leben entstanden ist. Wir müssen das auch nicht unbedingt im Detail überprüfen; wir wissen es einfach, dass es solche Planeten gibt.

Gut, es gibt an ganz vielen Orten im Universum Leben, aber was ist mit Zivilisationen – gibt es die auch so häufig? Das ist schwer zu sagen. Wir machen jeden Tag neue Beobachtungen, gewinnen jeden Tag neue Erkenntnisse dazu – und so gibt es auch immer wieder neue Schätzungen. Was aber einleuchten dürfte, ist, dass es im Universum weit weniger Zivilisationen geben wird, als es belebte Planeten gibt. Es kann nicht auf jedem Planeten, auf dem es Leben gibt, auch eine Zivilisation entstehen. Denn dazu reicht es nicht aus, dass sich Pflanzen und Tiere entwickeln – dazu muss sich ein *wissendes Wesen* entwickeln, so wie sich auf unserer Erde der Mensch entwickelt hat. Vor etwa 3,5 Milliarden Jahren tauchten auf unserer Erde die ersten Spuren von Leben auf. Es hat sehr lange gedauert, bis am Ende der Entwicklung der Homo sapiens entstanden ist und sich dann eine Zivilisation errichtet hat. Es gibt uns Menschen erst seit etwa 300.000 Jahren – daran kann man ermessen, wie langsam sich das Leben entwickelt hat.

Bekommt das Leben auf jedem Planeten immer genug Zeit, damit sich am Ende ein *wissendes Wesen* entwickeln kann, das sich dann auch noch eine eigene Zivilisation errichten kann? Das ist eher unwahrscheinlich. Es gibt so vieles, was dazwischenkommen könnte, was das Leben auf einem Planeten jäh beenden könnte. Ein belebter Planet könnte seine Atmosphäre verlieren, er könnte sein Magnetfeld verlieren, er könnte von einem anderen Himmelskörper getroffen und etwas aus seiner Bahn geworfen werden, es könnten auf dem Planeten für Tausende von Jahren Supervulkane ausbrechen und die Atmosphäre so vergiften, dass alles Leben ersticken würde – viele solcher Katastrophen wären denkbar. Und alle diese Katastrophen würden die Entwicklung des Lebens vorzeitig beenden. Deshalb muss man annehmen, dass es im Universum weit weniger Zivilisationen gibt als Planeten, auf denen einfaches Leben – also Pflanzen und Tiere – entstanden ist. Heute wird geschätzt, dass es allein in unserer Galaxie – der Milchstraße – bis zu 60 Zivilisationen geben könnte. Bezogen auf das gesamte Universum könnte es dann eine Million Zivilisationen geben.

Und was wäre, wenn wir doch allein wären im Universum? Wenn es zwar ganz viele Planeten mit Leben gäbe, aber nur auf einem einzigen Planeten – der Erde – gäbe es *wissende Wesen*? Wenn etwas Vergleichbares wie der Mensch sonst nirgendwo im Universum entstanden wäre. Wenn es überall sonst – auf anderen Planeten – nur einfaches Leben geben würde. Kann man sich das überhaupt vorstellen?

Nehmen wir dazu folgendes Beispiel: Wir treffen uns an einem Sonntagnachmittag mit fünf netten Menschen, um gemeinsam ein Würfelspiel zu spielen. Jeder sucht sich eine bestimmte Zahl aus – wir entscheiden uns für die „6". Die Würfel gehen reihum und bei jedem Wurf wird ausgezählt, wie oft die einzelnen Zahlen der Würfel gefallen sind. Gleich am Anfang kommt einmal die „6" – aber nur einmal – danach nicht mehr. Wir würfeln und würfeln, es will einfach keine „6" mehr fallen. Wir ärgern uns, weil das unsere Zahl ist, und fangen an zu zweifeln, ob mit diesen Würfeln alles in Ordnung ist. Der Spielnachmittag ist längst beendet, doch uns lässt es keine Ruhe und wir würfeln immer weiter, am Ende haben wir eine Million Mal gewürfelt – aber es ist wie verhext – nur ein einziges Mal war die „6" gekommen. Wir hören auf zu würfeln und kommen zur Erkenntnis, dass diese Würfel manipuliert sein müssen. Dafür bräuchten wir dann auch keinen wissenschaftlichen Beweis mehr, wir wüssten es einfach.

Wenn es in unserem Universum eigentlich eine Million Zivilisationen geben sollte – tatsächlich gäbe es aber nur eine einzige, nämlich unsere auf dem Planeten Erde, wäre das nicht, ebenso wie beim Würfelspiel, eine ungeheuerliche Manipulation? Es müsste eine Manipulation sein, weil es gegen alles wäre, was wir bei einem normalen, gesetzmäßigen Ablauf der Dinge erwarten dürften, ja sogar erwarten müssten. Wer wäre in der Lage, wer hätte die Macht dazu, so ungeheuerlich in die Abläufe des Universums einzugreifen und es derart zu manipulieren? Nur einer könnte das, nur einer wäre so groß und so mächtig, es müsste ein Wesen sein, das über alles bestimmt – ja sogar über das Universum selbst –, es müsste Gott sein. Wären wir Menschen wirklich allein im Universum, wären nirgendwo sonst, als auf unserer Erde – diesem winzigen Planeten in einem endlos großen Universum voller Möglichkeiten – *Wissende* und Zivilisationen entstanden, dann wäre das der unwiderlegbare Beweis für die Existenz Gottes, dann könnten wir absolut sicher sein, dass es Gott gibt.

Aber so ist es nicht – wir können davon ausgehen, dass es ganz viele *Wissende* und ganz viele Zivilisationen im Universum gibt, es könnte eine Million Zivilisationen geben. Ist das nun der Gegenbeweis? Ist das ein Beweis dafür, dass es keinen Gott gibt? Nein, das ist kein Gegenbeweis, aber es bedeutet, dass wir Menschen nicht einmalig sind und Gott noch andere *Wissenden* erschaffen hat.

Wie ist das nun mit diesen anderen *Wissenden* im Universum? Sitzen sie auch an einem warmen Sommerabend auf dem Balkon, schauen in den Sternenhimmel und denken darüber nach, ob es da oben – da draußen – sonst noch irgendwo Leben gibt und ob es noch andere *Wissenden* gibt im Universum? Und fragen sie sich auch nach dem Sinn ihres Lebens – fragen sie sich auch nach dem Sinn ihrer Existenz? Wenn sie *Wissende* sind, werden sie genau das tun – sie werden das Gleiche tun, was auch wir als wissende Menschen tun. Wir Menschen sind also in doppelter Hinsicht nicht allein im Universum: Wir sind nicht die einzigen *Wissenden*, die existieren, und wir sind auch nicht die einzigen *Wissenden*, die darüber nachdenken, dass sie existieren und warum sie existieren.

## 3. Das Universum – die Heimat allen Lebens

Wenn man sich mit unserer Zivilisationen beschäftigt, kommt man nicht umhin, sich auch das Universum etwas genauer anzusehen. Denn das Universum ist die Heimat allen Lebens und damit auch die Heimat unserer und aller anderen Zivilisationen. Es reicht aber aus, sich mit den Aspekten des Universums zu beschäftigen, die für unsere Existenz maßgebend sind. Damit ist gemeint, dass wir hinterfragen müssen, welche Geschehnisse, welche Veränderungen und welche Entwicklungen, die unser Universum durchmacht, darüber entscheiden, ob und wie lange Leben und Zivilisationen im Universum überhaupt möglich sind.

Unser Universum selbst hat auch einen Lebenszyklus, genau wie wir das aus unserem Leben und auch von allen anderen Lebensformen auf unserem Planeten kennen. Wir kennen das Prinzip „Geburt – Wachstum – Reifung – Alter – Tod". Dieses Prinzip beruht auf einer ständigen Veränderung – es gibt niemals Stillstand. Das ist das Prinzip, das wir aus unserem eigenen Leben kennen – und alles Leben im Universum funktioniert nach diesen, gleichen Regeln. Ja, selbst das Universum funktioniert danach. Die Regel ist ganz einfach und lautet: Alles verändert sich – nichts bleibt, wie es ist. Alles, was ist, verschwindet irgendwann auch wieder und macht Platz für etwas Neues. So ist es auch mit uns Menschen, durch unseren Tod machen wir am Ende Platz für die nachfolgenden Generationen. Das ist nichts anderes als Veränderung – das beherrschende Prinzip und die treibende Kraft im Universum.

Es liegt auf der Hand, dass dieses beherrschende Prinzip im Universum, das Prinzip der Veränderung, im krassen Widerspruch steht, zu einem der größten Wünsche und Hoffnungen des Menschen: nämlich dem Wunsch und der Hoffnung auf Ewigkeit – dem Wunsch und dem Hoffen auf ein ewiges Leben. Diese Frage werden wir später in diesem Kapitel nochmals aufgreifen.

Im All ist es sehr kalt, ungefähr minus 270 Grad Celsius. Kein schöner Ort, um dort zu leben. Jede Form von Leben benötigt Licht und Wärme – beides gibt es im All nicht. Wobei mit All der leere Raum im Universum gemeint ist. Und dieser leere Raum im Universum ist von unvorstellbar großen Ausmaßen. Es gibt darin „kleine" Inseln, wobei diese Inseln klein sind, in Bezug auf den leeren Raum, der zwischen ihnen liegt. Diese Inseln sind die Galaxien, die aus Abermilliarden von Sonnensystemen bestehen. In diesen Sonnensystemen gibt es Licht und Wärme. Alles Leben im Universum spielt sich in den Sonnensystemen ab, und damit in den Galaxien – also in den kleinen Inseln, die sehr weit auseinanderliegen und sehr weit voneinander entfernt sind. Nicht das Universum selbst ist voll von Planeten, auf denen Leben entstanden ist und immer noch entsteht, sondern nur die Galaxien sind voll von solchen Planeten. Unsere eigene Galaxie, die „Milchstraße", ist unsere Heimat und die Heimat des Planeten Erde.

In Galaxien also, und nur dort, ist Leben möglich und auch nur dort, können sich Zivilisationen entwickeln. Denn nur dort gibt es Licht und Wärme. Wir können uns die Galaxien vorstellen als eine Ansammlung von sehr viel Materie. Ein Teil dieser Materie ist das gasförmige Element Wasserstoff. Wasserstoff ist das häufigste Element im Universum. Aus diesem Element bestehen die Sterne, also auch unsere Sonne. In einem Stern ist der Wasserstoff so verdichtet und zusammengepresst, dass eine atomare Kettenreaktion in Gang kommt – wobei die Wasserstoffatome miteinander verschmelzen. Es werden keine Atome gespalten, wie in unseren Atomreaktoren auf der Erde, sondern es werden Atome miteinander verschmolzen. Dabei entsteht – quasi als Nebenprodukt – sehr viel Wärme und Licht, dass dann abgestrahlt wird zu den Planeten, die sich in diesem Sonnensystem befinden. Die Sterne erhellen den Raum um sich herum und versorgen die Planeten mit Wärme – die Sterne sind also der Quell allen Lebens im Universum. Auf den Sternen selbst wäre es viel zu heiß, dort könnte kein Leben existieren. Leben kann nur auf Planeten entstehen – möglicherweise auch auf Monden, also auf Himmelskörpern, die ihrerseits zu einem Planeten gehören und diesen umkreisen.

Da unser Universum aber einer ständigen Veränderung und Umwandlung unterliegt, haben auch die Sterne keine unbegrenzte Lebensdauer. Sie entstehen, existieren eine Weile und vergehen dann wieder. Große Sterne explodieren am Ende ihres Lebens in einer Supernova – und aus dem Explosionsstaub und frischem Wasserstoff, der im Universum (noch) reichlich vorhanden ist, entstehen neue Sterne und ihre Planeten. Und so folgt eine Sternengeneration der Nächsten. Allerdings wird auch das nicht bis in alle Ewigkeit so weitergehen, denn irgendwann wird aller freier Wasserstoff verbraucht sein. Denn in einem Stern wird der Wasserstoff – das leichteste, gasförmige Element – nach und nach in immer schwerere, feste Elemente umgewandelt. Diese Abfolge wird dann zum Erliegen kommen, wenn es im Universum einst keine Wasserstoffwolken mehr gibt, aus denen neue Sterne entstehen könnten. Die alten, noch bestehenden Sterne, werden dann nach und nach ihr Leben beenden, ohne, dass neue Sterne nachkommen. In den Galaxien – den Inseln des Lebens – werden buchstäblich die „Lichter ausgehen" und es wird so kalt, dass alles Leben zu Eis gefriert.

Diese fortlaufende Umwandlung, also eine permanente Abfolge von Veränderungen, wird am Ende unser Universum zu einem zutiefst lebensfeindlichen Ort machen. Wenn wir uns also mit Leben im Universum beschäftigen und mit den darin entstandenen Zivilisationen, müssen wir uns immer vor Augen halten, dass es eine natürliche, zeitliche Grenze gibt – für unsere und alle anderen Zivilisationen. Und weil diese für uns eine so große, fundamentale Bedeutung hat, hat diese Grenze auch einen wissenschaftlichen Namen erhalten: Man nennt sie den „Kältetod" unseres Universums. Am Ende stirbt unser Universum den Kältetod – und mit ihm alles

Leben im Universum. Und wann wird das passieren: nach Schätzungen der Wissenschaftler in ungefähr $1^{14}$ Jahren (100.000.000.000.000 Jahren).

Aber schon vorher, nämlich in ungefähr 5–7 Milliarden Jahren, wird unsere Sonne ihren gesamten Wasserstoffvorrat verbraucht haben. Unsere Sonne ist zu klein. Sie wird nicht in einer Supernova explodieren – mit ihr geschieht am Ende ihres Lebens etwas anderes. Sie wird sich zu einem „Roten Riesen" aufblähen, der sich so weit ausdehnt, dass er die Erde fast verschlucken wird. Dabei wird es auf der Erde so heiß werden, und sie wird einer so intensiven Strahlung ausgesetzt sein, dass ein weiteres Überleben auf der Erde unmöglich sein wird. Danach wird sich unsere Sonne wieder zusammenziehen und zu einem „Weißen Zwerg" schrumpfen. Wenn es also in 5–7 Milliarden Jahren uns Menschen und unsere Zivilisation auf der Erde noch geben sollte, dann müssen wir rechtzeitig unsere Erde verlassen und woanders Schutz suchen und weiter leben.

Wir wissen also, dass allem Leben und auch allen Zivilisationen, die im Universum entstanden sind und noch entstehen werden, zeitliche Grenzen gesetzt sind. Das Ende ist unausweichlich und alles Leben im Universum wird verschwinden. Was ist aber mit dem Wunsch und der Hoffnung nach Ewigkeit – dem Wunsch und dem Hoffen auf ein ewiges Leben. Denkbar wäre es, dass die Menschheit und andere *Wissenden* im Universum dem endgültigen Untergang, der zwangsläufig kommen wird, entkommen könnten. Dazu müssten wir aber rechtzeitig unser sterbendes Universum verlassen, aus ihm flüchten – hinüber in ein anderes Universum.

Betrachtet man es aus religiöser Sicht, dann könnte die Rettung in einer neuen Arche Noah liegen, die rechtzeitig erscheint und alle Menschen und andere *Wissenden*, die ein gottesfürchtiges Leben geführt haben, aufnimmt und mit ihnen rechtzeitig in ein anderes Universum hinüberfährt.

Wenn wir uns Gedanken machen über unsere eigene, menschliche Zivilisation, dann muss uns klar sein, dass sie irgendwann zwangsläufig untergehen muss – jedenfalls kann sie auf dem Planeten Erde und in diesem Universum nicht für ewig weiter bestehen. Aber es gibt noch einen anderen Vorgang im Universum, den man sich anschauen muss, wenn man über unsere und andere Zivilisationen nachdenkt. Es geht ja nicht nur um die Frage, ob es andere Zivilisationen gibt, sondern auch darum, ob wir jemals mit diesen anderen Zivilisationen im Universum direkten Kontakt aufnehmen könnten, also sie besuchen könnten. Das größte Hindernis sind die unvorstellbar großen Entfernungen, die wir überwinden müssten, um andere Zivilisationen besuchen zu können. Wenn wir Menschen über Entfernungen nachdenken, dann nehmen wir als Maßstab die Entfernungen, die wir aus unserem Alltag kennen, wie zum Beispiel ein Flug von Europa nach Australien. Solche Entfernungen sind aber nichts, im Vergleich zu den Entfernungen, die wir im Universum überwinden müssten. Wir müssten Reisen unternehmen, die so lange dauern würden, dass die Astronauten, die von der Erde gestartet sind, unterwegs auf ihrer Reise Kinder und Enkelkinder bekommen müssten, und erst die Enkelkinder würden dann am Ziel ankommen. Um solche Entfernungen geht es, die man im Universum überwinden müsste, wollte man zu anderen Zivilisationen fliegen.

Das Universum ist etwa 13,8 Milliarden Jahre alt, unser Sonnensystem ist aber erst vor etwa 4,5 Milliarden Jahren entstanden. Unsere Erde ist also noch jung, im Vergleich zum Universum. Die Sonnensysteme im Universum sind nicht auf einen Schlag entstanden, sondern nach und nach geboren worden. Das bedeutet auch, es gibt Sonnensysteme – und damit auch Planeten –, die viel älter sein müssen als unser Sonnensystem und unsere Erde. Demnach müsste es auch Zivilisationen geben, die lange vor unserer entstanden sind und die viel älter sind als unsere Zivilisation.

Wenn man bedenkt, welche, und wie viele Erfindungen wir Menschen in den letzten 100 Jahren gemacht haben, wie sich unsere Technologien weiterentwickelt haben, dann könnte man, nein, dann muss man davon ausgehen, dass viel ältere Zivilisationen, inzwischen über Technologien verfügen, von denen wir Menschen heute noch nicht einmal zu träumen wagen. Aber völlig unabhängig davon, welche Erfindungen wir Menschen in der Raumfahrttechnik noch machen, und völlig unabhängig davon, wie groß der technologische Vorsprung älterer Zivilisationen auch sein mag, Reisen durch das Universum werden immer Reisen sein, die sehr lange dauern. Als wäre das nicht genug an Schwierigkeiten beim Reisen durch das Universum, es kommt noch dazu, dass sich das Universum ausdehnt. Die Entfernungen sind jetzt schon riesig – sie werden aber tatsächlich noch größer, weil auch das Universum selbst immer größer wird. Die Expansion des Universums spielt also auch eine Rolle, wenn wir Menschen uns darüber Gedanken machen, irgendwann einmal zu fremden Zivilisationen zu reisen.

Wie kann man sich die Expansion des Universums bildhaft vorstellen? Nehmen wir an, wir stehen an einer Küste, vor uns liegt ein riesiger Ozean, hinter uns das Festland – rechts und links von uns dehnt sich die Küstenlandschaft aus. Vor uns liegt ein Hafen und in diesem Hafen liegen viele Schiffe – sie liegen aber nicht komplett verstreut, sondern in einzelnen Gruppen versammelt. Die Schiffe sind nicht verankert, aber innerhalb der einzelnen Gruppen sind die Schiffe aneinandergekettet, damit sie nicht auseinandertreiben. Die Schiffe haben ihre Motoren ausgeschaltet. Jetzt stellen wir uns vor, dass direkt vor dem Hafen ein Tiefseegraben endet und dieser Tiefseegraben befördert sehr kaltes Wasser aus der Meerestiefe nach oben. Direkt im Hafen strömt das kalte Wasser aus der Tiefe an die Meeresoberfläche, ändert seine Richtung und strömt dann fächerförmig hinaus in den offenen Ozean. Da die Schiffe nicht verankert sind, werden sie von der Meeresströmung erfasst und von ihr mitgenommen – sie werden fächerförmig vom Hafen weggetrieben. Die Schiffe selbst bewegen sich gar nicht, ihre Motoren sind ja ausgeschaltet – aber das Wasser unter ihnen bewegt sich und nimmt die Schiffe mit sich mit. Eigentlich müsste die Meeresströmung auch innerhalb eines Schiffsverbandes, die einzelnen Schiffe auseinandertreiben. Das passiert aber nicht, weil die Schiffe ja aneinandergekettet sind. Diese Ketten halten die Schiffe zusammen und sorgen dafür, dass sich eine Schiffsgruppe nicht auflöst. Da die Meeresströmung sich vom Hafen aus fächerförmig in den Ozean ergießt, entfernen sich die Schiffsverbände nicht nur immer weiter vom Hafen, sondern auch der Abstand zwischen den Schiffsgruppen wird immer größer. Sie treiben nicht nur immer weiter vom Hafen weg, die Schiffsverbände treiben auch immer weiter auseinander.

So in etwa kann man sich es vorstellen, wenn sich unser Universum ausdehnt. Die Schiffsverbände sind nichts anderes als die Galaxien. Der Ozean steht für den Raum im Universum. Und die Meeresströmung steht für die Kraft, die das Universum immer weiter auseinanderdehnt. Die Galaxien werden, wie in unserem Beispiel die Schiffsverbände, von der Ausdehnung des Raums mitgenommen. Es sind also nicht die Galaxien, die sich voneinander wegbewegen, es ist die Ausdehnung des Raums, der die Galaxien immer weiter auseinandertreibt. Und die Kraft, die das schafft – also in unserem Beispiel die Meeresströmung –, diese Kraft ist die dunkle Energie. Die dunkle Energie ist die treibende Kraft, wenn es darum geht, unser Universum immer weiter auseinanderzudehnen.

Man könnte meinen, die dunkle Energie müsste auch eine einzelne Galaxie auseinanderreißen und alle darin befindlichen Sonnensysteme in den Weiten des Universums zerstreuen. Aber das geschieht nicht, weil die Sonnensysteme innerhalb einer Galaxie – wie in unserem Beispiel die einzelnen Schiffe innerhalb des Schiffsverbandes – aneinandergekettet sind. Das schafft die andere, große Kraft im Universum – die Gravitation, also die Anziehungskraft, mit der sich Materie gegenseitig anzieht. Sie entspricht in unserem Beispiel den Ketten, durch die die einzelnen Schiffe zusammengehalten werden. Die Gravitation ist die andere Kraft im Universum – man könnte sagen, die Kraft, die zusammenhält. Galaxien und Sonnensysteme bestehen aus Materie – sichtbarer und nicht sichtbarer Materie – und diese Materie wird von der Gravitation zusammengehalten.

Die nicht sichtbare Materie nennen wir die „dunkle Materie". Aber woher wissen wir überhaupt, dass es auch dunkle Materie gibt, wenn wir sie nicht sehen können? Auch bei der dunklen Energie stellt sich dieselbe Frage. Nun, wir leben in einem mathematischen Universum – andere Universen sind vielleicht anders aufgebaut – und alles, was in unserem Universum geschieht, kann man mit mathematischen Formeln beschreiben. Und das Schöne ist, diese mathematischen Formeln gelten überall im Universum. Wir können berechnen, wie viel Gravitation erforderlich ist, um zu verhindern, dass Galaxien auseinanderfliegen. Und diese Berechnungen haben uns gezeigt, dass die sichtbare Materie – also die Sterne und Planeten – innerhalb einer Galaxie nicht ausreichen würde, um genug Gravitation zu erzeugen. Da die Galaxien aber nicht auseinanderfliegen, muss es noch weitere Materie geben – innerhalb einer Galaxie –, damit genug Gravitation erzeugt werden kann. Und wie viel zusätzliche Materie es in einer Galaxie geben muss, das lässt sich mathematisch berechnen. Ähnlich ist das mit der dunklen Energie: Wir wissen, wie schnell sich unser Universum ausdehnt. Das kann man beobachten und mithilfe von mathematischen Formeln lässt sich dann berechnen, dass es eine unsichtbare Kraft geben muss und wie stark diese Kraft sein muss. Auch wenn wir die dunkle Energie nicht sehen können, berechnen können wir sie – in unserem mathematischen Universum.

Zusammenfassend können wir also sagen, überall im Universum, wo Materie versammelt ist, wirkt die Gravitation und hält diese Materie zusammen. Überall dort im Universum, wo keine Materie versammelt ist, stattdessen sich nur leerer Raum befindet, wirkt die dunkle Energie und treibt den leeren Raum auseinander. Da sich die Galaxien aber auch innerhalb des leeren Raums befinden, werden auch sie von der Ausdehnung des leeren Raums erfasst und mitgenommen – bleiben aber dabei als vollständige Galaxien erhalten.

Warum ist die Expansion des Universums wichtig, für unsere Beschäftigung mit anderen Zivilisationen und für die Frage, ob wir jemals zu anderen Zivilisationen werden hinfliegen können? Nun, wir leben in der Milchstraße – das ist unsere Galaxie – und alle anderen Galaxien entfernen sich von unserer Milchstraße – durch die Ausdehnung des Universums. Schauen wir uns dazu ein Beispiel aus dem Alltag an. Es würde überhaupt keinen Sinn ergeben, an einem Sonntag einen Bekannten besuchen zu wollen und dafür mit unserem Auto in seine Richtung zu fahren, wenn sich dieser Bekannte ebenfalls gerade in sein Auto gesetzt hat und davonfährt. Wir würden ihm dann hinterherfahren und versuchen, ihn einzuholen. Wenn er mit seinem Auto aber schneller fährt, als wir, dann könnten wir ihn nie einholen. Das Gleiche könnte uns passieren, wenn wir versuchen würden, mit einem Raumschiff zu einer anderen Galaxie zu fliegen. Die Galaxie könnte sich schneller von uns wegbewegen, als wir ihr mit unserem Raumschiff hinterherfliegen könnten. Realistisch betrachtet ist es nur sinnvoll, innerhalb unserer eigenen Galaxie, der Milchstraße, nach anderen Zivilisationen zu suchen. Die sind immer noch sehr weit von uns entfernt, aber sie bleiben – sehr vereinfacht gesagt – wenigstens an Ort und Stelle.

Wir kennen das aus unserem Leben: keine Regel ohne Ausnahme. Unsere Nachbargalaxie, die Andromedagalaxie, tut etwas, was uns auf den ersten Blick seltsam erscheinen mag. Sie entfernt sich nämlich nicht von uns, sondern kommt auf uns zu, um sich in etwa vier Milliarden Jahren mit unserer Galaxie, der Milchstraße, zu einer neuen, größeren Galaxie zu vereinigen. Eigentlich müsste sich die Andromedagalaxie doch von uns entfernen, so wie es alle anderen Galaxien auch tun. Das ist aber nur auf den ersten Blick ein Widerspruch – Andromeda und Milchstraße sind nach kosmischen Maßstäben zwei sehr enge Nachbarn. Sie liegen so eng beieinander, dass die Gravitation, die sie gegenseitig aufeinander ausüben, viel stärker ist als die Kraft der dunklen Energie. Sie ziehen sich gegenseitig so stark an, dass die dunkle Energie es nicht schafft, sie auseinanderzuhalten, geschweige denn, sie auseinanderzutreiben. Würden Andromeda und Milchstraße deutlich weiter auseinanderliegen, dann würde am Ende die dunkle Energie gewinnen – so aber, gewinnt am Ende die Gravitation und sorgt dafür, dass Andromeda und Milchstraße sich zu einer neuen, größeren Galaxie vereinigen können.

Werfen wir noch einen Blick auf die anderen Zivilisationen im Universum – werden sich die *Wissenden* dort auch Gedanken darüber machen, ob es noch andere Zivilisationen im Universum gibt und ob man zu ihnen hinfliegen könnte? Mit Sicherheit, man kann davon ausgehen, dass es sich um genauso interessierte Geschöpfe handelt, wie wir es sind, die auch genauso neugierig sein werden. Auch sie werden mit ihren Teleskopen den Nachthimmel absuchen – immer auf der Suche nach anderem Leben im Universum.

## 4. Sind Zivilisationen für ewig gemacht?

Wir wissen, dass unser Universum irgendwann den Kältetod stirbt – und alle Zivilisationen mit ihm. Trotzdem stellt sich die Frage, ob Zivilisationen überhaupt so lange – also über Milliarden von Jahren – existieren können. Das wäre immerhin eine sehr, sehr lange Zeit, in der sich Zivilisationen dann immer weiterentwickeln könnten. Oder gibt es Gründe, warum Zivilisationen gar nicht so alt werden können und schon vorher untergehen? Es soll jetzt nicht die Rede sein, von kosmischen Katastrophen, etwa einem Asteroideneinschlag. Ein solches Ereignis kann eine Zivilisation jederzeit auslöschen. Nein, es geht um die Frage, ob Zivilisationen sich nicht zwangsläufig irgendwann selbst zerstören – ob nicht bei jeder Geburt einer Zivilisation, unabhängig davon, in welcher Ecke des Universums das gerade geschieht, der Keim ihrer Selbstzerstörung gleich mitgeboren wird.

Es ist nicht abwegig, zu vermuten, dass allen Zivilisationen die grundlegende Tendenz innewohnt, sich irgendwann selbst zu zerstören. Ob das am Ende tatsächlich geschieht, ist eine ganz andere Frage – wir wissen es nicht. Wir kennen nur unsere eigene Zivilisation – wir fangen gerade damit an, nach Planeten zu suchen, auf denen Leben möglich sein könnte. Wir haben aber noch keine außerirdischen Zivilisationen entdeckt. Es gibt keine Geschichtsbücher im Universum, in denen wir nachlesen könnten, ob frühere Zivilisationen untergegangen sind und wenn ja, warum. Wir haben nur Erfahrungen mit unserer eigenen Zivilisation, und wir sind mehr oder weniger auf Vermutungen angewiesen, wenn wir uns die Frage stellen, wird unsere Zivilisation auf Dauer existieren. Wir testen unsere eigene Zivilisation gerade aus, wie belastbar sie tatsächlich ist.

Warum aber, haben Zivilisationen überhaupt die grundlegende Tendenz, sich selbst zu zerstören? Schauen wir uns dazu ein Beispiel aus unserem Alltagsleben an. Stellen wir uns vor, wir haben uns eine hochwertige und teure Küchenmaschine gekauft, die uns beim Kochen und Backen wertvolle Hilfe leisten soll. Solch eine Maschine hat schon eine Menge an Technik, an mechanischen Teilen und auch an Elektronik in ihrem Inneren verbaut. Solange wir diese Küchenmaschine in Ruhe lassen und mit ihr nur kochen und backen, wird sie sehr gut funktionieren. Wenn man aber hingeht, das Gehäuse der Küchenmaschine öffnet und damit anfängt, im Innenleben der Maschine herumzuschrauben, was wird dann wohl passieren? Wenn wir großes Glück haben, wird die Maschine hinterher noch einwandfrei weiter funktionieren – sehr viel wahrscheinlicher ist es aber, dass unsere Küchenmaschine hinterher kaputt ist.

Übertragen wir dieses Beispiel auf unsere Zivilisation. Bevor der Homo sapiens – also wir, der moderne Mensch – auf der Bildfläche erschienen ist, gab es auf unserer Erde eine hervorragend funktionierende Natur, ein Ökosystem, das in sich stimmig war, alles war aufeinander abgestimmt – ein Rädchen hat in das andere gegriffen und die Natur selbst hat dafür gesorgt, dass das vorhandene Gleichgewicht erhalten blieb. Die Dinosaurier waren zwar große und mächtige Tiere, und viele andere haben vor ihnen gezittert und sich vor ihnen versteckt, aber sie wären nie in der Lage gewesen, in die vorgegebenen Abläufe der Natur einzugreifen und damit die Umwelt zu verändern. Bezogen auf unser Beispiel bedeutet das, die Dinosaurier hätten niemals das Gehäuse der Küchenmaschine öffnen und im Innenleben der Maschine herumschrauben können. Und wäre der Mensch nicht aufgetaucht, könnte das Ökosystem, dass sich die Natur erschaffen hatte, noch Milliarden Jahre so gut weiter funktionieren. Tatsächlich wurde die Natur auf unserer Erde immer wieder bedroht – wir erinnern uns an den Meteoriteneinschlag, der vor 65 Millionen Jahren die Dinosaurier ausgelöscht hat –, aber die Natur konnte sich immer wieder erholen und auf das Neue erblühen. Das Leben war immer stark und mächtig, und die Natur selbst, mit dem ihr innewohnenden Antrieb, der Evolution, hat sich immer wieder – auch nach Katastrophen – ein sehr gut funktionierendes und fein abgestimmtes Ökosystem erschaffen, neu erschaffen.

Irgendwann tauchte dann der Mensch auf, in dieser Natur und in diesem Ökosystem. Und zum ersten Mal in der langen Geschichte des Lebens auf unserem Planeten, war da ein Wesen, das aufgrund seiner Intelligenz und seiner ganz besonderen Fähigkeiten in der Lage war, in die Natur einzugreifen und damit die Umwelt zu verändern – also, ein Geschöpf das in der Lage war, das Gehäuse unserer Küchenmaschine zu öffnen und in ihrem Innenleben herumzuschrauben. Nie zuvor war dies einem Lebewesen auf unserer Erde möglich gewesen.

Man kann keine Zivilisation errichten, ohne massive Eingriffe im Ökosystem vorzunehmen. Man kann keine Häuser, Kindergärten, Schulen, Krankenhäuser bauen, auch keine ganzen Städte, keine Straßen, keine Brücken, keine Eisenbahnlinien, keine Autobahnen, keine Flughafengebäude, keine Industrieanlagen, keine Fabriken, keine Autos, keine Flugzeuge, keine Züge und Schiffe, man kann keine Plastikschüsseln herstellen, keine Plastikflaschen, keine Verpackungsfolie, keine Kunststoffgehäuse für Fernseher, Telefone, Handys, Computer – all das, kann man nicht bauen oder herstellen, ohne massiv in das Ökosystem einzugreifen. Denn man braucht dazu Rohstoffe, Rohstoffe, die wir aus dem Erdboden ausgraben müssen und man braucht, um all das zu bauen, sehr viel – wirklich sehr viel an Energie. Und auch diese Energie graben wir aus dem Erdboden aus. Die Errichtung einer Zivilisation ist untrennbar verbunden, mit dem Eingreifen in das eigene Ökosystem und dessen Umbau. Und je weiter man seine Zivilisation entwickelt, umso mehr wird man in sein Ökosystem eingreifen und es umbauen.

Es ist, wie mit der Küchenmaschine: Wenn man damit anfängt, an etwas herumzuschrauben, von dem man keine Ahnung hat, wie es funktioniert, dann ist die Gefahr groß, dass man es am Ende kaputt macht. Wir haben keine Ahnung davon, wie unsere Natur wirklich funktioniert – wir können noch nicht einmal längerfristige Wettervorhersagen machen, weil die Abläufe und Zusammenhänge viel zu komplex sind. Wie wollen wir überblicken, wie unsere heutigen Eingriffe in die Natur und in die Umwelt sich tatsächlich auswirken werden, welche langfristigen Veränderungen wir dadurch verursachen werden? Die Gefahr, dass wir durch unser ständiges Herumschrauben an unserer Natur und an unserer Umwelt, am Ende die Küchenmaschine kaputt machen – diese Gefahr besteht. Und man kann noch weitergehen und diese grundlegende Problematik für alle Zivilisationen unterstellen, die im Universum entstanden sind, oder noch entstehen werden. Auch sie werden allesamt in ihre Natur und Umwelt eingreifen und diese verändern – auch sie werden sich der Gefahr aussetzen, am Ende ihre Küchenmaschine kaputt zu machen. Eben deswegen liegt die Vermutung nahe, dass Zivilisationen gar nicht für Milliarden von Jahren existieren können – es könnte sein, dass sie sich alle schon viel früher wieder selbst zerstören.

Am Ende wird für jede Zivilisation im Universum entscheidend sein, dass man seine eigene Natur und Umwelt nicht zu stark verändert und umbaut. Wir müssen auf unserem Planeten Erde die Umweltbedingungen mindestens in einem Zustand belassen, der uns Menschen selbst noch erlaubt, in diesen Umweltbedingungen zu überleben. Das ist unsere Herausforderung. Dass wir unsere Natur und Umwelt verändern, ist nicht zu verhindern, aber wir dürfen sie nicht zu stark verändern. Sonst müssen wir uns irgendwann einen Ersatzplaneten suchen. Vor genau dieser Herausforderung wird jede Zivilisation im Universum irgendwann stehen: sich rechtzeitig so weiterzuentwickeln, dass das eigene Ökosystem erhalten bleibt – und zwar so erhalten bleibt, dass man selbst darin auch noch weiterleben kann.

# 5. Der Beginn unserer Zivilisation

## 5.1 Die Entstehung eines Ich-Bewusstseins

Wir kennen den Spiegeltest – ein Lebewesen wird vor einen Spiegel gestellt und wenn es erkennt, dass das, was es da sieht, nicht ein anderer Artgenosse ist, der ihm gegenübersteht, sondern dass das, was es da sieht, es selbst ist – also sein Spiegelbild –, dann hat dieses Lebewesen ein Ich-Bewusstsein. Wir wissen, dass neben dem Menschen, auch die Menschenaffen und einige, wenige andere Tiere ein Ich-Bewusstsein besitzen. Dieses Ich-Bewusstsein hat sich bei unseren Urahnen vermutlich über einen längeren Zeitraum nach und nach entwickelt. Es führte schlussendlich dazu, dass der Mensch erkannte: „Ich bin", – und diese Erkenntnis hat ihn dann anfangen lassen, darüber nachzudenken, warum er ist, warum er sterben muss, worin der Sinn seiner Existenz besteht und ob er allein ist im Universum. Die Entstehung eines solchen Bewusstseins dürfte überall im Universum am Anfang gestanden haben – überall dort, wo Zivilisationen entstanden sind.

## 5.2 Die aktive Nutzung des Feuers

Die wichtigste Veränderung in der Entwicklung des Menschen war die Nutzung des Feuers. Es ist damit nicht der Zeitpunkt gemeint, als der Mensch etwa bei einem Blitzschlag gesehen hat, wie ein alter, morscher Baum Feuer gefangen hat und er vielleicht hingegangen ist, und sich einen brennenden Ast genommen hat, ihn in der Hand hielt und staunend die Flammen betrachtete. Es ist der Moment gemeint, als der Mensch sich zum ersten Mal auf den Boden gesetzt hat, und ganz bewusst und absichtlich, das Holz angezündet hat, dass er vorher extra dafür eingesammelt hatte. Dieser Moment erst, hat unsere Zivilisation zu dem werden lassen, was sie heute ist. Es ist der Moment gemeint, als der Mensch zum ersten Mal selbst ein Feuer entzünden konnte und dieses Feuer dann ganz bewusst genutzt hat – etwa, um sich an ihm aufzuwärmen, in der Nacht wilde Tiere fernzuhalten oder, wahrscheinlich erst viel später, damit angefangen hat, im Feuer Fleisch zu garen.

Diese Fähigkeit des Menschen, selbst ein Feuer zu entzünden, ist schon sehr alt. Einige Forscher gehen davon aus, dass diese Fähigkeit vor etwa 300.000 Jahren entstanden ist – was ziemlich genau mit dem Auftauchen des Homo sapiens übereinstimmen würde –, also mit unserem Auftauchen. Es gibt aber auch Vermutungen, dass schon der Vorgänger des Homo sapiens, also der Homo erectus, vor 1–2 Millionen Jahren das Feuer entzünden konnte. Unabhängig davon, wann genau das geschah – die Erfindung des Feuermachens hatte auf die weitere Entwicklung des Menschen und die Entstehung unserer Zivilisation eine sehr große Bedeutung, und zwar in vielerlei Hinsicht.

### 5.2.1 Abkopplung von der Natur

In der Natur gibt es ein fundamentales Gesetz – das Gesetz vom „Fressen-und-Gefressen-werden". Der sehr frühe Mensch stand nicht an der Spitze der Nahrungskette – der sehr frühe Mensch war Beute, er war Jagdbeute von den damals lebenden großen Fleischfressern – etwa Bären und Großkatzen. Unser Vorfahre wurde gejagt und aufgefressen. Er war eingebunden in die Natur und unterlag deren Gesetzen. Als der Mensch das Feuer entdeckte, war zweifellos der wichtigste Grund für die Nutzung des Feuers, sich besser gegen wilde Tiere zu schützen. Und damit begann ein einmaliger Vorgang in der Geschichte des Lebens auf unserem Planeten. Der Mensch hat sich von allen anderen Tieren abgesetzt und etwas erreicht, was kein anderes Tier konnte und auch nie können wird: Er hat sich, zumindest ein Stück weit, frei gemacht von den Gesetzen der Natur. Er hat begonnen, sich von der Natur abzukoppeln.

Ein Bereich, in dem dies sehr deutlich wird, ist die Erfindung und Weiterentwicklung unserer Medizin. Wenn wir krank oder verletzt sind, können wir von einem Arzt oder in einem Krankenhaus behandelt werden. Und normalerweise können wir vollständig geheilt werden, können die Krankheit oder die Verletzung überwinden, und dann noch viele Jahre oder Jahrzehnte weiterleben. Das ist etwas völlig Außergewöhnliches in der Natur – das ist keinem anderen Tier vergönnt. Wenn sich etwa in der afrikanischen Savanne ein Zebra ein Bein bricht, dann wird es die nächste Nacht nicht überleben – sein Schicksal ist besiegelt und es wird zur Beute von Löwen oder Hyänen. Dieses Zebra hat keine Chance, sich der Natur und deren Gesetzen zu entziehen.

In früheren Epochen war die durchschnittliche Lebenserwartung der Menschen viel niedriger als heute. Bevor Anfang des 20. Jahrhunderts Penicillin und Antibiotika erfunden wurden, konnte jede Verletzung zum Tod führen. Viele Kinder erreichten nie das Erwachsenenalter, weil sie an Kinderkrankheiten starben, und viele Frauen starben im Wochenbett bei oder nach der Geburt eines Kindes. Wir haben die Fortschritte in der modernen Medizin inzwischen so verinnerlicht, sie sind so fest in unserem Bewusstsein verankert, sind ein so fester Bestandteil unseres Lebens geworden, dass es nur folgerichtig erscheint, wenn heute viele Menschen darauf hoffen, dass die Medizin es irgendwann schafft, uns auch das Altern und sogar das Sterben überwinden zu lassen.

In diesem Bereich wird unsere Abkopplung von der Natur und ihren Gesetzen besonders deutlich – aber diese Abkopplung von der Natur durchzieht alle unsere Lebensbereiche und ist zu einem integralen Bestandteil unserer Zivilisation geworden. Wir werden uns später noch ausführlich damit beschäftigen. Es besteht aber kein Zweifel – diese Abkopplung von der Natur begann mit der aktiven Nutzung des Feuers.

### 5.2.2 Sozialverhalten und Sprache

Wir wissen, dass der Homo sapiens – also wir heute lebenden Menschen – so erfolgreich war, sich über die ganze Welt ausbreiten und am Ende sogar eine Zivilisation errichten konnte, weil er ganz besonders enge soziale Strukturen entwickelt hat. Um eine Zivilisation aufzubauen, müssen viele Hände zusammenarbeiten; man kann das nur gemeinsam schaffen. Man braucht dazu eine koordinierte Zusammenarbeit – und dafür war unser sozialer Zusammenhalt, aber auch unsere sehr differenzierte Sprache sehr hilfreich. Unabhängig davon, wann genau soziales Verhalten und die Sprachfähigkeit auftauchten, dürfte klar sein, dass die aktive Nutzung des Feuers, die weitere Entwicklung unserer sozialen Strukturen und unserer Sprache massiv gefördert und vorangetrieben hat.

Stellen wir uns ein Löwenrudel vor, das Beute gemacht hat und nun vollgefressen im Schatten eines Baums liegt. Sie liegen einfach so da – jedes Mitglied des Rudels liegt in eine andere Richtung ausgerichtet im Gras – und was von Bedeutung ist, alle Löwen schauen in unterschiedliche Richtungen. Sie schauen sich nicht gegenseitig an. Als wir Menschen damit anfingen, das Feuer zu nutzen, haben wir uns auch ein Verhalten angewöhnt, das einmalig in der Tierwelt war. Wir haben uns jeden Abend an diesem Feuer versammelt und was noch viel wichtiger war: Wir haben um dieses Feuer herum einen Kreis gebildet. Wenn man in einem Kreis zusammensitzt, dann schaut man sich gegenseitig an – man schaut einander ins Gesicht. Noch heute nutzen wir das, wenn wir uns, zum Beispiel im beruflichen Bereich, zu einer Teambildungsmaßnahme treffen. Und genau das hat auch schon vor 300.000 Jahren hervorragend funktioniert. Dieses „Ums-Feuer-herum-versammelt-Zusammensitzen" hat unsere Vorfahren zusammengeschweißt und es hat auch dazu geführt, dass sich zwischen den einzelnen Mitgliedern der Gruppe nach und nach Gefühle entwickelt haben.

Dieses „Ums-Feuer-herum-versammelt-Zusammensitzen" – hatte aber auch noch eine andere Auswirkung. Es hat die Entwicklung einer differenzierten Sprache geradezu beflügelt und vorangetrieben. Wenn man jeden Abend ums Feuer versammelt zusammensitzt, dann möchte man auch miteinander reden, man möchte sich austauschen, man möchte den anderen sagen können, dass man Gefühle für sie hat und sie mag. Es geht nicht nur um das Austauschen von Informationen, man will auch Einfluss gewinnen auf die Entscheidungen der Gruppe, man will auch eine besondere Stellung in der Gruppe einnehmen, man will auch zeigen und die anderen davon überzeugen, wie wichtig man für die Gruppe ist.

Stellen wir uns einen jungen Jäger vor, der am Tag mit seinen Kameraden ein großes Tier erlegt hatte und dabei besonders tapfer war und bei dieser Jagd ein großes persönliches Risiko eingegangen ist – und man kann sich vorstellen, dass die Jagd auf große Tiere damals eine lebensgefährliche Angelegenheit war. Dieser Jäger wird ein großes Bedürfnis gehabt haben, diese Geschichte abends mit den anderen am Feuer versammelt auch zu erzählen. Vielleicht hat er diese Geschichte nicht nur einmal erzählt, sondern immer wieder und hat sie immer weiter ausgeschmückt. Aber, um das zu können, brauchte man eine differenzierte Sprache – und so werden die Menschen immer mehr Wörter erfunden und ihre Worte dann auch noch durch eine besondere Mimik und Gestik ergänzt haben, um dem gesprochenen Wort mehr Bedeutung zu verleihen. Und er wird diese Geschichte auch erzählt haben, um der Gruppe und den jungen Frauen deutlich zu machen, dass er gut für eine Familie und für seine Gruppe würde sorgen können und vielleicht sogar, für eine Führungsposition in der Gruppe geeignet wäre. So dürfte dann auch die Prahlerei entstanden sein, die wir Männer auch heute noch gern und oft anwenden, um unsere Mitmenschen zu beeindrucken.

Die aktive Nutzung des Feuers hat also am Ende dazu geführt, dass sich der Homo sapiens zu dem geselligen und mitteilsamen

Wesen entwickelt hat, das wir noch heute sind. Und im weiteren Verlauf unserer Geschichte haben wir Menschen uns zu immer größeren Gruppen zusammengetan, und am Ende dann gemeinsam etwas ganz Großes erreicht, nämlich die Errichtung einer Zivilisation – der menschlichen Zivilisation. Dazu mussten wir aber erst mal auf unsere ganz besondere Art zusammenfinden. Und diese ganz besondere Art sich zu versammeln – die wurde am Feuer sitzend erfunden.

### 5.2.3 Das Prinzip Verbrennung als Energiequelle

Als unser Vorfahre angefangen hat, aktiv das Feuer zu nutzen, hat sich der Mensch auf einen Weg gemacht, auf einen Weg, den wir bis heute unbeirrt immer weitergegangen sind. Wir haben uns dafür entschieden, das Prinzip Verbrennung zu unserer Energiequelle zu machen. Das war vor 300.000 Jahren natürlich keine bewusste Entscheidung, die unsere Vorfahren da getroffen haben. Sie haben, wahrscheinlich am Anfang eher zufällig, das Feuer entdeckt und erkannt, welche Vorteile damit verbunden waren. Sie lebten in der Steinzeit und nahmen das, was sie zum Verbrennen nutzen konnten – nämlich trockenes Holz, das überall vorhanden und leicht zugänglich war.

Erst viel später, vor etwa 4000 Jahren, ging in Europa die Steinzeit in die Bronzezeit über und vor etwa 2700 Jahren folgte dann die Eisenzeit. Um aus Kupfer und Zinn die Legierung Bronze herstellen zu können, oder später dann aus Eisenerzgestein Eisen zu verhütten, benötigte man sehr hohe Temperaturen. Diese konnten unsere Vorfahren nur erzeugen, indem sie zunächst Holz verbrannten, aber wohl schon in der Bronzezeit dazu übergingen, Braunkohle zu verbrennen. Später kam dann Steinkohle, Erdöl und Erdgas hinzu.

Um eine Zivilisation zu errichten, benötigt man Unmengen an Energie. Und wir Menschen haben uns dafür entschieden, an diese Energie zu kommen, indem wir geeignete Rohstoffe verbrannt haben, und dies tun wir heute immer noch. Wir wissen, dass auch schon in der Vergangenheit andere Energiequellen genutzt worden sind – etwa Wasserkraft oder Windkraft –, aber mit diesen Energiequellen hätten wir unsere Zivilisation nicht errichten können. Dafür benötigt man eine Energiequelle, die zuverlässig und beständig ist und die auf Knopfdruck die benötigte Energie liefern kann. Die Energiequelle unserer Wahl war seit jeher die Verbrennung. Erst Mitte des 20. Jahrhunderts haben wir zum ersten Mal versucht, im großen Stil vom Verbrennungsprozess als Energiequelle wegzukommen. Wir fingen damit an, unsere Energie aus einem gänzlich anderen Prozess zu erzeugen – nicht mehr die Verbrennung, sondern die Spaltung von Atomkernen sollte von nun an, die benötigte Energie liefern.

Eigentlich wäre das ein genialer Schachzug gewesen, denn die Atomenergie verursacht keinen Treibhauseffekt – aber wie wir in der Zwischenzeit erkennen mussten, birgt die Atomkraft zu viele Gefahren und hinterlässt außerdem auch noch Atommüll, der noch Tausende Jahre weiter strahlen und damit alle unsere nachfolgenden Generationen massiv belasten wird. Die Atomkatastrophe von Fukushima im Jahr 2011 hat uns eindrücklich gezeigt, dass wir andere Wege gehen müssen. Denn die Atomenergie ist zu gefährlich – aber die weitere Energiegewinnung durch Verbrennung, ist ebenso gefährlich, weil sie nach und nach unsere Atmosphäre immer weiter aufheizt. Wir sind gerade erst am Anfang, über andere Möglichkeiten der Energiegewinnung nachzudenken, diese zu entwickeln und auf solche umweltverträglichen Energieformen umzusteigen. Diesen Umstieg möglichst schnell zu schaffen, ist heute eine der größten Aufgaben, vor der die Menschheit steht. Angefangen hat diese problematische Energieerzeugung durch Verbrennung, aber, als unser Vorfahre vor 300.000 Jahren das Feuer entdeckte, dieses Feuer selbst entzünden konnte und es in der Folge aktiv nutzte.

### 5.2.4 Eingriff in das Ökosystem

Die aktive Nutzung des Feuers hatte aber noch eine ganz andere, entscheidende Bedeutung. Als unsere Vorfahren das erste Mal ein Feuer entzündet haben, haben sie damit auch zum ersten Mal in die Natur und das Ökosystem eingegriffen. Zuvor gab es nur natürliche Vorgänge, die sich etwa auf unsere Atmosphäre ausgewirkt haben. Wir wissen, dass auch Vulkane Kohlendioxid ausstoßen – dies war aber immer ein natürlicher Vorgang, der integraler Bestandteil unserer Natur war. Mit dem ersten Entzünden eines Feuers durch den Menschen kam aber eine vollkommen neue, eine künstlich geschaffene Variante des Eingreifens in die Natur dazu. Das konnte und kann bis heute – nur der Mensch.

Als der Homo sapiens das Feuer entdeckte und begann, dies aktiv zu nutzen, begann er auch damit, durch das Verbrennen von Holz, die Atmosphäre auf eine künstliche Art und Weise mit Kohlendioxid anzureichern. Niemand hätte vor 300.000 Jahren dies messen können, der Eintrag von Kohlendioxid war damals viel zu gering – aber das war ja erst der Anfang. Je weiter sich unsere Zivilisation entwickelt hat, umso mehr Kohlendioxid haben wir freigesetzt und in unsere Atmosphäre entlassen. Angefangen aber hat es, als unsere Vorfahren zum ersten Mal ein Feuer entzündet haben. Man kann mit Fug und Recht behaupten, dies war auch der Moment, in dem der Mensch damit begann, in seiner Küchenmaschine herumzuschrauben.

### 5.2.5 Fazit

Die Entdeckung des Feuers und in der Folge seine aktive Nutzung hatte also in vielerlei Hinsicht große Bedeutung für die Entwicklung unserer Zivilisation. Ohne diese Entdeckung hätten wir unsere Zivilisation niemals errichten können. Das Feuer stand am Anfang –

eine der wichtigsten Errungenschaften des Menschen. Und ebendiese wichtigste Errungenschaft hat uns nicht nur groß werden lassen, sondern hat uns letztlich auch in die größte Krise geführt: die Aufheizung unserer Atmosphäre. Und wie sieht es aus, bei all den anderen Zivilisationen, die im Universum entstanden sind? Wir wissen nicht, ob die *Wissenden* dort, sich auch für das Feuer entschieden haben, aber es spricht vieles dafür. Als *Wissender* in der Steinzeit hat man nicht viele Möglichkeiten, Energie zu erzeugen – und man braucht viel Energie, um eine Zivilisation zu errichten.

## 6. Gibt es einen Fehler im System Natur?

Man könnte leicht auf den Gedanken kommen, dass es im System Natur einen eingebauten Fehler gibt. Um das zu verstehen, schauen wir uns ein Beispiel aus unserem Alltag an. Betrachten wir einen großen Autobauer, der ein Erfolgsmodell auf den Markt gebracht hat. Dieses Modell ist so erfolgreich und verkauft sich so gut, dass es immer weiterentwickelt wird und alle zwei Jahre geht dann das Nachfolgemodell an den Start. Und jedes Folgemodell ist besser, als das Vorgängermodell – je weiter das Auto entwickelt wird, umso mehr technische Neuerungen werden eingebaut und auch die Ausstattung des Fahrzeugs wird immer wertiger und luxuriöser. Dann, in der 9. Generation des Automodells, kommt ein Fahrzeug heraus, das besser ist, als alle seine Vorgängermodelle; leider hat es aber einen großen Mangel: Es neigt dazu, sich selbst zu zerstören. Schon nach kurzer Zeit gehen die Autos alle kaputt. Jeder Autokäufer wäre zu Recht verärgert und würde sagen, warum der Autobauer am Ende der Entwicklung dieser Modellreihe, ein solches Fahrzeug auf den Markt bringt. Es wäre besser gewesen, dieses letzte Modell erst gar nicht zu produzieren.

Was hat das nun mit der Evolution des Lebens und mit dem Homo sapiens zu tun? Wir Menschen können viele großartige Dinge tun, wir können Bücher schreiben, wir können Musik komponieren und wir können Gemälde malen. Wir können Liebe empfinden, wir können über uns und unser Leben nachdenken – wir können uns sogar vorstellen, wie das Universum funktioniert. Und am Ende können wir sogar nach anderen *Wissenden* im Universum suchen. Das alles können auf diesem Planeten nur wir Menschen – kein anderes Lebewesen hat solch eine grandiose Entwicklung durchgemacht und eine solch überragende Stufe der Evolution erreicht. Man könnte fast sagen, die Natur hat sich selbst übertroffen. Aber das ist eben nicht alles, was wir können – wir können uns auch selbst zerstören, genau, wie es dieses letzte Automodell kann. Und wir können nicht nur uns selbst zerstören, sondern wir treiben auch noch andere Arten – Pflanzen und Tiere – in den Ruin.

Wie hat sich das entwickelt? Die Evolution treibt das Leben immer weiter voran – die Evolution ist der Motor. Das Leben wird immer komplexer, es entstehen immer mehr Arten und irgendwann können dann Lebewesen entstehen, wie wir Menschen es sind – oder eben auf anderen Planeten, die anderen *Wissenden*. Die Evolution bleibt aber niemals stehen. Der Homo sapiens wird nicht das Ende der Entwicklung darstellen – es handelt sich eher um einen vorläufigen Höhepunkt, den die Natur erreicht hat. Das ist alles plausibel, aber eine Frage bleibt: Warum wird ein solch großartiges Wesen entwickelt, um es dann mit der Fähigkeit auszustatten, sich selbst und andere zu zerstören? Warum bringt die Natur in einem vorläufigen Höhepunkt ihrer Evolution ein Wesen hervor, das so außergewöhnlich ist – aber gleichzeitig auch so selbstzerstörerisch. Was hat das für einen Sinn? Wieso ist das so? Wie soll man das verstehen können?

Eigentlich müsste man doch erwarten, dass höher entwickeltes Leben immer besser ist, als das Leben, was zuvor da war. Eigentlich müsste man doch erwarten, dass höher entwickeltes Leben alles besser kann, ganz besonders eines – nämlich viel länger überleben, als all die Arten, die es zuvor gab. Die Dinosaurier konnten 170 Millionen Jahre lang überleben – uns, den Homo sapiens, gibt es gerade mal seit 300.000 Jahren. Angesichts der Probleme, die wir heute weltweit haben und angesichts der Herausforderungen, vor denen wir heute stehen, kann man sich gar nicht vorstellen, dass wir es auch so lange schaffen könnten wie die Dinosaurier. Waren die Dinosaurier vielleicht besser als wir Menschen? Nun, sie konnten keine Bücher schreiben, keine Musik komponieren und auch keine Gemälde malen – aber sie konnten auch nicht in ihre Natur und ihre Umwelt eingreifen und diese umgestalten und umformen. Die

Dinosaurier konnten nicht in ihrer Küchenmaschine herumschrauben.

Es drängt sich deshalb tatsächlich die Frage auf, ob es im System Natur einen eingebauten Fehler gibt. Vielleicht erreicht die Evolution nicht nur irgendwann einen Höhepunkt, sondern auch ein Ende. Vielleicht kann es irgendwann einfach nicht mehr weitergehen in der Evolution, weil alles, was an Leben danach noch kommt, dann immer auch die Fähigkeit besitzt, wieder alles zu zerstören. Es wäre aber auch denkbar, dass die Evolution – wenn der Mensch irgendwann wieder verschwunden ist – zurückkehrt zu Lebensformen, die nicht so komplex sind, wie wir Menschen. Vielleicht kommt die Evolution zur Erkenntnis, es wäre besser, das letzte Automodell doch nicht zu produzieren, sondern es bei Pflanzen und Tieren zu belassen. Also es bei Arten zu belassen, die nicht so selbstzerstörerisch sind wie wir Menschen.

Es ist typisch für uns Menschen, dass wir in allem einen Sinn erkennen möchten – wir möchten im Universum einen Sinn erkennen, wir möchten in unserer Natur einen Sinn erkennen – wir möchten in allem, was passiert, auch immer einen Sinn erkennen. Die Frage nach dem Sinn stellt sich aber nur der Mensch. Die Natur stellt sich nicht die Frage, welchen Sinn es hat, sich als vorläufigen Höhepunkt der Evolution ein Wesen entwickeln zu lassen, das mit solchen großartigen Fähigkeiten ausgestattet ist, sich aber gleichzeitig auch selbst zerstören kann.

Die Evolution arbeitet nach dem Prinzip „Versuch und Irrtum". Die Natur wird von der Evolution angetrieben und bringt immer wieder neue Experimente hervor. Die Experimente, die funktionieren, können, so wie die Dinosaurier, sehr lange überleben. Die Experimente, die nicht funktionieren, verschwinden wieder. Genauso ist es auch mit uns Menschen: Entweder das Experiment „Homo sapiens" funktioniert – dann kann es sehr lange existieren – oder aber es funktioniert nicht, dann wird es wieder verschwinden. Entweder wir Menschen funktionieren in unserem Ökosystem, oder wir werden einfach wieder verschwinden. Das wäre in der Entwicklungsgeschichte des Lebens auf der Erde nichts Besonderes und auch nicht die Ausnahme – viele Arten sind gekommen und dann wieder verschwunden. Und wenn wir Menschen wieder verschwinden würden, dann würde die Natur es mit anderen Experimenten versuchen – so einfach ist das.

Um die Frage zu beantworten: Nein, es gibt keinen Fehler im System Natur. Dass wir eventuell wieder verschwinden, weil wir in unserem Ökosystem nicht funktionieren, ist ein ganz normaler Vorgang im System Natur. Genauso arbeiten die Natur und die Evolution – was nicht funktioniert, wird wieder aussortiert. Es ist das Prinzip von „Versuch und Irrtum". Und niemand, außer dem Menschen selbst, würde sich fragen, ob das einen Sinn ergibt, oder worin der Sinn liegen könnte.

Man könnte es aber auch aus religiöser Sicht betrachten. Wir wissen aus der Bibel, dass Gott mit uns Menschen einen Bund geschlossen hat. Er hat einen Vertrag mit uns abgeschlossen. In diesem Vertrag hat uns Gott zugesichert, dass wir Menschen auf dem Planeten Erde sein auserwähltes Volk sind. Wir sind innerhalb der göttlichen Schöpfung etwas ganz Besonderes – wir sind unter den Lebewesen auf der Erde herausgehoben, wir dürfen uns über die ganze Erde ausbreiten und wir dürfen uns die Erde untertan machen. Das sind die Rechte, die Gott uns im Vertrag angeboten hat. Aber in jedem Vertrag stehen nicht nur Rechte, sondern immer auch Pflichten. Gott verlangt nämlich im Gegenzug auch etwas von uns: Er hat unmissverständlich klargemacht, dass wir uns an seine Regeln halten müssen. Und da wir Menschen so vergesslich sind, hat Gott seine Regeln in Stein meißeln lassen. Ja, wir reden von den Zehn Geboten und sie wurden in Stein gemeißelt – was nichts anderes heißt und bedeutet, sie gelten für immer und ewig und sind nicht verhandelbar.

Und Gott hat uns als intelligente Wesen angelegt und deswegen unterstellt, dass wir den Vertrag von allein richtig verstehen und auslegen – denn zu dem „macht euch die Erde untertan" gehört auch „macht sie aber nicht kaputt". Gott hat uns Menschen mit ganz außergewöhnlichen Fähigkeiten ausgestattet, aber im Gegenzug müssen wir lernen, dass besondere Fähigkeiten auch immer untrennbar mit einer ganz besonderen Verantwortung verbunden sind. Gott könnte gemeint haben: „Breitet euch über die ganze Erde aus, macht euch die Erde untertan – haltet euch aber an meine Gebote, geht pfleglich mit meiner Schöpfung um und übernehmt Verantwortung. Haltet euch daran, dann kann eure Zivilisation sehr lange existieren, wenn ihr euch aber nicht daran haltet, wird eure Zivilisation wieder verschwinden." Wir vergessen manchmal, dass Gott nicht nur ein liebender Gott war und ist, sondern, dass er auch manchmal strafen konnte – wir kennen die Geschichten darüber, aus der Bibel. Und Gott war nicht zimperlich, wenn er die Menschen bestraft hat.

Tatsächlich gibt es keinen Fehler im System Natur, nicht aus wissenschaftlicher Sicht, nicht aus philosophischer Sicht und auch nicht aus religiöser Sicht. Wenn es überhaupt einen Fehler gibt, dann sind wir Menschen es, die diesen Fehler begehen, dann liegt dieser Fehler in unserem Verhalten begründet – indem wir drauf und dran sind, unser eigenes Ökosystem so zu verändern, so umzugestalten und so umzuformen, dass wir am Ende selbst, nicht mehr in diesem Ökosystem werden leben können. Das ist der Fehler – und es ist unser Fehler.

Werfen wir noch einen Blick auf die anderen Zivilisationen. Es könnte sein, dass es lange vor uns im Universum andere Zivilisationen gab, die den gleichen Fehler gemacht haben, den wir gerade machen. Zivilisationen, die genau deswegen wieder untergegangen und verschwunden sind. Es könnte aber auch Zivilisationen geben, die lange vor uns entstanden sind und die von Anfang an schlauer waren als wir, diesen Fehler nicht gemacht haben und deswegen heute noch existieren. Aber am wahrscheinlichsten dürfte sein, dass alle entstandenen Zivilisationen anfangs diesen Fehler gemacht haben – in diese Falle getappt sind – und heute nur noch die Zivilisationen existieren, die diesen Fehler rechtzeitig erkannt haben und sich gerade noch rechtzeitig umgestellt und ihre Zivilisation rechtzeitig weiterentwickelt haben.

Es wird solche Zivilisationen geben, die es gerade noch geschafft haben – und das macht Hoffnung. Daraus können wir die Zuversicht schöpfen, dass auch wir es schaffen können – auch wir können uns noch rechtzeitig umstellen und unsere Zivilisation rechtzeitig weiterentwickeln. Die Frage lautet nicht, ob wir das können oder ob wir das nicht können. Die Frage lautet, ob wir dazu bereit sind und wann wir damit anfangen. Je früher wir damit anfangen, umso größer wird unsere Chance sein, dass wir Menschen und unsere Zivilisation überleben können. Und je früher wir damit anfangen, umso weniger schmerzhaft wird es sein, uns und unsere Zivilisation zukunftstauglich zu machen. Wenn wir zu lange damit warten, dann wird uns am Ende die Natur den Wandel aufzwingen – und die Natur kennt kein Mitgefühl, keine Gnade und kein Mitleid. Nein, wir Menschen müssen diesen Wandel vollziehen – nur dann können wir ihn auch selbst gestalten.

## 7. Unser Lebenskorridor

### 7.1 Erläuterung und Einführung

Jedes Lebewesen benötigt spezifische Umweltbedingungen zum Überleben – das gilt auch für uns Menschen. Wir sind sehr anpassungsfähig, deswegen werden wir nicht gleich aussterben, wenn sich unsere Umweltbedingungen verändern. Aber es gibt eine Bandbreite und wir sind darauf angewiesen, dass sich die Umweltbedingungen innerhalb dieser Bandbreite bewegen. Im Folgenden wollen wir diese Bandbreite an Umweltbedingungen als unseren „Lebenskorridor" bezeichnen.

Man kann sich das tatsächlich vorstellen wie einen Korridor oder einen Flur. Solange die Umweltbedingungen in unserem Ökosystem mit unserem Lebenskorridor übereinstimmen, kann nicht viel passieren. Am sichersten können wir aber durch unseren Flur gehen, wenn wir uns immer schön in der Mitte des Korridors bewegen. Wenn sich die Umweltbedingungen leicht verändern, dann gehen wir eben links oder rechts näher an der Wand entlang. Wenn wir unser Ökosystem aber zu sehr verändern, dann kann es passieren, dass wir an einer Wand entlangschrammen und uns dabei Verletzungen zuziehen. Und wenn wir es zu sehr übertreiben, dann könnten wir auch frontal gegen die Wand laufen. Das würde bedeuten, wir hätten unser Ökosystem so weit verändert, dass die dadurch entstandenen Umweltbedingungen nicht mehr mit unserem Lebenskorridor übereinstimmen würden – dann müssten wir aussterben.

Das wäre nichts Außergewöhnliches – es hat in der langen Geschichte des Lebens auf unserem Planeten immer wieder solche Ereignisse gegeben. Wir wissen von mindestens fünf großen Massenaussterben, in denen jeweils große Teile der vorher vorhandenen Artenvielfalt verschwunden sind. Diese Massenaussterben hatten unterschiedliche Ursachen, aber bezogen auf das Aussterben einzelner Arten kann man vereinfacht sagen, dass sich durch bestimmte Ereignisse die Umweltbedingungen so dramatisch verändert haben, dass viele Arten ihren Lebenskorridor verloren haben. Es waren nach diesen Ereignissen nicht mehr die Umweltbedingungen, die von den damals lebenden Tieren und Pflanzen zum Leben benötigt wurden. Deswegen sind sie in der Folge ausgestorben.

Alle diese Massenaussterben hatten natürliche Ursachen – das nächste Massenaussterben könnte jedoch hausgemacht sein. Das nächste Massenaussterben könnte der Homo sapiens verursachen. Laut der Wissenschaft hat dieses 6. Massenaussterben bereits auch schon begonnen. Durch die weltweite Ausbreitung des Menschen und durch unseren Einfluss auf das globale Ökosystem sind schon viele Arten ausgestorben und es werden noch viele andere Arten hinzukommen. Am Ende könnte aber auch der Mensch selbst davon betroffen sein und dann in der Liste der verschwundenen Arten auftauchen.

Um unseren Lebenskorridor besser zu verstehen, schauen wir uns dazu drei Beispiele an.

### 7.2 Wann wird es zu heiß für uns?

Wir Menschen sind sehr anpassungsfähig – deshalb konnten wir uns auch über den ganzen Globus ausbreiten und wir können auch an fast allen Orten auf diesem Planeten leben. Allerdings tun wir uns schwer damit, wenn die Temperaturen zu sehr ansteigen.

Der Homo sapiens gehört zu den Säugetieren und damit gehören wir Menschen zu den sogenannten „gleichwarmen Tieren". Dies bedeutet, dass wir unsere Körpertemperatur unabhängig von der Umgebungstemperatur auf einen konstanten Wert regulieren können – das sind bei uns Menschen etwa 37 Grad Celsius. Diese Regulierung erfolgt durch unseren Stoffwechsel. Bei zu niedriger Körpertemperatur wird die Stoffwechselrate erhöht – wenn wir frieren, fangen wir an zu zittern. Wird die Körpertemperatur zu hoch, fangen wir an zu schwitzen. Im Gegensatz dazu stehen die „wechselwarmen Tiere". Ihre Körpertemperatur ist nicht konstant, sondern entspricht der Umgebungstemperatur. Krokodile gehören zu dieser Gruppe. Ist es kühl, sind Krokodile nicht besonders aktiv. Sie brauchen das „Sonnenbaden", um auf die richtige „Betriebstemperatur" zu kommen. Dass wir Menschen zu den gleichwarmen Tieren gehören, war und ist ein großer Vorteil für uns. Denn dadurch können wir in fast allen Regionen der Erde leben, ob diese nun kalt, warm oder sogar heiß sind. Nur deswegen war es möglich, dass wir uns über die ganze Erde ausgebreitet haben.

Es gibt für uns gleichwarme Tiere aber auch ein Problem. Wir funktionieren ähnlich, wie ein Verbrennungsmotor in einem Auto. Wir produzieren permanent Wärme – jedenfalls dann, wenn wir körperlich aktiv sind. Und wenn sich diese Wärme in unserem Körper anstaut, wird es schnell lebensgefährlich für uns. Deshalb benötigen wir Menschen, genauso wie ein Verbrennungsmotor, ein Kühlsystem, das überschüssige Wärme nach außen abführen kann. Menschen, die in kühleren Regionen leben, haben damit kein Problem. Wenn man sich mit seinen 37 Grad Celsius im Freien aufhält und dort körperlich aktiv ist, also körperlich arbeitet und es hat im Freien nur 17 Grad Celsius, dann findet automatisch ein Wärmeaustausch statt und man gibt überschüssige Körperwärme ab. Dazu gibt es ein Naturgesetz – in einem geschlossenen System kommt es immer zu einem Temperaturausgleich. Wir kennen das aus unserem Alltag. Wenn wir unseren heißen Kaffee in unserem Büro, in dem es 22 Grad Celsius hat, auf dem Schreibtisch abstellen und ihn vergessen, dann ist er nach einer halben Stunde auch nur noch 22 Grad Celsius warm. Unser Kaffee hat sich der Umgebungstemperatur des Büros angepasst. Das läuft überall in unserem Universum so ab.

Wenn aber die Umgebungstemperatur über unserer Körpertemperatur liegt, dann funktioniert das nicht mehr. Dann muss unser

Körper durch einen aktiven Vorgang die überschüssige Wärme nach außen abgeben. Und dieser aktive Vorgang ist das Schwitzen. Beim Schwitzen wird Wasser aus unserem Körper auf unsere Haut transportiert und verdunstet dort – was zu einer Abkühlung der Haut führt. Diese Fähigkeit „Schwitzen zu können" ist eine ganz besondere Eigenschaft von uns Menschen und in der Tierwelt nicht besonders verbreitet. Hunde etwa, können zwar über ihre Fußballen etwas schwitzen, aber die Anzahl der Schweißdrüsen ist zu gering für eine effektive Kühlung. Deshalb müssen Hunde ihre überschüssige Körperwärme durch Hecheln abführen. Für den Homo sapiens war die Fähigkeit „Schwitzen zu können" ein großer Vorteil in seiner Entwicklung. Denn er war dadurch in der Lage, in seiner ursprünglichen Heimat Afrika, auch in der heißen Mittagszeit auf die Jagd zu gehen, und er hatte durch das Schwitzen bei der Jagd auch mehr Ausdauer. Auch Löwen haben nur an den Fußballen Schweißdrüsen – sie liegen tagsüber lieber im Schatten und gehen in der Nacht oder in der Dämmerung auf die Jagd.

Wir Menschen können also schwitzen, was uns einen großen Vorteil verschafft hat. Aber auch die Abkühlung durch das Schwitzen funktioniert nicht überall gleich gut. In Gegenden mit einer hohen Luftfeuchtigkeit kann das Wasser auf der Haut gar nicht verdunsten, weil die Luft der Umgebung ja schon mit Feuchtigkeit gesättigt ist. Die Frage, wann es für uns zu heiß wird, hängt also nicht nur von den Temperaturen, sondern auch von der Luftfeuchtigkeit ab. Bei sehr hoher Luftfeuchtigkeit und einer Umgebungstemperatur von über 35 Grad Celsius können wir unseren Körper nicht mehr durch das Schwitzen abkühlen – bei sehr trockener Hitze gelingt uns das bis etwa 46 Grad Celsius. Wenn wir uns durch das Schwitzen nicht mehr abkühlen können, werden die Bedingungen schnell lebensgefährlich.

Aber schon Temperaturen darunter sind für uns problematisch. Denn selbst in einer trockenen Hitze sinken die körperliche und geistige Leistungsfähigkeit merklich ab, wenn die Temperaturen auf 38, 39 oder gar 40 Grad Celsius ansteigen. Solche Temperaturen sind nur schwer auszuhalten und würden wir diese dauerhaft erreichen – etwa monatelang in den Sommermonaten –, dann würde das uns Menschen, aber auch unsere Zivilisation empfindlich treffen. Der Homo sapiens würde deswegen nicht gleich aussterben, aber unsere Lebensqualität würde sich massiv verschlechtern.

Wir müssen aber noch einen anderen Aspekt betrachten, wenn es um die Temperaturen geht. Wir Menschen haben vier Grundnahrungsmittel – Getreide, Kartoffeln, Mais und Reis. Nicht nur der Homo sapiens hat bei einer trockenen Hitze von über 40 Grad Celsius seine Probleme – auch unsere Nahrungspflanzen kommen bei solchen Bedingungen nicht mehr zurecht. Selbst in Europa häufen sich die Jahre mit sehr trockenen und heißen Sommer, was immer wieder zu großen Ernteausfällen führt. Wir müssen davon ausgehen, dass jedes weitere Ansteigen der Temperaturen sich weltweit negativ auf die Nahrungsmittelproduktion auswirken wird. Jedes Grad Celsius, um das wir unsere Atmosphäre weiter aufheizen, bringt uns in die Gefahr, dass uns irgendwann die Nahrungsmittel ausgehen könnten.

Dabei geht es aber nicht nur um unsere Nahrungspflanzen, sondern auch um unsere Nutztiere. Auch sie sind auf Temperaturen angewiesen, die in etwa mit unseren „Wohlfühltemperaturen" übereinstimmen. Unser menschliches Schicksal ist so eng mit unseren Nahrungspflanzen und unseren Nutztieren verknüpft – wir sind derart abhängig von ihnen –, dass auch nur ein teilweises Wegbrechen unserer Nahrungsquellen zu Hungerkatastrophen führen müsste, wie wir sie auf unserem Planeten noch nie erlebt haben. In der Folge wären auch Verteilungskämpfe zu erwarten und eine Zunahme von Gewalt und Krieg, überall dort, wo die Nahrungsressourcen auszugehen drohen. Wir müssten auch damit rechnen, dass es zu bisher nicht gekannten Migrationsbewegungen kommen würde – vergleichbar nur mit den Völkerwanderungen, die wir aus unseren Geschichtsbüchern kennen. Ein zu hoher Anstieg der Temperaturen könnte sich also massiv auf unseren Lebenskorridor auswirken, wenn wir nämlich unser Ökosystem so umbauen, dass wir in diesem dann veränderten, neuen Ökosystem nicht mehr unsere gewohnten Nahrungspflanzen anbauen und nicht mehr unsere gewohnten Nutztiere halten können.

## 7.3 Wie viel Gift kann unser Organismus vertragen?

Schauen wir uns ein 2. Beispiel an, um unseren Lebenskorridor besser zu verstehen. Ende des 18. Jahrhunderts begann in Großbritannien die industrielle Revolution. Sie führte dazu, dass in großem Stil Kohle abgebaut und als Brennstoff für Dampfmaschinen eingesetzt wurde. Das hat in der Folge dazu geführt, dass große Mengen an Verbrennungsrückständen in unsere Atemluft gelangt sind. Diese Verbrennungsrückstände waren Fremdstoffe in unserem Ökosystem, die es vor der industriellen Revolution in unserer Natur nicht gab.

Anfang des 20. Jahrhunderts kam dann zur Kohle noch das Erdöl dazu – das aber nicht nur als Brennstoff diente und bis heute dient, sondern zu einem der wichtigsten Rohstoffe unserer Industriegesellschaft wurde. Besonders in der chemischen Industrie dient Erdöl als Ausgangsstoff für viele Produkte. Es wurden immer mehr künstliche, synthetisch hergestellte Fremdstoffe erfunden und erzeugt, die es zuvor in der 300.000-jährigen Geschichte des Homo sapiens in unserer Umwelt überhaupt nicht gab. Diese Fremdstoffe gibt es erst seit 100 Jahren – maximal seit 150 Jahren – in unserem Ökosystem. Bei einer so kurzen Zeitspanne kann niemand davon sprechen, man würde über aussagefähige Langzeiterfahrungen darüber verfügen, wie sich all diese Stoffe auf unseren Organismus auswirken können und werden. Und all diese Stoffe, die wir freisetzen und in unser

Ökosystem entlassen, die entlassen wir ja nicht irgendwo hin – nein, wir entlassen sie in die Luft, die wir einatmen, wir entlassen sie in das Wasser, das wir trinken, und wir entlassen sie in die Nahrung, die wir essen. Nach und nach stellt sich heraus, dass viele dieser Stoffe krebserregend sind und uns krank machen können. Dann werden aus diesen Fremdstoffen eben Giftstoffe.

Schauen wir uns einen dieser Fremdstoffe an, an dem dies besonders deutlich wird: den Mikroplastikteilchen, die in großen Mengen in unseren Ozeanen landen. Kunststoff ist eines dieser vielen Produkte, die von der chemischen Industrie aus dem Ausgangsstoff Erdöl hergestellt werden. Kunststoffe wurden entwickelt, weil wir ein Material herstellen wollten, das besonders haltbar ist. Dieser vermeintliche Vorteil von Kunststoff verwandelt sich zunehmend zu einem großen Nachteil. Denn auch der Kunststoffabfall, der in den Ozeanen landet, ist ganz besonders haltbar. Zwar wird dieser Kunststoffabfall im Meer durch physikalische und chemische Prozesse in immer kleinere Teilchen zerkleinert, die wir dann als Mikroplastikteilchen bezeichnen. Aber damit sind die Abfälle ja nicht verschwunden. Diese Mikroplastikteilchen werden von Fischen und anderen Meeresbewohnern aufgenommen und landen dann über die Nahrungskette auch bei uns Menschen. Am Ende nehmen wir Menschen die Mikroplastikteilchen zusammen mit unserer Nahrung auf und so landen sie dann auch in unserem eigenen Organismus.

Mit einer gewissen Menge dieser Stoffe wird unser Organismus und unser Immunsystem klarkommen, wenn aber die Menge an Giftstoffen, die wir aus unserer Umwelt aufnehmen, zu groß wird, könnte der menschliche Organismus auch überfordert werden und Schaden nehmen. Auch unser Erbgut könnte dadurch nachhaltig geschädigt werden. Dies würde vermutlich zu immer mehr Krebserkrankungen führen, möglicherweise auch dazu, dass unser Erbgut am Ende keine gesunden Zellen mehr reproduzieren könnte. Dies könnte sogar zum Aussterben des Menschen führen. Auch das

Einbringen von zu vielen Giftstoffen in unsere Umwelt könnte sich also massiv auf unseren Lebenskorridor auswirken, wenn wir nämlich unser Ökosystem so umbauen, dass wir in diesem dann veränderten, neuen Ökosystem uns selbst nach und nach vergiften.

### 7.4 Der Sauerstoff in unserer Atemluft

Schauen wir uns noch das 3. Beispiel an, um unseren Lebenskorridor besser zu verstehen. Wir Menschen – und auch fast alle anderen Geschöpfe – benötigen Sauerstoff, um zu überleben. Ja, wir haben heute genug Sauerstoff in unserer Atemluft, aber das muss nicht für immer so bleiben. Vor etwa 252 Millionen Jahren kam es zum größten Massensterben: 75 Prozent der an Land lebenden Arten und sogar 95 Prozent der in den Ozeanen, also im Wasser lebenden Arten, starben damals aus. Das passierte an der sogenannten Perm-Trias-Grenze, als das Erdzeitalter des Perms übergegangen ist ins Erdzeitalter Trias. Was ist damals passiert? Es kam zu lang anhaltenden Vulkanausbrüchen, die stetig zu einer Erwärmung der Atmosphäre geführt haben. Die großen Mengen an Kohlendioxid, die freigesetzt wurden, führten aber nicht nur zu einem Treibhauseffekt, sondern auch dazu, dass das Wasser in den Ozeanen immer saurer wurde. Und infolge aller Veränderungen nahm dann auch der Sauerstoffanteil in der Luft ab. Ob dabei auch die Freisetzung von Methan eine Rolle gespielt hat, ist heute in der Forschung aber umstritten.

Wir sind heute in einer ganz ähnlichen Situation – wir setzen große Mengen an Kohlendioxid frei und erwärmen damit unsere Atmosphäre und das Wasser in unseren Ozeanen wird immer saurer. Vom Ausmaß her war das, was an der Perm-Trias-Grenze passierte, jedoch viel dramatischer. Aber auch wir sind nicht geschützt davor, auch uns könnte es passieren, dass uns irgendwann buchstäblich die Luft ausgeht, dass der Sauerstoffanteil so weit abnimmt, dass wir am Ende nicht mehr überleben könnten. Dann müssten wir aussterben, so wie damals vor 252 Millionen Jahren, als der größte Teil des Lebens ausgestorben ist. Die Veränderungen unserer Umwelt – die mögliche Reduzierung des Sauerstoffanteils in unserer Atemluft – könnte sich also ebenfalls massiv auf unseren Lebenskorridor auswirken, wenn wir nämlich unser Ökosystem so umbauen, dass wir in diesem dann veränderten, neuen Ökosystem nicht mehr genug Sauerstoff aus unserer Atemluft aufnehmen könnten.

## 7.5 Wie gefährdet ist unser Lebenskorridor?

Es gibt eine weitverbreitete Angst: Viele Menschen machen sich Sorgen darüber, dass wir am Ende die Natur zerstören könnten. Manchmal taucht sogar das Wort „Weltuntergang" auf. Das ist ein Irrtum – die Natur lässt sich von uns Menschen nicht zerstören. Am Ende wird die Natur immer die Oberhand behalten. Wir zerstören nicht die Natur – wir zerstören uns selbst, uns und unsere Zivilisation. Wir werden unseren Lebenskorridor verlieren und dann werden wir verschwinden von diesem Planeten Erde. Danach wird sich die Natur von den Eingriffen des Menschen schnell wieder erholen, wird sich weiterentwickeln und wieder neue Arten hervorbringen. Es geht hier nicht um das Überleben der Natur – es geht an dieser Stelle um unser Überleben und um das Überleben unserer menschlichen Zivilisation.

Das große Problem ist, dass heute niemand sagen kann, wie breit unser Lebenskorridor tatsächlich ist und wo wir uns derzeit in unserem Lebenskorridor bewegen. Haben wir die Atmosphäre schon zu sehr aufgeheizt? Haben wir schon zu viele Giftstoffe in unser Ökosystem eingebracht? Laufen wir Gefahr, dass uns die Luft zum Atmen ausgeht? Kein Wissenschaftler kann diese Fragen beantworten. Klar ist, dass wir unsere Atmosphäre weiter aufheizen – daran werden auch unsere Klimaabkommen nichts ändern. Klar ist auch, dass wir immer weiter Fremdstoffe in unser Ökosystem einbringen und klar ist auch, dass unsere Ozeane immer sauerer werden.

Sich so zu verhalten, ist nicht nur leichtsinnig – nein, es ist auch gefährlich. Bildlich gesprochen könnte man sagen, wir stolpern durch unseren Lebenskorridor bei ausgeschaltetem Licht – keine Ahnung davon habend, wie weit wir noch von der Wand links oder rechts entfernt sind. Wir könnten uns jederzeit blutige Schürfwunden an unseren Ellenbogen einfangen – wir könnten aber auch jederzeit mit dem Kopf gegen die Wand schlagen. Wir wissen es nicht – wir haben keine Ahnung. Wir stolpern einfach weiter in der Hoffnung, wir wären noch weit genug entfernt von der Wand. In einer solchen Situation, in der wir keine Ahnung davon haben, wo wir eigentlich stehen in Bezug auf unseren Lebenskorridor, wäre die vernünftigste Vorgehensweise, wir würden mit unserer Zivilisation vorsichtshalber einen Gang herunterschalten.

## 8. Die Gewalt – ein Bestandteil unserer Zivilisation

Wir Menschen sehen uns selbst am liebsten als sehr emphatische Wesen an. Und tatsächlich, es stimmt – wir lieben unsere Frauen, unsere Männer, unsere Kinder und unsere Familien. Wir sind die einzigen Geschöpfe in dieser Welt, die Liebe empfinden können. Wir sind zur Stelle, wenn unsere Lieben Hilfe benötigen – und wir helfen auch gern, wenn Menschen in Not sind, die wir gar nicht kennen, oder die gar nicht zu unserer eigenen Familie gehören. Wir können äußerst angenehm, freundlich, humorvoll, witzig und unterhaltsam sein und auch sehr liebevoll miteinander umgehen. Wir haben Respekt, Verständnis, Toleranz und Wertschätzung für unsere Mitmenschen.

Aber der Homo sapiens hat auch eine andere Seite. Kein anderes Geschöpf auf unserem Planeten kann so gewalttätig sein wie wir Menschen. Gewalt und Krieg durchziehen unsere gesamte Geschichte. Auch Tiere sind gewalttätig, ja das stimmt – aber die menschliche Gewalt hat eine ganz andere Qualität und Dimension, weil wir innerhalb unserer eigenen Art so gewalttätig sind. Nur wir Menschen bringen einander um – nur wir Menschen töten die Mitglieder der eigenen Art.

In der Tierwelt kommt das nur äußerst selten vor. Tiere führen innerhalb der eigenen Art nur dann Kämpfe aus, wenn es darum geht, ein Territorium zu erobern, ein Rudel zu übernehmen oder sich das Recht auf Paarung zu sichern. Außerhalb dieses Geschehens kämpfen Tiere derselben Art nicht gegeneinander. In Einzelfällen, etwa bei den sehr aggressiven Nilpferden, können diese Kämpfe mit schweren Verletzungen und sogar mit dem Tod enden. Aber auch das ist eher die Ausnahme. Wenn etwa Rothirsche in der Brunftzeit gegeneinander kämpfen, merkt der Unterlegene sehr schnell, dass er unterlegen ist, und zieht sich dann zurück. Er zieht sich zurück, bevor er ernsthaft verletzt wird.

Die Gewalt durchzieht nicht nur unsere gesamte Geschichte, sondern auch unsere Gesellschaften und unsere gesamte Zivilisation. Man braucht sich gar nicht aufmachen in die Ferne, hinter vielen verschlossenen Türen vollzieht sich Tag für Tag Gewalt – häusliche Gewalt. Wir schauen allzu gern weg und wollen nichts damit zu tun haben.

Wir haben in unserer Welt unaufhörlich Krieg. Weltweit gerät die Demokratie als Staatsform unter Druck – die Zahl der Staaten, in denen eine Autokratie, also eine Diktatur herrscht, nimmt nicht ab, sondern eher zu. Wir kennen die Beispiele, wo in der jüngeren Vergangenheit Staaten, die vormals demokratisch geführt wurden, inzwischen zu totalitären Diktaturen geworden sind. In all diesen Staaten sind staatlich veranlasste Menschenrechtsverletzungen – also Gewalt – an der Tagesordnung. Seit Ende des Zweiten Weltkriegs leidet die Welt unter dem Ost-West-Konflikt. Im direkten Miteinander hat uns dieser Konflikt den „Kalten Krieg" beschert, aber wir hatten auch immer wieder die sogenannten „Stellvertreterkriege" – so in Korea und später dann in Vietnam. Bis heute haben wir es nicht geschafft, diesen Ost-West-Konflikt zu beenden und eine tragfähige Friedensordnung zu schaffen.

Es gibt aber nicht nur die offensichtliche Gewalt – wir fassen nämlich den Begriff „Gewalt" viel zu eng. Wir nehmen nur die Gewalt wahr, die auch als solche thematisiert wird. Der Hunger in der Welt und seine Auswirkungen ist auch eine Form von Gewalt. Wir haben uns ein globales Wirtschaftssystem erschaffen, in dem die Starken sich rücksichtslos gegen die Schwächeren durchsetzen. Es gibt heute zwar keinen Kolonialismus mehr, aber auch nach seiner Abschaffung wirken seine Mechanismen weiter. Länder, die schwächer sind und im internationalen Wettstreit keine Macht haben, werden nach wie vor wirtschaftlich unterdrückt und ausgebeutet.

Und wie sieht es in unseren Industriegesellschaften aus? Es gilt das gleiche Prinzip: Die Stärkeren setzen sich rücksichtslos gegen die

Schwächeren durch. Wer genug Macht hat, verschafft sich immer mehr Vorteile und nimmt keinerlei Rücksicht mehr auf die Schwächeren und auch nicht auf das Gemeinwohl. Wer Macht hat, gönnt sich selbst immer noch höhere Einkommen – und jammert dann aber als Arbeitgeber darüber, dass die Löhne der Arbeitnehmer zu hoch seien. Wer Macht hat, drückt sich davor, seinen gesellschaftlichen Verpflichtungen nachzukommen, und weigert sich, korrekte und angemessene Steuern zu bezahlen. Es gilt heute als schick und clever, sich seiner Verantwortung zu entziehen und die Lasten anderen aufzubürden. Sich so zu verhalten, dazu braucht man Macht und diese Macht in dieser Art und Weise einzusetzen, nämlich ausschließlich für den eigenen Vorteil und unter Vernachlässigung der eigenen gesellschaftlichen Verantwortung, auch das ist eine Form der Gewalt. Man könnte heute sagen, ein jeder kämpft nur noch für sich selbst – die Mächtigen um immer noch mehr Geld und Reichtum, die Armen um das nackte Überleben und sogar diejenigen, die man bisher immer zum sogenannten „Mittelstand" gezählt hat, kämpfen zunehmend darum, sich ihren bescheidenen Wohlstand zu erhalten. Und so nimmt auch die Gewalt immer mehr zu.

Warum ist die Gewalt eigentlich ein Bestandteil unserer Zivilisation? Der Homo sapiens hat von jeher, und tut es noch heute, die Gewalt eingesetzt, um seine persönlichen, individuellen Ziele zu verfolgen und zu erreichen. Es war in unserer menschlichen Geschichte schon immer ein Erfolgsmodell, sich mittels Gewalt Vorteile zu verschaffen. Und weil der Einsatz von Gewalt ein solches Erfolgsmodell war und ist, ist die Gewalt auch so tief in uns und unseren Gesellschaften verwurzelt. Am Ende zählt allein der persönliche, individuelle Erfolg – und Gewalt ebnet den Weg dorthin. Der Mensch hat eine ganz besondere Form des Egoismus entwickelt – denn wir stehen heute an einem Punkt, an dem es überdeutlich wird, dass uns unser persönlicher, individueller Erfolg sogar wichtiger ist, als das Überleben unserer eigenen Art und das Fortbestehen unserer eigenen Zivilisation. Wir verhalten uns heute so, als gäbe es kein morgen oder übermorgen. Wir nehmen keinerlei Rücksicht auf kommende Generationen – wir nehmen keinerlei Rücksicht darauf, ob unsere Zivilisation überleben kann. Das ist nichts anderes, als pure Gewalt – Gewalt gegenüber den nachfolgenden Generationen.

Aber ist die Ausübung von Gewalt moralisch und ethisch nicht grundsätzlich verwerflich? Nun, wir Menschen haben gelernt, Gewalt fein säuberlich zu unterscheiden. Es gibt Gewalt, die akzeptiert und toleriert wird – und wir bewerten Gewalt auch unterschiedlich. Wenn wir uns zu einem bestimmten Lager rechnen, dann tun wir uns sehr leicht damit, unsere Gewalt moralisch und ethisch ganz anders zu bewerten, als die Gewalt, die aus dem anderen Lager kommt – als die Gewalt, die unsere „Gegner" einsetzen. Das ist möglich, weil wir Gewalt auch immer durch unsere ideologischen Brillen wahrnehmen und bewerten.

Das größte Problem aber, das durch Gewalt verursacht und immer weiter verstärkt wird, liegt darin, dass dies zu einer immer stärkeren Spaltung innerhalb unserer Gesellschaften führt. Und das nicht nur innerhalb von Einzelstaaten, sondern wir haben auch eine ganz tiefe Spaltung zwischen Ost und West – und eine ganz tiefe Spaltung zwischen Nord und Süd, also zwischen Industrie- und Entwicklungsländern. Diese Spaltungen in unseren Gesellschaften und in unserer Zivilisation stellen heute und in Zukunft eines der größten Hemmnisse dar, unsere Probleme zu lösen und die Herausforderungen zu meistern, vor denen die Menschheit steht. Keiner für sich allein, kein Bürger, keine Partei, keine Regierung, kein Unternehmen, keine Umweltorganisation, kein Einzelstaat und auch keine UNO, kann die Probleme allein lösen. Wir alle, alle Menschen auf diesem Planeten, wir alle leben heute so eng miteinander verbunden, dass wir alle zusammen eine Schicksalsgemeinschaft bilden – und wir werden unsere Zivilisation nur gemeinsam retten. Dazu müssen wir alle Menschen mit in unser Boot holen und wir brauchen einen ganz breiten Konsens. Wir müssen alle Menschen dazu bringen, zusammenzuarbeiten und die Probleme zusammen zu lösen. Stattdessen dividieren wir uns immer weiter auseinander – lassen es zu, dass die Spaltungen in unseren Gesellschaften und in unserer Zivilisation immer größer werden. Wenn wir überleben wollen, wenn unsere Zivilisation eine Zukunft haben soll, dann müssen wir die Gewalt und unseren ausgeprägten Egoismus überwinden, wir müssen näher zusammen rücken, wir müssen uns als eine Zivilisation verstehen – und endlich auch, als eine große Familie.

# 9. Der Zivilisationsindex und was ihn beeinflusst

## 9.1 Erläuterung und Einführung

Für alle Zivilisationen im Universum und auch für alles Leben im Universum gilt das Gleiche: Das Überleben ist nur möglich, wenn die Lebewesen ihren Lebenskorridor nicht verlieren. Bei uns auf der Erde hat es fünf große Massenaussterben gegeben. Bei all diesen Massenaussterben war die Ursache immer die gleiche: Die Lebewesen haben ihren Lebenskorridor verloren. Meistens ging das langsam vonstatten, zumindest einmal ging es aber sehr schnell. Der Lebenskorridor der Dinosaurier ging „von einem Tag auf den anderen" verloren, durch einen Asteroideneinschlag vor etwa 66 Millionen Jahren. Beim Massenaussterben an der Perm-Trias-Grenze verloren die Lebewesen ihren Lebenskorridor eher durch eine langsame und schleichende Veränderung der Umweltbedingungen.

Die Vorgänge in der Natur und auch die Zusammenhänge in der Natur sind so komplex, dass wir Menschen sie nicht wirklich verstehen können. Wir sind nicht in der Lage – auch nicht unter Zuhilfenahme der leistungsfähigsten Computer – vorauszusagen, wie sich unsere Eingriffe in die Natur, auf unseren Lebenskorridor auswirken werden. Wir können nur Vermutungen anstellen. In diesem Buch soll es aber darum gehen, wo wir heute mit unserer Zivilisation stehen und darum, wie wir uns und unsere Zivilisation weiterentwickeln müssen, damit unsere Zivilisation noch viele Tausend Jahre lang weiter existieren kann. Wir benötigen also ein einfaches Hilfsmittel, mit dem wir unsere Zivilisation einschätzen können – mit dem wir einschätzen können, ob das, „was wir so treiben" in unserer Zivilisation, ob das eher gut, oder eher schlecht ist, in Bezug auf unser Überleben.

Ein solches, einfaches Hilfsmittel gibt es, mit dem wir unsere Zivilisation einschätzen können – einschätzen können, ob sie geeignet ist, Tausende von Jahren zu existieren. Denn auch in diesem Punkt wird für alle Zivilisationen im Universum das Gleiche gelten – es geht um die Intensität, mit der eine Zivilisation betrieben wird. Zivilisationen, die sehr intensiv betrieben werden, kommen schneller an den Punkt, wo sie Gefahr laufen, ihren eigenen Lebenskorridor zu riskieren. Zivilisationen, die weniger intensiv betrieben werden, kommen langsamer an diesen Punkt – vielleicht kommen sie auch gar nie an diesen Punkt, wo sie Gefahr laufen, ihren eigenen Lebenskorridor zu riskieren.

Wie können wir uns das in der Praxis vorstellen? Nehmen wir eine Zivilisation, in der es ganz, ganz viele Fabriken gibt – also, in der es eine große Industrieproduktion gibt – und viele Güter produziert werden, eine Zivilisation, in der die Einwohner sehr viel konsumieren – jeder hat sein eigenes Auto vor der Tür stehen, jeder kauft sich alle möglichen Dinge und jeder fliegt dreimal im Jahr in den Urlaub. Eine solche Zivilisation wird sehr intensiv betrieben. Stellen wir uns dagegen eine Zivilisation vor, in der es nur wenig Fabriken gibt und die Einwohner keine Autos besitzen und nur das konsumieren, was sie zum Leben wirklich brauchen. Eine solche Zivilisation wird weniger intensiv betrieben. Die Zivilisation, die sehr intensiv betrieben wird, wird auch viel mehr Ressourcen verbrauchen, sie benötigt viel mehr Energie, sie wird viel schneller ihre Atmosphäre aufheizen, sie wird viel mehr Müll produzieren und sie wird viel mehr Fremd- und Giftstoffe in ihre Umwelt einbringen. Sie unternimmt also viel mehr von dem, was am Ende den eigenen Lebenskorridor gefährden wird. Es gibt demnach einen direkten und unmittelbaren Zusammenhang zwischen der Intensität, mit der eine Zivilisation betrieben wird, und dem Risiko, den eigenen Lebenskorridor zu gefährden.

Das können wir uns zunutze machen – wir können das als Hilfsmittel benutzen und damit unsere eigene Zivilisation einschätzen. Und so können wir auch einschätzen, ob unsere Zivilisation geeignet ist, Tausende von Jahren zu existieren. Dabei ist von entscheidender Bedeutung, wie intensiv wir unsere Zivilisation betreiben. Dem geben wir nun einen Namen und nennen es unseren „Zivilisationsindex". Dieser soll unsere Messgröße dafür sein, wie intensiv wir unsere Zivilisation betreiben: je intensiver, desto höher unser Index. Und wenn wir unseren Zivilisationsindex zu weit in die Höhe treiben, laufen wir irgendwann Gefahr, unseren Lebenskorridor zu verlieren.

In der Folge werden wir uns damit beschäftigen, welche Einflussfaktoren es in unseren Gesellschaften und in unserer Zivilisation gibt – Einflussfaktoren, die sich auf unseren Zivilisationsindex auswirken. Wir werden uns auch damit beschäftigen, wie diese Einflussfaktoren heute ausgestaltet sind und wie wir sie in Zukunft verändern müssen. Diese Einflussfaktoren sind unsere „Stellschrauben", an denen wir drehen müssen, um unseren Zivilisationsindex möglichst niedrig zu halten. Wir werden uns in diesem Buch mit verschiedenen Stellschrauben beschäftigen; dieses Buch erhebt aber in diesem Punkt keinen Anspruch auf Vollständigkeit – es könnte auch noch weitere Stellschrauben geben.

Je stärker wir in unser Ökosystem eingreifen, dieses verändern und umwandeln, umso höher steigt der Zivilisationsindex an. Einen niedrigen Index zu halten, wäre also besser in Bezug auf das Überleben unserer Zivilisation. Es muss auf unserer Messskala für den Zivilisationsindex einen Punkt geben, der angibt, wann wir unser Ökosystem zu sehr umgewandelt haben, unseren Lebenskorridor verlieren werden und deswegen dann aussterben müssen. Aber wo soll dieser Wert liegen – bei 50, oder bei 100 oder erst bei 1000? Niemand kann das sagen. Wir wissen es nicht, an welchem Punkt wir den Bogen überspannt haben werden. Deswegen muss unsere Messskala für den Zivilisationsindex eine nach oben offene Skala sein – da wir den „Endpunkt" nicht bestimmen können.

Einen Punkt jedoch können wir ganz exakt bestimmen – wir legen diesen Wert auf unserer Zivilisationsindex-Skala ganz willkürlich bei 8,4 fest. Dieser Wert 8,4 soll den Punkt bezeichnen, an dem der Homo sapiens nachweisbar und messbar schon so stark in sein Ökosystem eingegriffen hat, dass wir die Auswirkungen spüren können. Wir liegen heute bei etwa einem Grad Celsius globalem Temperaturanstieg, im Vergleich zur vorindustriellen Zeit. Dieser Temperaturanstieg ist auch spürbar – jeder Einzelne von uns konnte und kann diesen Temperaturanstieg live und in Echtzeit miterleben und spürt ihn am eigenen Leib. Diesen Wert von 8,4 auf unserer Messskala haben wir also bereits erreicht und auch schon überschritten. In anderen Bereichen ist es viel schwieriger, Auswirkungen in irgendeiner Form zu messen. Wir wissen aber beispielsweise, dass die von uns in unser Ökosystem eingebrachten Fremd- und Giftstoffe tatsächlich Krebs verursachen. Es ist auch bekannt, dass weltweit Menschen sterben, weil sie in Gegenden leben, in denen besonders viele industrielle Verbrennungsrückstände in der Atemluft vorhanden sind.

Könnten wir es denn schaffen, wieder unter den Wert 8,4 auf unserer Zivilisationsindex-Skala zu kommen? Das kann man wohl ausschließen – wir haben unser Ökosystem und unsere Natur schon zu weit verändert. Wir können nicht alle Veränderungen, die sich auf unseren Lebenskorridor auswirken, wieder rückgängig machen. Beim Klimaschutz wird dies sehr deutlich – wir haben uns ja weltweit ein Klimaziel gesteckt, nämlich unter zwei Grad Celsius globaler Erwärmung zu bleiben. Das exakte Klimaziel lautet, die Erwärmung bei 1,5 Grad Celsius zu begrenzen – aber es allerhöchstens auf zwei Grad Celsius Erwärmung kommen zu lassen. Also selbst bei Erreichung unseres Klimaziels rechnen wir fest mit einer dauerhaft wärmeren Erde – im Vergleich zur vorindustriellen Zeit.

Werfen wir noch einen Blick auf die anderen Zivilisationen im Universum. Könnte es sich um ein generelles Problem von Zivilisationen handeln, könnte es im Universum eine Art „Zivilisationsfalle" geben? Wenn eine Zivilisation entsteht, dann scheint es zunächst einmal keine Grenzen für Wachstum, Entwicklung und Intensität zu geben – denn jede Zivilisation beginnt zwangsläufig ganz klein und überschaubar. Und die *Wissenden* werden sich schnell daran gewöhnen zu glauben, es könnte immer weiter und weiter gehen, die Zivilisation könnte immer größer und größer werden und immer noch intensiver betrieben werden. Aber es gibt für jede Zivilisation natürliche Grenzen und diese Grenzen sind vorgegeben durch den Planeten, auf dem eine Zivilisation entstanden ist. Jeder Planet hat seine spezifische Größe und da man diese nicht verändern kann, hat jeder Planet auch seine spezifischen Grenzen. Und in jedem begrenzten System – hier im begrenzten System Planet – kann es kein beliebiges Wachstum geben. Das ist ein Naturgesetz – die Intensität, mit der eine Zivilisation betrieben werden kann, findet ihre Grenzen in der spezifischen Größe des eigenen Planeten. Man kann annehmen, dass jede Zivilisation im Universum dieses Naturgesetz erst lernen muss – keine Zivilisation wird schon bei ihrer Geburt wissen können, dass ihre Zivilisation – vereinfacht ausgedrückt – nicht größer werden kann, als der eigene Planet es ist.

Betrachten wir nun in der Folge dieses Kapitels die Einflussfaktoren auf unseren Zivilisationsindex: Wie wirkt es sich aus, „was wir so treiben" in unseren Gesellschaften, in unseren Nationalstaaten, zwischen unseren Nationalstaaten und in unserer Gesamt-Zivilisation?

## 9.2 Die Abkopplung von der Natur

Bei der Entwicklung von Zivilisationen spielt es eine große Rolle, wie weit sich die *Wissenden* mit ihrer Zivilisation von der Natur entfernen – das nennen wir die „Abkopplung von der Natur". Im Grunde bedeutet das, dass wir Menschen es durch unsere Intelligenz, unseren Erfindergeist und unsere technologische Entwicklung geschafft haben, dass die Naturgesetze für uns nicht mehr so stark gelten, wie sie für die restliche Natur (Pflanzen und Tiere) um uns herum gelten. Wir Menschen können uns – jedenfalls teilweise – über diese Naturgesetze hinwegsetzen.

Wie ist das nun genau zu verstehen? Betrachten wir einmal alle Lebewesen auf diesem Planeten, die keine Menschen sind: also die Pflanzen und Tiere. Sie unterliegen alle den Naturgesetzen – sie können sich diesen Gesetzen nicht entziehen oder sich über diese Gesetze hinwegsetzen. Schauen wir uns dazu ein Beispiel an. Stellen wir uns eine Zebraherde in der afrikanischen Savanne vor. Aus einer Laune der Natur gibt es im Lebensgebiet dieser Zebraherde in zwei oder drei aufeinanderfolgenden Jahren ein besonders üppiges Wachstum an Gras – es wächst pro Jahr die doppelte oder dreifache Menge an saftigem Gras als sonst üblich. Dies führt dazu, dass mehr Zebranachwuchs geboren und die Population dadurch größer wird. Wenn dann aber in den Folgejahren plötzlich wieder viel weniger saftiges Gras wächst, wird ein Teil der Herde verhungern. Die Anzahl der Zebras wird sich wieder anpassen an die Bedingungen, die von der Natur vorgegeben werden. Die Natur selbst sorgt wieder für ein Gleichgewicht zwischen der Zebrapopulation und dem Nahrungsangebot.

Auch beim frühen Homo sapiens hat dies so funktioniert. Wenn die Nahrung knapp wurde, sind die Menschen verhungert, oder sie haben sich aufgemacht und sind in neue Gebiete abgewandert, in denen es genug Nahrung gab. Tatsächlich stand der Mensch in seiner Frühgeschichte mehrmals kurz vor dem Aussterben. Das zeigt, dass auch der Mensch, genau wie die Zebraherde, lange Zeit den Launen der Natur ausgesetzt war – oder anders gesagt, dass der Mensch, wie alle anderen Lebewesen auf unserem Planeten, lange Zeit den Naturgesetzen unterworfen war. Und eines dieser Naturgesetze bestimmt, dass es immer zu einem Ausgleich kommt – dass es immer ein Gleichgewicht gibt. Ein Gleichgewicht zwischen der Anzahl der Individuen einer bestimmten Art und dem Ökosystem, in dem diese Art existiert. Immer dann, wenn etwas aus dem Ruder läuft – das Gleichgewicht verloren geht – wird die Natur regelnd eingreifen und das wieder in Ordnung bringen. Bezogen auf unser Beispiel von der Zebraherde heißt das, wenn es zu viele Zebras gibt und sie alles Gras wegfressen – mehr, als die Natur nachwachsen lässt –, dann verhungert ein Teil der Tiere und es stellt sich wieder ein Gleichgewicht ein. Dieses Prinzip sorgt dafür, dass immer nur so viele Zebras in diesem Gebiet leben, wie auch ernährt werden können. Das ist das Prinzip der Nachhaltigkeit – die Natur selbst zwingt die Zebraherde in eine nachhaltige Existenz. Die Natur sorgt dafür, dass die Zebras als Herde gesehen in ihrem Gebiet nachhaltig mit ihren Nahrungsressourcen umgehen müssen – tun sie das nicht, lässt die Natur die Zebras, die zu viel sind, einfach verhungern.

Die Natur regelt die Größe von Populationen weitgehend über das Nahrungsangebot. Beim Menschen kam es vor etwa 12.000 Jahren zu einer grundlegenden Veränderung. Davor, in der Steinzeit, musste der Homo sapiens noch alle paar Tage auf die Jagd gehen, wenn er und seine Gruppe nicht verhungern wollte. Vor etwa 12.000 Jahren wurde der Mensch sesshaft, hat sich an einem Ort niedergelassen, Hütten gebaut, mit der Landwirtschaft begonnen und vor etwa 10.000 Jahren dann auch noch mit der Tierhaltung angefangen. Damit musste er sich seine Nahrung nicht mehr sammeln oder jagen, sondern konnte sich seine Nahrung selbst anbauen und produzieren. Er war schnell auch in der Lage, sich Vorräte anzulegen – für die Wintermonate oder für schlechte Jahre. Damit hat es der Mensch geschafft, sich etwas unabhängiger zu machen von den Launen der Natur – er hat sich von der Natur abgekoppelt. Im Bereich der Nahrungsmittelproduktion hat sich diese Abkopplung von der Natur danach immer weiter entwickelt, durch immer bessere Geräte und Maschinen für die Feldbestellung und Ernte, durch die Erfindung von Verfahren zur Konservierung von Lebensmittel und später durch die Erfindung von Verpackungen, Kühl- und Gefriermöglichkeiten. Ganz maßgebend war aber Anfang des 20. Jahrhunderts die Erfindung des Kunstdüngers. Dadurch wurde es möglich, die Anbauflächen mit immer mehr künstlich hergestellten Nährstoffen zu versorgen und damit die landwirtschaftlichen Erträge massiv zu steigern. Dies war auch mit ein Grund dafür, dass die Weltbevölkerung im 20. Jahrhundert so massiv ansteigen konnte.

Die Abkopplung von der Natur betrifft aber nicht nur den Bereich Nahrungsmittelproduktion. Auch die rasante Entwicklung der Medizin im 20. Jahrhundert – wie schon im Kapitel „Die aktive Nutzung des Feuers" angesprochen – hat zu einer immer stärkeren Abkopplung von der Natur geführt. Aber es gibt noch weitere Faktoren, die uns immer mehr von der Natur entfernt haben. Wir sind die einzigen Geschöpfe, die mit Kohle, Erdöl und Erdgas heizen, um im Winter nicht zu frieren. Damit setzen wir aber Kohlendioxid frei, das es vor dem Erscheinen des Homo sapiens in der Atmosphäre in dieser Menge nicht gab. Auch das ist eine Abkopplung von der Natur, denn andere Geschöpfe sind dazu nicht in der Lage. Auch in einem anderen Bereich wird diese Abkopplung von der Natur sehr deutlich – wir Menschen sind die einzigen Lebewesen auf diesem Planeten, die sich eine Industrie errichten konnten und nun Fremd- und Giftstoffe in die Natur entlassen – Fremd- und Giftstoffe, die uns selbst nun gefährlich werden.

Ganz besonders deutlich wird die Abkopplung von der Natur, wenn man sich das Artensterben anschaut, das schon in vollem Gange ist. Der Mensch hat sich ursprünglich als Teil der Natur entwickelt, eingebunden in eine Lebensgemeinschaft von Pflanzen und Tieren. Und die Natur war Millionen von Jahren lang in der Lage, für ein Gleichgewicht zwischen den existierenden Arten zu sorgen. Die Natur hat jeder Art einen Lebensraum, ein Auskommen und Überlebenschancen zugestanden. Alle Arten hatten vor der Natur die gleichen Rechte – auch das Recht, die eigene Art zu erhalten und sich in einem gewissen Rahmen weiterzuentwickeln. Wir Menschen haben uns aber mit unserer Zivilisation so über den gesamten Globus ausgebreitet, dass wir allen anderen Arten allmählich die Luft zum Atmen genommen haben. Es gibt kein Fleckchen bewohnbares Land mehr, das wir nicht in Besitz genommen hätten, das wir nicht mit unseren Häusern und Straßen zugebaut hätten und dabei verdrängen wir alles, was uns an Pflanzen und Tieren im Wege ist. Das ist einer der Hauptgründe für das Artensterben. Dieses Artensterben ist menschengemacht und ein radikaler Bruch mit der Natur – das ist eine massive Abkopplung von der Natur.

Klar ist, dass die Entwicklung einer Zivilisation immer einhergeht mit einer gewissen Abkopplung von der Natur – und das wird für alle Zivilisationen im Universum gelten. Klar ist aber auch, dass je mehr wir uns von der Natur abkoppeln, desto höher steigt unser Zivilisationsindex an und desto größer wird die Gefahr, unseren Lebenskorridor zu verlieren.

Und wie müssen wir in Zukunft damit umgehen – wie könnte die Lösung aussehen? Wir müssen uns wieder etwas mehr der Natur annähern – die Abkopplung von der Natur – zumindest teilweise – wieder rückgängig machen. Denn ein zentrales Naturgesetz bestimmt, dass es für alle Geschöpfe auf der Erde auf Dauer nur eine erfolgreiche Art der Existenz gibt – nämlich eine nachhaltige Existenz. Das ist deshalb so, weil wir auf einem Planeten leben, der eine festgelegte Größe hat – also begrenzt ist. Wenn aber unser Planet nicht wachsen kann, dann kann unsere Zivilisation auch nicht immer weiter wachsen. Wir müssen uns an den Möglichkeiten orientieren, die uns unser Planet bietet – oder anders gesagt, wir müssen unsere Zivilisation nachhaltig betreiben. Wenn wir das nicht von uns aus tun, dann wird uns die Natur das am Ende aufzwingen – die Natur wird am Ende immer die Oberhand behalten. Sicher, das wird bei uns Menschen viel länger dauern, als bei einer Zebraherde – aber irgendwann wird uns die Natur zurückzwingen in die Nachhaltigkeit, genauso, wie sie es bei den Zebras schafft.

Betrachten wir noch ganz kurz die anderen Zivilisationen im Universum. Jede Zivilisation wird irgendwann genau an diesem Punkt ankommen, an dem – wenn sie überleben will – sie sich von einer „Wachstumszivilisation" umwandeln muss, zu einer „Nachhaltigkeitszivilisation". Mit dieser Herausforderung stehen wir nicht allein.

## 9.3 Das Bevölkerungswachstum

Das Bevölkerungswachstum ist der stärkste Einzelfaktor in Bezug auf unseren Zivilisationsindex. Je größer die menschliche Population wird, umso stärker steigt der Index an. Je höher er aber ansteigt, desto größer wird die Gefahr, dass wir unseren Lebenskorridor verlieren.

Schauen wir uns dazu ein bildhaftes Beispiel an. Stellen wir uns ein Sonnensystem vor, in dem es zwei identische Planeten gibt. Beide Planeten sind exakt gleich groß, haben die gleiche Masse, dieselbe Zusammensetzung und die gleiche Atmosphäre. Auf beiden Planeten gibt es dieselbe Menge an Ressourcen – gleich viel Kohle, Erdöl, Erdgas, Eisenerz, Gold, Uran und andere Bodenschätze. Es gibt auch auf beiden Planeten gleich viel Wasser und gleich viel Biomasse. Auf beiden Planeten haben sich Zivilisationen entwickelt, ähnlich wie hier auf der Erde. Beide Zivilisationen betreiben einen ähnlich intensiven Lebensstil wie wir – mit einer vergleichbaren Industrieproduktion und einem vergleichbaren Konsum. Die Bewohner des einen Planeten können sich, wie wir Menschen, jedes Jahr fortpflanzen. Bei den Bewohnern auf dem anderen Planeten hat es die Natur so eingerichtet, dass sie sich nur alle zwei, drei oder vier Jahre fortpflanzen können. Es lässt sich mathematisch berechnen, dass irgendwann ein Zeitpunkt gekommen ist, an dem leben auf dem zweiten Planeten „nur" eine Milliarde Bewohner – auf dem ersten Planeten aber „schon" vier Milliarden. Die Zivilisation auf dem ersten Planeten wird eine viel höhere Intensität erreicht haben, als die Zivilisation auf dem zweiten Planeten. Und je intensiver eine Zivilisation betrieben wird, umso höher steigt der Zivilisationsindex an und damit auch die Gefahr, den eigenen Lebenskorridor zu verlieren.

Auf jedem Planeten sind die Ressourcen begrenzt – zu den Ressourcen eines Planeten gehören auch solche Dinge, wie gesunde Atemluft, gesundes Trinkwasser und gesunde Nahrung. Gesund in dem Sinne, dass man als Lebewesen keine Krankheiten – etwa Krebs – bekommt, wenn man atmet, trinkt und isst. Zu einer intakten Umwelt gehören auch unbelastete Böden und Anbauflächen, unbelastete Meere, unbelastete Wohnungen und Städte. Die Bewohner der intensiver betriebenen Zivilisation werden viel schneller ihre Natur mit Fremd- und Giftstoffen anreichern als die Bewohner der anderen Zivilisation.

Ein zu starkes Anwachsen der Population ist deshalb für jede Zivilisation – nicht nur für unsere – eine der größten Gefahren in Bezug auf deren Überlebensfähigkeit. Und jetzt müssen wir noch mal kurz zurückkehren zum Thema „Abkopplung von der Natur". Die Natur sorgt über das Nahrungsangebot immer dafür, dass die Population einer bestimmten Art niemals überhandnimmt. Die Natur sorgt immer für einen Ausgleich – sie sorgt dafür, dass von jeder Art nur so viele Individuen existieren, wie das Ökosystem verkraften kann. Was uns Menschen aber angeht, hat die Natur ihre Macht verloren. Die Natur kann uns nicht mehr vorschreiben, wie stark wir uns vermehren – wir haben uns von der Natur abgekoppelt. Wir haben es gelernt, Nahrungspflanzen anzubauen und Nutztiere zu halten – wir haben es gelernt, unsere Nahrung selbst zu erzeugen und herzustellen. Tiere können das nicht. Die Zebraherde in der afrikanischen Savanne kann nur darauf hoffen, dass die Natur genügend frisches, saftiges Gras wachsen lässt. Wenn das nicht passiert, dann verhungern die Zebras.

Vor 100 Jahren betrug die Weltbevölkerung 1,9 Milliarden Menschen – im November 2022 haben wir die 8-Milliarden-Grenze überschritten. In 100 Jahren kamen also über sechs Milliarden Menschen hinzu – wie war das möglich? Lange Zeit waren wir eingeschränkt, was die Nahrungsproduktion betrifft. Wir konnten nur so viel Nahrung produzieren, wie die Ressourcen unseres Planeten es ermöglicht haben. Eine dieser Ressourcen nennen wir die „Biomasse". Sehr vereinfacht gesagt, ist die Biomasse das fruchtbare Erdreich, in dem Pflanzen wachsen können. Diese Biomasse war eine festgelegte Ressource, die der Mensch nicht einfach vergrößern konnte. Nur in Gebieten, in denen regelmäßig Vulkane ausgebrochen sind, wurden durch diese Vulkanausbrüche aus dem Erdinnern Materialien ausgeworfen, die den Anbauflächen wertvolle, zusätzliche Nährstoffe zugeführt haben. So hat dann die Natur selbst in bescheidenem Umfang die Biomasse erhöht. Dies erklärt auch, warum sich Menschen schon sehr lange und besonders gern in der Nähe von Vulkanen niedergelassen haben – trotz der großen Gefahren, die Vulkane mit sich bringen.

Vor etwa 100 Jahren wurde der Kunstdünger erfunden – dafür gab es dann auch einen Chemie-Nobelpreis. Der Erfinder, der deutsche Chemiker Fritz Haber, hat aber nicht nur den Kunstdünger erfunden, sondern war auch maßgebend verantwortlich für die Erfindung, Entwicklung und den Einsatz von Giftgas im Ersten Weltkrieg. Wahrlich, er war gleichzeitig Dr. Jekyll und Mr. Hyde.

Die Erfindung des Kunstdüngers hatte gewaltige Auswirkungen auf die Nahrungsproduktion. Denn nun war der Mensch nicht mehr länger abhängig von der Ressource Biomasse, sondern konnte die Anbauflächen mit immer mehr synthetisch hergestellten Nährstoffen anreichern und so die Erträge immer weiter steigern. Auch wenn der Kunstdünger nicht die alleinige Ursache war, ohne seine Erfindung wäre der gewaltige Anstieg der Weltbevölkerung in nur 100 Jahren nicht möglich gewesen. Aber damit ist diese Geschichte noch nicht zu Ende erzählt, denn wir wissen heute nicht, wie es sich auf Dauer auswirken wird, dass wir große Mengen an Kunstdünger in unseren Boden einbringen. Wir wissen es nicht, ob das unserem Boden guttut. Es könnte sich im Nachhinein auch herausstellen, dass dies unseren Boden nachhaltig krank macht oder sogar zerstört. Ein gesunder Boden ist aber auch eine der Ressourcen, auf die wir Menschen angewiesen sind. Und so schließt sich der Kreis – wir erkennen, dass eine hohe Bevölkerungszahl auch eine hohe Nahrungsproduktion mittels Kunstdünger erzwingt. Was aber unser Ökosystem nachhaltig schädigen kann, treibt unseren Zivilisationsindex in die Höhe und das Risiko unseren Lebenskorridor zu verlieren.

Wie wird sich nun die Weltbevölkerung weiter entwickeln? Dazu gibt es gänzlich unterschiedliche Einschätzungen. Positive Prognosen gehen davon aus, dass die Weltbevölkerung nur noch bis Mitte des 21. Jahrhunderts ansteigen wird – auf etwa 8,6 Milliarden Menschen. Danach soll sie sogar anfangen, langsam zurückzugehen. Wie realistisch sind solche Einschätzungen? Nun, diese Prognosen unterstellen, dass es uns gelingt, weltweit die Armut zu überwinden und zu beseitigen. Armut, aber auch die Unterdrückung der Frauen, mangelnde Schulbildung und der mangelnde Zugang zu Verhütungsmitteln, treiben das Bevölkerungswachstum nämlich massiv an. Deswegen haben wir heute das stärkste Bevölkerungswachstum in den armen Regionen unserer Welt. Wie wahrscheinlich es ist, dass die Menschheit es schaffen wird, in diesem Jahrhundert die weltweite Armut zu überwinden und zu beseitigen, damit beschäftigen wir uns im nächsten Kapitel.

Wir sollten uns vorsichtshalber besser an den Schätzungen ausrichten, die einen weiteren Anstieg der Weltbevölkerung vorhersagen – auf etwa elf Milliarden Menschen bis zum Ende des 21. Jahrhunderts. Wir müssen uns eingestehen, dass wir ziemlich im Dunkeln tappen. Niemand, kein Politiker, kein Wissenschaftler und auch keine UNO kann heute wirklich vorhersagen, wo wir am Ende des Jahrhunderts stehen werden – weder was die Weltbevölkerung betrifft, noch was die Erderwärmung betrifft. Wir berufen uns nur auf mehr oder wenig realistische Schätzungen. Tatsächlich spricht heute sehr viel dafür, dass die Weltbevölkerung weiter wachsen und auch die Erderwärmung deutlich über zwei Grad Celsius liegen wird – am Ende dieses Jahrhunderts.

Wir Menschen schließen für alle möglichen Bereiche Versicherungen ab – Lebensversicherungen, Haftpflichtversicherungen, Versicherungen gegen Überschwemmungen und Sturmschäden, Versicherungen gegen Arbeitsunfähigkeit, Versicherungen gegen den Verlust des Arbeitsplatzes, Unfallversicherungen – Versicherungen sind ein Milliardengeschäft. Das alles tun wir, um uns vor einem zu schützen – dem Eintritt des Schlimmsten, also vor einem „Worst Case". Es ist auch gut so, dass wir das tun. Damit sichern wir unsere wirtschaftliche und soziale Existenz ab. Welche Versicherungen schließen wir heute aber ab, um die wirtschaftliche und soziale Existenz unserer Zivilisation abzusichern? Greifen wir noch mal ein bildhaftes Beispiel auf, das wir schon verwendet haben im Kapitel über unseren Lebenskorridor. Stellen wir uns vor, wir befinden uns in einem Flur und plötzlich fällt der Strom aus und das Licht geht aus – wir stehen völlig im Dunkeln. Das ist heute unsere Situation – niemand kann heute wirklich sagen, wo wir am Ende des 21. Jahrhunderts stehen werden. Was tut ein vernünftiger Mensch, der durch einen Flur rennt und plötzlich geht das Licht aus. Er bleibt stehen, besinnt sich einen Moment und dann geht er ganz vorsichtig weiter und tastet sich langsam vorwärts. Niemand würde einfach weiterrennen.

Die Menschheit ist die letzten 100 Jahre mit Vollgas – mit durchgetretenem Gaspedal – durch ihren Flur gerannt. Das gilt in Bezug auf das Bevölkerungswachstum, in Bezug auf unsere Industrieproduktion, in Bezug auf unseren Konsum, in Bezug auf den Ausstoß von Kohlendioxid, in Bezug auf die Verschmutzung und Vergiftung unsere Luft, unseres Bodens, unseres Wassers und unserer Ozeane. Und heute stehen wir im dunklen Flur und wissen nicht, wohin es uns führen wird, wenn wir uns mit diesem Tempo weiterbewegen. Wir sollten ganz dringend eine Versicherung abschließen – und wir sollten das heute tun und nicht damit warten. Diese Versicherung kann nur so aussehen, dass wir mit unserer Zivilisation einen Gang zurückschalten – wir werden in unserem dunklen Flur nicht einfach stehen bleiben können, aber wir sollten wenigstens deutlich an Tempo herausnehmen.

Was bedeutet das in Bezug auf das Bevölkerungswachstum? Wir sollten heute mit einer aktiven und globalen Politik der Geburtenkontrolle beginnen. Das wird unsere einzige Versicherung gegen den schlimmsten Fall sein – also gegen den „Worst Case" –, der sonst am Ende des 21. Jahrhunderts eintreten könnte – mit elf Milliarden Menschen auf unserem Planeten. Wir müssen auch diese Prognose ernst nehmen und in unserem weiteren Handeln berücksichtigen. Wir müssen diesbezüglich eine Versicherung abschließen – und wir müssen das heute tun.

Wir dürfen uns keinen falschen Vorstellungen hingeben. Wenn die Weltbevölkerung bis zum Ende des Jahrhunderts tatsächlich wie prognostiziert ansteigen sollte, dann werden auch alle unsere Probleme, die wir schon heute haben, noch massiv zunehmen. Das gilt für die Armut, das gilt für die Erderwärmung und das gilt auch für alle Umweltprobleme – wir werden dann mit noch viel mehr ökologischen Problemen zu kämpfen haben, als wir es heute schon haben. Und möglicherweise werden wir es auch mit noch mehr Gewalt und Krieg zu tun haben – nämlich Krieg um ausgehende Ressourcen und den, dann noch übrig gebliebenen Wohlstand.

Stellen wir uns einen Staat vor, der heute ein hohes Bevölkerungswachstum hat – ein Staat, der vielleicht in den letzten Jahrzehnten eine durchaus positive Entwicklung durchgemacht hat. Eine positive Entwicklung in Bezug auf die Wirtschaft, aber auch in politischer Hinsicht – also in Bezug auf Demokratisierung, Menschenrechte, Gleichberechtigung der Frauen, politische Stabilität.

Wenn dieser Staat nicht heute mit einer aktiven Geburtenkontrolle anfängt, dann wird er wahrscheinlich im Laufe dieses Jahrhunderts all sein Erreichtes der letzten Jahrzehnte wieder verspielen und verlieren. Seine Wirtschaft und sein Wohlstand könnten unmöglich so schnell mitwachsen, wie es seine Bevölkerung tut. Ein Staat, der heute ein starkes Bevölkerungswachstum aufweist und der heute mit einer aktiven Geburtenkontrolle beginnt, wird am Ende dieses Jahrhunderts besser da stehen, als einer, der dies nicht tut.

Und das gilt auch für unsere ganze Zivilisation. Wir alle werden Ende des 21. Jahrhunderts besser da stehen, wenn wir heute damit beginnen, eine aktive, globale Geburtenkontrolle auf die Agenda unserer Weltpolitik zu setzen. Wir können uns nicht ausklammern – es gibt zwar Staaten, die heute kein zu hohes, oder gar kein Bevölkerungswachstum mehr haben. Der Wohlstand etwa in unseren westlichen Industrienationen hat schon seit längerer Zeit zu einer Abnahme des Bevölkerungswachstums geführt – bis hin zu einem Stillstand. Aber das ist kein Grund für uns, uns zurückzulehnen und auszuruhen. Die Probleme, die auf uns zukommen werden, falls die Weltbevölkerung noch weiter ansteigen wird, diese Probleme werden uns alle betreffen. Diese Probleme werden nicht haltmachen v unseren Haustüren. Und auch die Menschen, die dann aus sch' er Verzweiflung aus den armen Regionen unserer Welt flüchter ver- den, werden nicht haltmachen vor unseren Haustüren. Wir ؛ sind gefordert, jetzt aktiv zu werden im Sinne einer globalen C ،urten- kontrolle – wir müssen uns endlich verstehen als eine g׳ ،e Menschenfamilie. Die Probleme in einem anderen Teil de Welt sind auch unsere Probleme. Wir leben in einem „Gesamtsy em Planet" und je mehr wir durch Bevölkerungswachstum zus menrücken müssen, je mehr wir uns durch Internet und Wirtsch tshandel miteinander vernetzen, umso deutlicher wird, dass v die Probleme entweder gemeinsam lösen werden, oder wir ׳ rden an diesen Problemen gemeinsam scheitern.

Und wie muss die Lösung aussehen? Wie müssen wir damit umgehen? Wir müssen bei den Ursachen ansetzen. Die Armut ist der Treiber in Bezug auf das Bevölkerungswachstum – also müssen wir die weltweite Armut überwinden und beseitigen. Was uns tatsächlich helfen würde, wäre eine „globale Grundversorgung" aller Menschen. Wir müssen es allen Menschen ermöglichen, ein einigermaßen anständiges Leben führen zu können. Das würde sofort und spürbar Druck herausnehmen und würde viele unserer heutigen Probleme lösen – und das würde auch den weiteren Anstieg der Weltbevölkerung verhindern.

Das war aber noch nicht die vollständige Wahrheit zum Thema „Bevölkerungswachstum". Nehmen wir mal an, die positiven Prognosen treten ein und die Weltbevölkerung wird „nur" auf 8,6 Milliarden Menschen anwachsen – wird das auf Dauer uns und unserer Zivilisation das Überleben sichern? Wir leben auf einem begrenzten Planeten – wissen wir eigentlich, wie viele Menschen tatsächlich auf der Erde leben können? Es geht jetzt nicht darum, wie viele Menschen auf diesen Planeten „drauf passen", sondern es geht jetzt um die Frage, wie viele Menschen nachhaltig auf der Erde leben können – die Betonung dabei liegt auf nachhaltig. Warum ist diese Frage so wichtig? Sehen wir uns dazu ein Beispiel aus dem Alltag an. Wir alle müssen nachhaltig wirtschaften – wir können nicht mehr Geld ausgeben, als wir einnehmen. Eine gewisse Zeit lang kann man das zwar machen, aber für jeden Privathaushalt und für jedes Unternehmen gilt die gleiche Regel: Wenn man zu lange mehr Geld ausgibt, als man einnimmt, dann ist man irgendwann bankrott. Wir alle sind gezwungen, mit unseren Ressourcen vernünftig zu haushalten – und genau das ist Nachhaltigkeit. Das Gegenteil davon ist es, wenn man über seine Verhältnisse lebt. Und genau das tun wir heute in Bezug auf unseren Planeten – wir leben mit unserer Zivilisation über unsere Verhältnisse. Oder genauer gesagt, über die

Verhältnisse unseres Planeten – wir verbrauchen viel mehr Ressourcen, als unsere Erde reproduzieren kann.

Wie würde denn eine nachhaltige Zivilisation auf der Erde aussehen? Nun, wir dürften nur so viel Kohlendioxid in die Atmosphäre entlassen, wie durch natürliche Vorgänge wieder aus der Atmosphäre ausgewaschen werden, wir dürften nur so viele Fremd- und Giftstoffe in unser Ökosystem einbringen, wie durch die Natur abgebaut und zersetzt werden können, wir dürften uns nur so weit ausdehnen, dass auch allen anderen Geschöpfen genug Platz bliebe, um zu überleben. Das wäre eine nachhaltige Existenz unserer Zivilisation – davon sind wir ganz weit entfernt. Für unsere Zivilisation gilt aber das Gleiche, was auch für Privathaushalte und für Unternehmen gilt. Wenn man auf Dauer über seine Verhältnisse lebt – also nicht nachhaltig wirtschaftet –, dann geht man irgendwann bankrott. Es kann ja nicht nur darum gehen, dass wir mit unserer Zivilisation ein paar Hundert Jahre lang durchstehen, es muss auch darum gehen, dass wir es schaffen, 5000 Jahre, 10.000 Jahre oder noch viel länger durchzuhalten.

Und wie sieht es bei den anderen Zivilisationen im Universum aus? Für die stellt sich auch eines Tages die Aufgabe, auf einen nachhaltigen Betrieb umzustellen. Nur die Zivilisationen, denen dies gelingt, werden auf Dauer überleben. Die anderen, die das nicht schaffen, werden nach einiger Zeit wieder verschwinden. Auch unsere Zivilisation wird wieder verschwinden, wenn wir es nicht rechtzeitig schaffen, unsere Zivilisation nachhaltig zu betreiben. Vermutlich sind schon viele Zivilisationen daran gescheitert und wieder untergegangen. Wenn auch uns das passiert, dann werden wir nur eine von vielen Zivilisationen gewesen sein, die gekommen und nach einiger Zeit wieder verschwunden sind.

Was bedeutet das nun in Bezug auf unser Bevölkerungswachstum? Wenn wir mit unserer Zivilisation auf Dauer überleben wollen, dann müssen wir irgendwann damit beginnen, aktiv unsere menschliche Population zu steuern. Das bedeutet, wir müssen in Zukunft aktiv auf die Geburtenzahlen einwirken. Warum müssen wir Menschen das tun? Weil wir uns von der Natur abgekoppelt haben. Denn bei allen anderen Geschöpfen übernimmt die Natur diese Regelung selbst.

Wir haben aber gar keine Ahnung davon, wie viele Menschen überhaupt nachhaltig auf der Erde leben können. Diese Gedanken sind nicht neu und es gab schon wissenschaftliche Studien dazu. Diese sind aber wieder in den Schubladen verschwunden.

Eine Frage – eine ganz wichtige Frage – stellt sich jetzt aber noch. Und man muss diese Frage stellen. Dürfen wir Menschen das überhaupt, dürfen wir einen solchen Eingriff vornehmen – dürfen wir selbst unsere Population steuern? Ist das ethisch und moralisch vertretbar? Aus wissenschaftlicher Sicht ist diese Frage leicht zu beantworten. Wenn wir als Menschen und als Zivilisation auf längere Sicht überleben wollen, dürfen wir das nicht nur tun, sondern wir müssen es sogar tun.

Aus religiöser Sicht könnte die Antwort auch anders ausfallen. Es ist nicht die Absicht dieses Buches, die religiösen Gefühle anderer Menschen zu verletzen. Und es gibt viele, verschiedene Religionen – es wäre kaum möglich, allen gerecht zu werden. Und deswegen kann die Antwort nur so lauten, dass jedem Menschen seine eigene Sichtweise zusteht und wir diese akzeptieren müssen. Wenn es also Menschen oder Religionen gibt, die solche weitgehenden Eingriffe in das Bevölkerungswachstum aus religiöser Überzeugung ablehnen, dann steht ihnen das auch zu.

Schließen wir den Kreis und kehren zurück zum Anfang dieses Kapitels. Das Bevölkerungswachstum ist der stärkste Einzelfaktor in Bezug auf unseren Zivilisationsindex. Je größer die menschliche Population wird, umso stärker steigt der Zivilisationsindex an. Je höher aber der Index ansteigt, umso größer wird die Gefahr, dass wir unseren Lebenskorridor verlieren.

## 9.4 Die Armut

Die Auswirkung der Armut auf den Zivilisationsindex ist nicht so eindeutig. Sie ist aber der wesentliche Antreiber in Bezug auf das Bevölkerungswachstum. Unsere Population wächst dort am stärksten, wo die armen Regionen liegen. Derzeit ist nicht erkennbar, dass es dort zu einem Nachlassen des Bevölkerungsanstiegs kommen würde. Die Armut treibt also über das Bevölkerungswachstum indirekt unseren Zivilisationsindex nach oben.

Die Armut entfaltet aber noch eine andere Wirkung auf den Index. Sie verhindert die Weiterentwicklung unserer Zivilisation – sie blockiert Veränderungen und führt dazu, dass der Status quo erhalten bleibt. Wenn wir aber keine Veränderungen vornehmen, wenn wir immer so weitermachen, wie bisher, dann wird auch unser Zivilisationsindex weiter ansteigen.

Schauen wir uns dazu ein Beispiel an. Stellen wir uns einen Kleinbauern vor, der sich ein Stück Regenwald gerodet, sich eine einfache Hütte errichtet hat und auf dem Land eine bescheidene Landwirtschaft betreibt. Er lebt von der Hand in den Mund, kann sich keine Krankenversicherung und auch keine Rentenversicherung leisten. Nach 20 Jahren ist der Boden ausgelaugt und er wird sich aufmachen, um ein weiteres Stück des Regenwaldes zu roden, damit er überleben kann. Und genau das passiert täglich – und zwar vieltausendfach. Weltweit leben Milliarden von Menschen unter genau solchen Bedingungen. Sie kämpfen täglich um ihr Überleben. Und das anhaltende Bevölkerungswachstum in den armen Regionen verschärft die Situation noch. Die Menschen werden ihr Ökosystem nur schützen und erhalten, wenn sie sich das auch leisten können. Es ist nicht die Schuld der armen Menschen in den Entwicklungsländern, wenn sie den letzten Baum in der Umgebung ihres Dorfs fällen, um an Brennholz zu kommen. Es ist auch nicht ihre Schuld, wenn sie Wildtiere vertreiben oder töten, weil ihnen diese ihre kargen Ernteerträge wegfressen. Wer selbst täglich um sein Überleben kämpft, hat keine Kraft, sich um Umweltschutz zu kümmern.

Können wir diese Menschen überhaupt erreichen mit unseren Ansagen, mit unseren Aufrufen, mit unseren Appellen, mit unseren Klimazielen, mit unseren Plänen zu erneuerbaren Energien, mit Themen wie Umweltschutz und Nachhaltigkeit? Menschen, die es kaum schaffen, ihren Lebensunterhalt zu sichern, sind nicht offen für notwendige Veränderung und bereit, sich auf Experimente einzulassen. Sie werden mit aller Kraft an dem wenigen festhalten, das sie heute haben. Wir werden aber die notwendigen Veränderungen – etwa bei der Geburtenkontrolle – nur gemeinsam schaffen. Die Menschen müssen bereit sein, für diese Veränderungen – und sie werden nur dann bereit sein, wenn sie sich nicht jeden Tag Sorgen darum machen müssen, ob sie sich und ihre Familien am nächsten Tag sattbekommen. Die Armut macht es sehr schwer, die Menschen, die von ihr betroffen sind, mitzunehmen und zu begeistern, für die erforderlichen Veränderungen. Deswegen gehört die Armut zu einer der Faktoren, die sich hinderlich auswirken, wenn es um die Weiterentwicklung unserer Zivilisation geht. Die Armut blockiert uns und sorgt dafür, dass der Status quo quasi „festbetoniert" wird.

Und wie sieht es in unseren Industrienationen aus? Die Menschen machen sich zunehmend Sorgen um ihre aktuelle wirtschaftliche und soziale Situation und auch darüber, wie sich ihre Situation in der nahen Zukunft weiterentwickeln wird. Es gibt eine neue Form der Armut. Trotz Arbeit – obwohl die Menschen einen Job haben – reicht ihnen ihr Einkommen nicht mehr aus, um ihren Kosten abzudecken – die Kosten für ihre Grundbedürfnisse, wie Nahrung, Energie und Wohnen. Die Kosten laufen schneller davon, als Lohnzuwächse dies ausgleichen könnten. Die Menschen leben zwar in einer reichen Industrienation, sind aber von diesem Reichtum weitgehend abgekoppelt – immer mehr Menschen können gar nicht profitieren von diesem Reichtum. Diese Menschen sind massiv betroffen, wenn sich etwa die Energiepreise deutlich erhöhen. Diese Menschen können es nicht einfach „wegstecken", wenn zusätzliche Ausgaben auf sie zukommen. Und wenn man diesen Menschen kommt mit Veränderungen, dann verhalten sie sich sehr konservativ – sie wollen lieber an dem festhalten, was sie kennen. Das kommt auch daher, weil sie damit rechnen, dass sie es sind, die am Ende für diese Veränderungen werden bezahlen müssen. Wie wollen wir diese Menschen denn begeistern? Wie wollen wir diese Menschen mitnehmen, wenn es künftig darum geht, unsere Zivilisation umzubauen zu einer nachhaltigen Zivilisation – zu einer Zivilisation, die fit für die Zukunft ist?

Auf der anderen Seite gibt es in unseren Industrienationen viele Menschen – die auch als Arbeitnehmer – ein ganz gutes Einkommen haben und sich damit auch einen gewissen Wohlstand – ja, sogar einen gewissen Luxus – leisten können. Aber auch diese Menschen erleben jetzt, dass sie immer mehr von ihrem Einkommen für ihre Grundbedürfnisse, wie Nahrung, Energie und Wohnen verwenden müssen. In jeder Volkswirtschaft spielen die „Erwartungen" der Menschen eine große Rolle. Wenn die Menschen erwarten, dass sich ihre wirtschaftliche und soziale Situation in der nahen Zukunft verschlechtert, dann tun sie das, was die Menschen schon in der Vergangenheit immer getan haben – sie fangen an, ihr Geld zu sparen, um sich so abzusichern für die Zukunft. Und sie tun noch etwas anderes, sie verhalten sich konservativ. Auch hier kommt es dann dazu, dass die Menschen lieber festhalten an dem, was sie kennen.

Fassen wir zusammen, die tatsächliche Armut in vielen Regionen unserer Welt – aber auch die Verschlechterung der wirtschaftlichen und sozialen Situation in unseren Industrienationen – sorgen dafür, dass die Menschen lieber am Bestehenden festhalten. Sie wollen keine Experimente und Veränderungen – sie fürchten sich davor. Wir benötigen aber Veränderungen – wir müssen unsere Zivilisation nach vorn bringen und sie weiterentwickeln. Wenn wir einfach nur so weitermachen wie bisher, werden wir es nicht schaffen, unseren Zivilisationsindex auf dem bisherigen Niveau zu halten, geschweige denn werden wir es schaffen, unseren Index zu senken. Wir müssen alle Menschen „mit ins Boot holen" und davon überzeugen, dass wir Veränderungen brauchen. Das wird nicht gelingen, wenn sich die Menschen ständig Sorgen machen müssen, um ihre wirtschaftliche und soziale Situation und darum, wie es in der nahen Zukunft damit weitergeht.

Und jetzt kommen wir zurück, auf die optimistischen Schätzungen bezüglich des globalen Bevölkerungswachstums. Es war die Rede davon, dass die Weltbevölkerung bis Mitte dieses Jahrhunderts „nur" auf 8,6 Milliarden Menschen ansteigen und dann langsam wieder zurückgehen wird. Aber nur dann, wenn weltweit die Armut überwunden und beseitigt wird. Wie wahrscheinlich ist es denn, dass wir noch in diesem Jahrhundert die Armut in der Welt überwinden und beseitigen werden?

Wir erleben heute, dass internationale Kapitalgesellschaften an den Börsen mit Nahrungsmitteln spekulieren und so die Nahrungsmittelversorgung in den armen Regionen der Welt erschweren. So weit haben wir es mit unserem Wirtschaftssystem gebracht, dass Spekulanten die Nahrungsmittelpreise künstlich in die Höhe treiben. Es geht nur noch um das Geschäft – es geht nur noch darum, reicher und noch reicher zu werden. Es ist für die ganze Menschheit beschämend, dass wir so etwas zulassen und die Politik schweigt dazu, aus Angst vor den großen Konzernen. Glaubt wirklich jemand ernsthaft daran, dass wir so die Armut überwinden werden – noch in diesem Jahrhundert? Glaubt das jemand?

So überwinden wir die Armut nicht. Die Armut wird im Gegenteil noch zunehmen in diesem Jahrhundert. Einmal dadurch, dass wir – jedenfalls bisher – nichts unternehmen gegen das Bevölkerungswachstum in den armen Regionen der Welt. Dies wird dort zu einem Anstieg der Armut führen. Und zum anderen wird die Armut noch zunehmen, weil insbesondere die heute schon armen Regionen der Welt ganz besonders stark vom Klimawandel betroffen sein werden. Gerade die ärmsten Länder haben schon heute mit den Auswirkungen des Klimawandels – Trockenheit, Dürren, Hitze – am meisten zu kämpfen. Das wird sich in den nächsten Jahrzehnten noch verschärfen und zu noch mehr Armut führen.

Damit sind aber die optimistischen Schätzungen bezüglich des globalen Bevölkerungswachstums vollkommen unrealistisch und somit hinfällig. Es wird bis Mitte dieses Jahrhunderts keinen Stopp geben bei 8,6 Milliarden Menschen. Der Anstieg wird weitergehen bis auf elf Milliarden Menschen zum Ende dieses Jahrhunderts. Das ist realistisch – und mit dieser Aussicht sollten wir uns vertraut machen.

Blicken wir noch mal kurz auf die anderen Zivilisationen im Universum. Es wäre durchaus vorstellbar, dass es im Universum Zivilisationen gibt, in denen Einkommen und Vermögen so verteilt sind, dass alle Bewohner ein sorgenfreies Leben führen können. Dass es aber trotzdem noch – in einer solchen Zivilisation – *Wissende* gäbe, die reicher sind als andere. Wie würde sich das auswirken in Bezug darauf, wie flexibel eine solche Zivilisation ist, wenn es darum geht, bevorstehende Herausforderungen zu meistern? Eine solche Zivilisation wird es viel einfacher haben, ihre Bevölkerung mitzunehmen und zu begeistern, für die notwendigen Veränderungen. Jede Zivilisation im Universum wird immer wieder an Punkte kommen, an denen sie sich weiterentwickeln muss und an denen große Veränderungen notwendig sein werden. Eine Zivilisation, die in einer solchen Situation ihre Bewohner hinter sich wissen kann – die davon ausgehen kann, dass die Bevölkerung mitzieht und sich nicht dagegen sträubt – wird solche Herausforderungen leichter, schneller und besser bewältigen. Und damit wird eine solche Zivilisation deutlich bessere Überlebenschancen haben – eine solche

Zivilisation wird eher in der Lage sein, über Tausende von Jahren zu existieren.

## 9.5 Der Traum vom ewigen Wachstum

Eines vorweg – das Wachstum einer Zivilisation immer weiter voranzutreiben, ist der „Zivilisationskiller" schlechthin. Wachstum und Nachhaltigkeit sind auf Dauer nicht miteinander in Einklang zu bringen. Diese Wahrheit muss diesem Kapitel so deutlich vorangestellt werden, weil alle unserer Entscheidungsträger, die in Politik und Wirtschaft Verantwortung tragen, auch heute noch, mit so einer Verbissenheit an diesem Traum vom ewigen Wachstum festhalten, dass man sich ernsthaft fragen muss, ob diese Entscheidungsträger geeignet sind, uns und unsere Zivilisation in eine sichere Zukunft zu führen.

Wenn vor unserer Zeit im Universum Zivilisationen untergegangen sind, dann deswegen, weil sie es nicht rechtzeitig geschafft haben, sich von „Wachstumszivilisationen" zu „Nachhaltigkeitszivilisationen" weiterzuentwickeln. Jede Zivilisation, die im Universum entstanden ist und noch entstehen wird, hat eine natürliche Grenze – nämlich ihren Planeten. Und jeder Heimatplanet einer Zivilisation ist beschränkt – durch seine Größe, seine Masse, sein Volumen, seiner vorhandenen Landmasse, seiner vorhandenen Atmosphäre, seinem Anteil an trinkbarem Süßwasser, seiner Biomasse und seiner Ressourcen. Das sind vorgegebene Größen, wir können diese nicht verändern – keine Zivilisation im Universum kann das.

Und deswegen kann eine Zivilisation immer nur wachsen bis zu einer bestimmten Grenze – nämlich bis zu dem Punkt, an dem sie die Möglichkeiten, die der Heimatplanet bietet, vollumfänglich ausschöpft. Dann ist Schluss mit Wachstum – jedenfalls auf dem eigenen Heimatplaneten. Dann gäbe es nur noch die Möglichkeit, die Zivilisation auf benachbarte Planeten auszudehnen und dort weiterzuwachsen. Weder haben wir aber solche Planeten bisher gefunden, noch werden wir in absehbarer Zeit die technischen Möglichkeiten dazu haben, solche Planeten zu besiedeln. Bevor wir das schaffen, sind wir schon längst untergegangen mit unserer Zivilisation.

Wir können auf diesem Planeten nicht immer noch mehr Fabriken, Häuser, Straßen, Flughäfen, Autos, Schiffe, Flugzeuge, Smartphones, Fernseher, Computer, Plastikgeschirr, Plastikbehälter und Plastikverpackungen bauen und produzieren – sonst werden wir irgendwann in unserem eigenen Dreck und Müll ersticken. Unser Planet Erde ist ein in sich geschlossenes System. Es bleibt alles innerhalb dieses Systems – wir können kein Ventil öffnen, durch das dann das überschüssige Kohlendioxid ins Weltall abgeleitet werden könnte. Und es gibt im Universum auch kein Müllunternehmen, das zu uns auf die Erde kommt, unseren Plastikmüll aus den Ozeanen fischt und ihn dann weit weg – irgendwo anders im Universum – verschwinden lässt. Alles, was wir an Dreck und Müll produzieren, bleibt hier auf der Erde – in unserem geschlossenen System und wir und unsere Nachkommen werden noch ganz lange damit leben müssen.

Schauen wir uns das „Prinzip Wachstum" etwas näher an. In diesem Bereich haben wir Menschen uns ebenfalls stark von der Natur abgekoppelt. In der Natur gibt es dieses Prinzip nicht. Ein Löwenrudel in der Serengeti kann nicht immer größer und größer werden, sich über die ganze Welt ausbreiten und den ganzen Planeten nach seinen Vorstellungen umbauen und umformen – die Natur verhindert dies und sorgt immer für einen Ausgleich zwischen den einzelnen Arten. Wir Menschen haben uns aber so sehr von der Natur abgekoppelt, dass wir damit bestimmte Gesetze der Natur außer Kraft gesetzt haben.

Wie wirkt sich das in unserem geschlossenen System Planet Erde aus? Stellen wir uns dazu ein Experiment vor. Wir bauen uns im

Freien auf einem Supermarkt-Parkplatz einen sehr großen Holzcontainer. Er soll zehn Meter lang, fünf Meter breit und fünf Meter hoch sein. In den hinteren Teil unseres Containers lagern wir sehr wertvolle Dinge ein, unser wertvollstes Porzellan, unsere wertvollsten Gläser, unsere wertvollsten Gemälde und unsere wertvollsten Skulpturen. Dann bohren wir am vorderen Teil unseres Containers ein Loch in die Wand und stecken eine Art Ballon hindurch in das Innere des Containers. Das soll ein Riesenballon sein aus sehr starkem Material. Außerhalb unseres Containers stellen wir einen Generator auf, der dann von außen den Ballon in unseren Container immer weiter aufbläst. Zunächst wird nichts passieren, weil der Ballon im vorderen Teil des Containers genügend Platz hat, um sich auszudehnen. Irgendwann aber, wird der Ballon auch den hinteren Teil unseres Containers erreichen und dort dann alles zerdrücken. Der Ballon wird unser wertvollstes Porzellan, unsere wertvollsten Gläser, unsere wertvollsten Gemälde und unsere wertvollsten Skulpturen einfach zerdrücken und kaputt machen.

Dieses Experiment zeigt uns eine ganz wichtige Regel, die in einem geschlossenen System gilt. Wenn ein Teil des Gesamtsystems immer weiter wächst, wird irgendwann ein Zeitpunkt erreicht sein, ab dem ein weiteres Wachstum dieses Teils immer zulasten anderer Teile des Gesamtsystems geht. In unserem Container war es unser Porzellan und die anderen wertvollen Dinge, zu deren Lasten das weitere Aufblasen des Ballons ging. Bezogen auf unser geschlossenes System Planet Erde bedeutet das, jedes weiter Anwachsen unserer Zivilisation – also eines Teils des Gesamtsystems – muss zulasten andere Teile des Gesamtsystems gehen und diese anderen Teile dann beschädigen oder sogar zerstören. In diesem Stadium befinden wir uns heute. Wir haben unseren Ballon – also unsere Zivilisation – schon so weit aufgeblasen, dass andere Teile des Gesamtsystems beschädigt und zerstört werden. Es hat auf der Erde schon längst ein weiteres Massensterben begonnen – immer mehr Arten, Tiere und

Pflanzen sterben aus. Sie werden nach und nach von unserem Ballon zerquetscht. Zu den anderen Teilen des Gesamtsystems gehören aber auch unsere Atmosphäre und unsere Umwelt – unser ökologisches System. Auch sie werden von unserem, sich immer weiter aufblähenden Ballon, beschädigt und zerstört.

Was passiert in einem solchen geschlossenen System, wenn der Druck nicht nachlässt, sondern immer noch weiter ansteigt? Kehren wir zurück zu unserem Holzcontainer. Wenn wir immer mehr Luft in unseren Ballon hinein drücken, wird die Ballonhülle irgendwann die Innenwände des Holzcontainers erreichen und kann sich dann nicht weiter ausdehnen. Wenn wir dann immer noch mehr Luft in unseren Ballon pumpen, dann wird irgendwann etwas kaputtgehen. Entweder unser Holzcontainer platzt auseinander, oder aber der Ballon reißt und platzt, weil die Ballonhülle den wachsenden Druck in ihrem Inneren nicht länger durch eine Ausdehnung der Hülle ausgleichen kann. Der Holzcontainer steht für unseren Planeten Erde – der Ballon für unsere Zivilisation. Wenn wir unsere Zivilisation noch weiter aufblähen, wird eines von beiden kaputtgehen. Es ist unwahrscheinlich, dass dies die Erde sein wird – viel wahrscheinlicher ist es, dass wir Menschen mit unserer Zivilisation dabei die Opfer sein werden.

Benötigen wir überhaupt noch Wachstum – muss unsere Industrieproduktion immer noch mehr ansteigen? Unsere Entscheidungsträger in Politik und Wirtschaft sagen „ja" – unsere Wirtschaft läuft nur, wenn wir Jahr für Jahr Wachstum haben. Wenn unsere Wirtschaftsfachleute voraussagen, dass im nächsten Jahr das Wachstum nachlässt, zurückgeht oder sich gar in ein negatives Wachstum umwandelt – also die Wirtschaft schrumpfen wird –, dann fallen sofort die Aktienkurse an den Börsen und es erscheint das Gespenst von Massenentlassungen und steigender Arbeitslosigkeit. Und es wird auch immer argumentiert, ein Wirtschaftswachstum wäre notwendig, um die Armut in der Welt zu überwinden und schließlich auch dafür, dass es den Arbeitnehmern dadurch besser ginge, weil sie ja teilhaben würden, an dem ständigen Wachstum unserer Wirtschaft. Wir erzeugen und produzieren schon heute so viel Nahrung, Güter und Dienstleistungen – wir könnten damit die ganze Weltbevölkerung ausreichend versorgen. Das ist nicht der Grund für die Armut – es gibt Armut in unserer Welt, weil unser Wirtschaftssystem alle diejenigen vom Zugang zu Nahrung, Gütern und Dienstleistungen ausschließt, die nicht in der Lage sind, die verlangten Preise zu bezahlen. Unsere Weltwirtschaft kann noch so sehr wachsen, wenn sich ein großer Teil der Menschen die produzierten Waren nicht leisten kann, nützt dieses Wachstum den Armen überhaupt nichts. Wir haben Armut in unserer Welt, weil Einkommen und Vermögen so ungleich verteilt sind, weil Waren nicht produziert werden, um die Menschheit zu versorgen, sondern um damit Geld zu verdienen, und weil immer mehr Geld damit verdient werden soll. Und die Leidtragenden in unserem Wirtschaftssystem sind diejenigen, die trotz harter Arbeit nie genug Einkommen erwirtschaften können, um die verlangten Preise bezahlen zu können.

In vielen Regionen der Welt, können die Menschen noch so hart arbeiten, sie können sich trotzdem nicht aus ihrer Armut befreien. Das ist eine der größten Ungerechtigkeiten unseres globalen Wirtschaftssystems – und auch eine der größten Ungerechtigkeiten unserer Zivilisation. In der Bibel können wir lesen: „Im Schweiße deines Angesichts sollst du dein Brot essen". Selbst die Bibel unterstellt damit, dass jeder Mensch, der hart arbeitet, auch das Recht hat, durch seiner Hände Arbeit satt zu werden. Vielen Menschen in unserer Welt wird aber durch unser globales Wirtschaftssystem dieses (Menschen-)Recht verwehrt.

Und wie sieht es mit den Arbeitnehmern in den Industrienationen aus – hat das ständige Anwachsen der Weltwirtschaft diese denn reicher gemacht? Tatsächlich ist es so, dass durch Wirtschaftswachstum ein Mehrwert erzeugt wird – die Umsätze steigen und auch die Gewinne steigen. Aber wem kommt in unseren Industriegesellschaften denn dieser Mehrwert zugute? Man kann vereinfacht sagen, die meisten Arbeitnehmer können mit ihren Einkommen ihren Lebensunterhalt bestreiten – vielen fällt das heute aber immer schwerer und immer mehr schaffen es gar nicht mehr. Einige Arbeitnehmer können auch noch in bescheidenem Maße etwas von ihrem Verdienst ansparen. Aber können die Arbeitnehmer denn wirklich mit ihrem Einkommen ein Vermögen aufbauen – also tatsächlich teilhaben am Mehrwert, der durch das Wirtschaftswachstum erzeugt wird?

Schauen wir uns dazu ein Beispiel aus Deutschland an. Wir hatten in Deutschland am Ende der 1960er-Jahre tatsächlich politische Bestrebungen, die Arbeitnehmer stärker am Wachstum der Wirtschaft teilhaben zu lassen. Es gab hohe Tarifabschlüsse und es gab Programme zur Vermögensbildung und auch der Erwerb von Wohneigentum wurde stark gefördert. In dieser Zeit konnte ein Arbeitnehmer, der als Alleinverdiener eine große Familie zu versorgen hatte, mit seinem Einkommen als einfacher Arbeiter auch noch ein Grundstück erwerben, ein Haus bauen und bis zu seiner Rente die Hypothek abbezahlen. Das war aber nur möglich, weil die Entscheidungsträger in der Politik sich dafür einsetzten, dass die Arbeitnehmer stärker am Wirtschaftswachstum beteiligt wurden und die Unternehmen auch bereit waren, dies zuzulassen.

In den vergangenen Jahrzehnten hat sich die Situation aber stark verändert. Die Schere zwischen „Reich und Arm" geht wieder auseinander und für Arbeitnehmer wird es immer schwieriger, ihren Lebensstandard zu halten. Und es gibt immer mehr Arbeitnehmer, die mit ihrem Einkommen nicht einmal mehr ihre Lebenshaltungskosten abdecken können. Es sind viele neue Arbeitsplätze entstanden – die meisten von ihnen im Niedriglohnsektor. Schlecht bezahlte Arbeit gibt es heute in den Industrienationen mehr als genug, was aber immer mehr verloren geht, sind gut bezahlte Jobs. Und ein

Job ist nur dann angemessen bezahlt, wenn man mit seinem Einkommen nicht nur die Kosten für seine Grundbedürfnisse, wie Nahrung, Energie und Wohnen abdecken, sondern auch noch etwas ansparen kann. Die Unternehmen bezahlen heute Löhne, mit denen immer mehr Menschen nicht einmal mehr die Wohnungen bezahlen können, die sie sich in unseren Städten anmieten sollen. Diese Entwicklung wirkt sich im Gegenzug aber auch auf die Unternehmen negativ aus. Es geht zunehmend die Motivation und die Leistungsbereitschaft der Arbeitnehmer verloren. Immer mehr kommt das Gefühl auf, es lohne sich gar nicht mehr, jeden Morgen früh aufzustehen und den ganzen Tag lang hart zu arbeiten. Krankenstand und Fluktuation sind hoch, denn wer als Arbeitnehmer nur schlecht bezahlte Arbeit bekommt, hat keine besonders enge Bindung an seinen Arbeitgeber. Wenn ihm sein Job nicht mehr gefällt, findet er sofort auch woanders schlecht bezahlte Arbeit.

Ende der 1960er sah das noch ganz anders aus. Die Arbeitnehmer hatten einen Traum – den Traum von einem sicheren Arbeitsplatz, an dem sie ihr ganzes Berufsleben lang bleiben konnten. Einen Arbeitsplatz, der ihnen ein gutes und sicheres Einkommen versprochen und auch gewährt hat. Sie haben davon geträumt, eine Familie zu gründen und von einem eigenen „Häuschen im Grünen". Und tatsächlich ist es vielen Menschen auch gelungen und sie konnten sich hocharbeiten und ein Teil des sogenannten Mittelstandes werden. Heute gerät dieser Mittelstand zunehmend unter Druck – in einigen Industrienationen ist der Mittelstand größtenteils schon weggebrochen. Das war aber der Traum, den uns die Marktwirtschaft versprochen hatte – und sie hatte ihn allen versprochen, die bereit waren, dafür hart zu arbeiten. Das war der Traum, „man könnte es durch harte Arbeit auch zu etwas bringen".

Das gelingt heute in den Industrienationen immer weniger Arbeitnehmern – dieser Traum ist längst ausgeträumt. Heute gibt es immer mehr Arbeitnehmer, die nur noch schlecht bezahlte Arbeit finden – ganz viele von ihnen sind Frauen – und ihre Einkommen reichen schon längst nicht mehr aus, um die steigenden Lebenshaltungskosten und die immer höher steigenden Mieten zu bezahlen. Immer mehr Privathaushalte können ihre Rechnungen nicht mehr bezahlen, sind überschuldet und Zwangsvollstrecker haben Hochkonjunktur.

Kommen wir zurück zum Wirtschaftswachstum. Der Mehrwert, der daraus entsteht, kommt weder bei den Armen dieser Welt an, noch kommt er bei den Arbeitnehmern in den Industrienationen an. Aber wo kommt er dann an – denn irgendwo muss er ja ankommen? Er kommt im Wesentlichen dort an, wo sich das Kapital versammelt hat. Der Mehrwert aus unserem ständigen Wirtschaftswachstum dient im Wesentlichen dazu, diejenigen, die schon reich sind, noch reicher zu machen. Das weltweite Gesamtvermögen wird heute auf 464 Billionen US-Dollar geschätzt. 82 Prozent davon gehören den „Superreichen". Zu diesen Superreichen gehören aber nur zehn Prozent der Weltbevölkerung. Es sind diese zehn Prozent der Weltbevölkerung, die im Wesentlichen davon profitieren, dass sich unsere Weltwirtschaft und damit auch unsere gesamte Zivilisation immer weiter aufbläht, so lange, bis der Ballon reißt und platzt. So lange, bis wir Menschen mit unserer Zivilisation gegen die Wand fahren.

Zum Ende dieses Kapitels muss noch die Frage beantwortet werden, wie sich das ständige Wachstum unserer Wirtschaft – aber auch das generelle Weiterwachsen unserer gesamten menschlichen Zivilisation auf den Zivilisationsindex auswirkt. Diese Frage ist leicht zu beantworten. Dieses anhaltende Wachstum treibt unseren Index direkt nach oben und erhöht damit die Gefahr, dass wir unseren menschlichen Lebenskorridor verlieren.

Werfen wir zum Abschluss dieses Kapitels wieder einen Blick auf die anderen Zivilisationen im Universum. Es werden nur solche Zivilisationen auf Dauer überleben, die es rechtzeitig schaffen, sich an den vorgegebenen Möglichkeiten des eigenen Planeten auszurichten. Und dazu müssen sie ihr Wachstum begrenzen und einschränken. Man kann nicht auf Dauer über seine Verhältnisse leben – niemand kann das. Jede Zivilisation muss mit dem auskommen, was der eigene Planet zu bieten hat.

## 9.6 Das Gesetz des Stärkeren

Wir Menschen haben uns in weiten Teilen von unserer Natur abgekoppelt. In einem Punkt jedoch nicht – ein Prinzip der Natur haben wir nahtlos integriert in unsere Zivilisation. Ein Prinzip, das die Evolution erfunden hat, um das Überleben der Arten sicherer zu machen: In der Natur setzt sich immer der Stärkere durch. Das ist auch sinnvoll, denn so wird gewährleistet, dass am Ende nur der Stärkste seine Gene weitergibt und seine Nachkommen dadurch bessere Überlebenschancen haben.

In der Natur wird dieses Prinzip aber auch gleichzeitig wieder ausgebremst, denn die Natur selbst sorgt dafür, dass das Gleichgewicht innerhalb der Arten, aber auch zwischen den Arten erhalten bleibt. Wie ist das zu verstehen – schauen wir uns dazu noch einmal ein Löwenrudel in der Serengeti an. Ein junges Löwenmännchen, das stark genug ist, kann sich ein Löwenrudel erobern und seine Gene weitergeben. Das ergibt auch Sinn, denn so wird gewährleistet, dass die Nachkommen dieses Rudels gute Chancen auf ein Überleben haben. Das hat die Natur so eingerichtet. Was die Natur aber nicht eingerichtet hat: Kein Löwenmännchen kann seine Herrschaft über sein eigenes Rudel hinaus ausdehnen, und beispielsweise eine eigene Herrschaft über alle in der Serengeti lebenden Löwen errichten.

Wir Menschen können das – wir können Herrschaftssysteme errichten und tun das auch. Spätestens seit der Mensch sesshaft geworden ist, hat er nicht nur Dörfer und Städte errichtet – nein, er hat auch damit angefangen, Herrschaftssysteme zu errichten. Daran ist grundsätzlich auch nichts auszusetzen – denn keine Zivilisation kann ohne Herrschaftssysteme funktionieren. In unserer Zivilisation haben wir für unsere Herrschaftssysteme das Prinzip aus unserer Natur übernommen, das Prinzip „Der Stärkere setzt sich durch". In der Folge hat sich dann auch eine spezielle Art der Führung entwickelt – es sind „Macht- und Gewaltmenschen", die unsere Herrschaftssysteme leiten und lenken. Und dies geschieht nach dem Prinzip „Der Stärkere setzt sich durch". Dieses Prinzip durchzieht unsere gesamte Zivilisation und dieses Prinzip, ist ein Gewaltprinzip. Es beruht auf Gewalt, denn die Menschen müssen sich – freiwillig oder auch gegen ihren Willen – dem Herrschaftssystem unterwerfen. Aber auch das ist grundsätzlich in Ordnung – in einem gewissen Umfang ist das einfach notwendig, damit ein geordnetes Zusammenleben überhaupt erst möglich wird.

Wir haben uns, jedenfalls in den westlichen Industrienationen, für die Staatsform der Demokratie entschieden. Bedeutet das nun, dass die wichtigsten Entscheidungen in diesen Staaten vom Volk – also vom Wähler – getroffen werden? Das ist leider ein Irrtum. Die wichtigsten Entscheidungen unserer Zeit, nämlich ob wir etwa die Armut in der Welt überwinden, oder ob wir uns von einer Wachstumszivilisation zu einer Nachhaltigkeitszivilisation weiterentwickeln – ob wir den Ballon weiter aufblasen, oder es besser lassen – diese Entscheidungen werden in keinem Staat, auch nicht in unseren westlichen Demokratien, vom Volk getroffen. Die Bürger jeden Staates sind in diesem Punkt der Gewalt des Herrschaftssystems unterworfen. Und in unserer Zivilisation werden die wirklich wichtigen Entscheidungen dort getroffen, wo sich Geld, Macht und politischer Einfluss versammelt haben – dort wird über unsere Zukunft entschieden. Niemand von uns, der in unseren westlichen Demokratien am Wahltag seine Stimme abgibt, kann damit Einfluss nehmen auf diese Entscheidungen. Und in den Staaten, in denen es keine Demokratie gibt, ist es offensichtlich, dass die Bürger keinen Einfluss auf Entscheidungen haben. Kein Bürger kann die Welt verändern – kein Bürger hat die Macht, über die weitere Entwicklung unserer Zivilisation mitzubestimmen.

Wir brauchen Herrschaftssysteme, damit unsere Zivilisation überhaupt funktionieren kann. Aber wenn diejenigen, die über Geld, Macht und politischen Einfluss verfügen, die Macht haben, uns am Ende ihre Entscheidungen aufzuzwingen – also auf uns Gewalt auszuüben –, dann ergibt sich daraus auch eine ganz große Verantwortung. Und diese Verantwortung wird von unseren Herrschaftssystemen schon lange nicht mehr wahrgenommen, vermutlich wurde diese Verantwortung noch nie – noch in keinem aller vorangegangen Herrschaftssystemen – tatsächlich auch wahrgenommen. Zu groß ist die Versuchung, die Macht zu missbrauchen. Die Reichen und Mächtigen unserer Zeit haben schon längst jeden Sinn für ihre Verantwortung verloren – für die Verantwortung, die sie haben, in Bezug auf das Gemeinwohl der Menschheit.

Entweder haben unsere Reichen und Mächtigen es nie begriffen, oder sie haben es vergessen und verdrängt, was Sinn und Zweck eines Herrschaftssystems überhaupt ist. In einem Herrschaftssystem wird einigen Menschen die Macht dazu verliehen, das Volk anzuführen, in der Hoffnung, dass sie nie das Gemeinwohl aus den Augen verlieren und das Volk als Ganzes voranbringen. Das erst legitimiert diese Menschen überhaupt dazu, Macht auszuüben und Entscheidungen zu treffen, mit denen über das Schicksal der Menschheit bestimmt wird. Wenn das nicht mehr gegeben ist, dann verliert Herrschaft nicht nur ihren Sinn, sondern sie verliert auch ihre Berechtigung.

Unsere Reichen und Mächtigen haben unser globales Wirtschaftssystem längst zu einem „Selbstbedienungsladen" verkommen lassen, in der sie ihre Macht nur noch dazu nutzen, rücksichtslos ihren eigenen Vorteil durchzusetzen und immer noch reicher zu werden. Sie haben das Gemeinwohl der Menschheit längst aus den

Augen verloren. Wir haben heute Führungskräfte, die sich die aberwitzigsten Gehälter von ihren Aufsichtsräten genehmigen lassen – Jahresgehälter die in keinem Verhältnis mehr stehen, zu der erbrachten Leistung. Kein Normalverdiener kann das noch nachvollziehen und es wächst die Wut darüber – besonders bei den Menschen, denen das Geld kaum zum Leben reicht. Und es sind dieselben Führungskräfte, die, wenn der Aktienkurs einbricht, ohne Bedenken Tausende von Arbeitnehmern entlassen und auf die Straße setzen, damit das Unternehmen wieder mehr Gewinn macht.

Gewiefte „Geschäftemacher" lassen heute keinen Bereich mehr unberührt, um nicht noch mehr Profit herauszuschlagen. Sie machen vor nichts Halt – auch nicht vor der Spekulation mit Grundnahrungsmittel. Große Unternehmen machen sich ihre Macht zunutze und verschaffen sich rücksichtslos Subventionen und Steuervorteile. Und jeder Bürger, dem jeden Monat automatisch die volle Steuer von seinem Lohn abgezogen wird, verliert zunehmend sein Vertrauen in die Gerechtigkeit – aber auch sein Vertrauen in die Politik. Die Reichen und Mächtigen können sich immer mehr Vorteile und Reichtum verschaffen, indem sie die Macht ausnutzen, über die sie verfügen. Macht so einzusetzen und zu benutzen – das ist nichts anderes als Gewalt. Und dieses Gewaltprinzip „Der Stärkere setzt sich durch" – auf Kosten der Schwächeren – durchzieht unsere gesamte Zivilisation.

Wir leben nicht mehr im Mittelalter, wo viele Menschen weder lesen noch schreiben konnten und keinen Zugang zu Informationen hatten. Das war vorbei, als der Buchdruck erfunden wurde und Luther die Bibel übersetzt hat. Wir leben heute in einer Informationsgesellschaft – es gibt keine Geheimnisse mehr und es bleibt nichts mehr im Verborgenen. Heute kann sich niemand mehr, der über Macht verfügt und diese Macht missbraucht, um sich zu bereichern, vor den Augen der Menschen verstecken. Es kommt alles heraus und die Bürger fühlen sich zunehmend betrogen von unseren Herrschaftssystemen. Herrschaftssysteme sind nur so gut, wie sie es schaffen, die Bürger auch davon zu überzeugen, dass es sinnvoll ist, sich diesen Herrschaftssystemen zu unterwerfen.

Wenn wir nach dem Grund dafür suchen, warum es in unserer Welt große Armut gibt – hier haben wir die Antwort. Armut ist nicht gottgegeben und sie fällt auch nicht vom Himmel – sie ist menschengemacht. Sie entsteht, weil diejenigen, die über Geld, Macht und politischen Einfluss verfügen, sich Herrschaftssysteme errichtet haben, in denen sie ihre Macht dazu missbrauchen, sich selbst immer reicher zu machen. Das ist aber nicht der Sinn von richtig verstandener Herrschaft.

Wie wirkt es sich nun auf unseren Zivilisationsindex aus, dass unsere Herrschaftssysteme auf diesem Prinzip beruhen? Man muss dies zusammen mit der Armut sehen – die Wirkungsweise ist die gleiche. Dies führt zu einer tiefen Spaltung in unseren Gesellschaften, in unseren Nationalstaaten, aber auch in unserer gesamten Zivilisation. In unseren westlichen Industrienationen haben wir in den vergangenen Jahrzehnten erleben müssen, dass sich die Spaltungstendenzen immer mehr verstärkt haben. Die Risse und Gräben sind immer tiefer und breiter geworden. Die Bürger fühlen sich immer mehr abgekoppelt vom Wohlstand – die Kluft zwischen „Reich und Arm" wird immer größer. Die Menschen ziehen sich zunehmend in eine Resignation zurück und kaum ein Bürger glaubt noch daran, dass Politik und Wirtschaft gerecht sind und dem Wohl aller Menschen dienen. Und kein Bürger hat noch Vertrauen darin, dass unsere Mächtigen in Politik und Wirtschaft uns und unsere Zivilisation in eine sichere Zukunft werden führen können. Viele Menschen resignieren – und immer mehr Menschen verlieren die Hoffnung, dass ihre Kinder und Enkel auch noch ein lebenswertes Leben werden führen können.

Richtig verstandene Herrschaft müsste genau hier ansetzen. Richtig verstandene Herrschaft müsste die Risse kitten und die Gräben zuschütten. Abraham Lincoln (1809–1865) hat einmal in einer

Rede gesagt: „… ein zutiefst in sich gespaltenes Haus kann keinen Bestand haben." Damals zu Zeiten des amerikanischen Bürgerkriegs (1861–1865) war die amerikanische Nation zutiefst gespalten ob der Frage, soll die Sklaverei beibehalten, oder soll sie abgeschafft werden. Man kann aber die Worte von Abraham Lincoln durchaus verallgemeinern und in unsere heutige Zeit übertragen. Wir stehen vor ganz großen Herausforderungen und wir werden diese Herausforderungen nur gemeinsam meistern. Und wir werden unser Haus nur einen, die Risse nur kitten und die Gräben nur zuschütten, wenn wir den Menschen das Vertrauen zurückgeben in die Gerechtigkeit unserer Herrschaftssysteme und die Gerechtigkeit unseres globalen Wirtschaftssystems.

Es geht nicht darum, alle Menschen gleich reich oder gleich arm zu machen. Es wird immer Menschen geben, die reicher oder sogar viel reicher sind als andere – das ist auch in Ordnung so und soll auch so bleiben. Aber heute ist das weltweite Vermögen so ungleich verteilt, dass diese Zusammenballung des Reichtums uns – also die Menschheit – massiv darin behindert, unsere Zivilisation im erforderlichen Umfang weiterzuentwickeln. Armut und das Prinzip „Der Stärkere setzt sich durch" – diese beiden Faktoren haben die Wirkung, dass dadurch Veränderungen blockiert werden. Sie führen dazu, dass der Status quo erhalten bleibt – sie führen dazu, dass es immer so weitergeht. Sie verursachen Stillstand. Weil sie Quell und Ursprung sind der tiefen Risse und der breiten Gräben, die heute quer durch unsere ganze Zivilisation gehen. Wir haben heute ein Haus, das zutiefst in sich gespalten ist – in unseren Nationalstaaten zwischen „Reich und Arm", in unseren Hemisphären zwischen Nord und Süd, also zwischen Industrienationen und Entwicklungsländern und dann auch noch zwischen Ost und West. Abraham Lincoln hat uns mitgegeben, was mit einem solchen Haus passieren wird – es wird keinen Bestand haben. Dieses Haus – unsere menschliche Zivilisation – wird in sich zusammenstürzen.

Was ist also zu tun? Wodurch können wir – nein, müssen wir – dieses Prinzip und damit die Gewalt, die in unserer Zivilisation und in unserem globalen Wirtschaftssystem steckt, wodurch müssen wir es ersetzen? Der Schlüssel heißt Empathie – der Schlüssel zu unserem Überleben und zum Überleben unserer Zivilisation heißt Empathie. Diese Empathie wird uns helfen, unser Haus zu einem stabilen Haus zu machen, das auf einem festen und sicheren Fundament steht – diese Empathie wird unsere Zivilisation fit machen für die Zukunft.

Aber damit das nicht nur theoretische Gedanken bleiben, schauen wir uns dazu ein konkretes Beispiel an. Unser globales Wirtschaftssystem kennt heute nur ein Ziel, einen Zweck, eine Aufgabe: dafür zu sorgen, dass die Unternehmen möglichst viel Gewinn machen und damit die Kapitaleigner immer noch reicher werden. Ist diese Ausrichtung auf immer mehr Profit denn gottgegeben? Erfinden wir unser globales Wirtschaftssystem neu – richten wir es neu aus. Der neue Sinn soll darin liegen, nur noch einen kleinen Gewinn zu machen und dafür möglichst viele Menschen in Lohn und Brot zu bringen – möglichst vielen Menschen Arbeit zu geben und diese Arbeit gut zu bezahlen. Und dort, wo Armut herrscht, dort senken wir die Preise. Wir bieten in den armen Ländern die Nahrung und andere lebensnotwendige Güter zu subventionierten Preisen an. Entsprechend der Wirtschaftskraft der Menschen dort. Die Kapitaleigner müssten auf etwas Reichtum verzichten – ginge es ihnen deshalb wirklich schlechter? So könnten wir relativ zügig, zumindest die größte Not – die schlimmsten Auswirkungen der Armut, beseitigen und überwinden. Das wäre auch die einzige Chance, die wir haben, ein Anwachsen der Weltbevölkerung auf elf Milliarden Menschen bis zum Ende dieses Jahrhunderts zu verhindern.

Der wesentliche Faktor, der uns daran hindert, uns und unsere Zivilisation in Richtung einer sicheren Zukunft weiterzuentwickeln, ist das Prinzip „Der Stärkere setzt sich durch" und damit die Gewalt, die in unserer Zivilisation und in unserem globalen Wirtschaftssystem steckt. Wir müssen dieses Prinzip überwinden und durch das Prinzip Empathie ersetzen. Dafür müssen die Menschen, die über Geld, Macht und politischen Einfluss verfügen, wieder Verantwortung übernehmen. Nicht nur für sich selbst, sondern für die gesamte Menschheit und auch für alle unsere Nachkommen. Auch für ihre eigenen Nachkommen, denn auch ihre Nachkommen müssten in einer weitgehend zerstörten Umwelt und auf einem weitgehend zerstörten Planeten um ihr Überleben kämpfen. Wir, wir alle, müssen heute dafür die Verantwortung übernehmen, dass die Reise der Menschheit noch lange weitergehen kann. Und der größte Teil der Verantwortung liegt dort, wo in unseren Herrschaftssystemen über unsere Zukunft entschieden wird – dort, wo sich Geld, Macht und politischer Einfluss versammelt haben. Und ja, dort muss man sich von einem Teil seines Vermögens trennen und einen Teil des Vermögens freigeben, um dieses Geld dort zu investieren und dort einzusetzen, wo es allen Menschen dient und wo es der Menschheit insgesamt helfen wird zu überleben. Und dann hätten wir auch wieder Herrschaftssysteme, die es wert wären, so genannt zu werden – dann hätten wir endlich eine richtig verstandene Herrschaft.

Wir wollen keine Revolutionen mehr und die Zeiten des Klassenkampfs sind vorbei – das hat der Menschheit auch nicht weitergeholfen und hat viel zusätzliches Leid über die Menschen gebracht. Wir müssten uns also andere Möglichkeiten überlegen, mit denen wir diejenigen, die über das größte Vermögen verfügen, davon überzeugen könnten, einen Teil ihres Vermögens freizugeben. Nun, man könnte sie in einem gewissen Umfang dafür entschädigen, indem wir ihnen auf Dauer eine Art „Dividende" zurückbezahlen. Aber es wäre auch an ihnen, zu erkennen und eine Einsicht dafür zu entwickeln, dass es am Ende auch um das Überleben ihrer eigenen Nachkommen gehen wird.

Schließen wir auch dieses Kapitel ab, mit einem Blick auf die anderen Zivilisationen im Universum. Es wird in jeder Zivilisation

Herrschaftssysteme geben. Aber nicht in allen Zivilisationen muss Herrschaft auf dem Gewaltprinzip beruhen. Man kann sich auch Zivilisationen vorstellen, in denen das Prinzip Empathie vorherrscht und die Herrschenden ihren Auftrag darin sehen, allen Bürgern ein Leben in wirtschaftlicher Sicherheit und angemessenem Wohlstand zu ermöglichen. Zivilisationen, in denen Einkommen und Vermögen so verteilt sind, dass es allen gut geht. In solchen Zivilisationen wird sich auch niemand daran stören, wenn es *Wissende* gibt, denen es noch etwas besser geht, als den Durchschnittsbürgern – es wird in solchen Zivilisationen keinen Neid geben. Solche Zivilisationen wären in sich viel geeinter – ganz im Sinne von Abraham Lincoln – und hätten damit auch bessere Überlebenschancen.

## 9.7 Individualismus und Konsum

Ein wesentlicher Faktor, der unseren Zivilisationsindex in die Höhe treibt und damit die Gefahr erhöht, dass wir unseren menschlichen Lebenskorridor verlieren, ist der ausgeprägte Individualismus des Homo sapiens. Wir alle streben danach, nicht nur unsere Bedürfnisse ausreichend zu befriedigen – nein, wir wollen immer noch mehr. Wir kaufen uns viel mehr, als wir zum Leben tatsächlich benötigen würden. Vieles von dem, was wir kaufen, nehmen wir hinterher nicht mal mehr in die Hand und es verstaubt in irgendeiner Ecke. Es geht uns um Besitz, wir wollen immer mehr besitzen. Jeder Einzelne von uns möchte aus den Möglichkeiten, die unsere Zivilisation bietet, für sich das Maximum herausholen – den größtmöglichen Lustgewinn. Jeder Einzelne von uns rennt seinem Traum hinterher und denkt überhaupt nicht darüber nach, welche Auswirkungen und Folgen ein solches Verhalten nach sich zieht. Wir konsumieren – jedenfalls, wenn wir die Mittel dazu haben – auf „Teufel komm raus" und treiben damit ganz unmittelbar und direkt unseren Zivilisationsindex in die Höhe.

Jeder Einzelne von uns bestimmt durch seinen persönlichen Konsum mit, wohin die Reise der Menschheit gehen wird. Und jeder Einzelne von uns kann durch Konsumverzicht die Situation verbessern. Und Konsumverzicht bedeutet auch, dass wir alles, was wir sowieso schon haben – was wir uns sowieso schon gekauft haben – solange benutzen, bis es ganz und gar kaputt ist und wirklich ersetzt werden muss. Auch dadurch könnten wir die Situation verbessern. Wir brauchen uns nicht ständig etwas Neues kaufen, wenn das Alte noch funktioniert. Darf man das überhaupt: zum Konsumverzicht aufrufen? Das schädigt am Ende noch unsere Wirtschaft – oder? Für alle diejenigen, die es immer noch nicht verstanden haben: Es geht heute nicht mehr um Wirtschaftswachstum, darum, ob unser Bruttosozialprodukt stärker oder weniger stark wächst, es geht heute um unser „nacktes Überleben". Wir entscheiden heute auch mit unserem Konsumverhalten darüber, ob wir Menschen und unsere Zivilisation eine Zukunft haben werden oder eben nicht.

Ist es wirklich so schlimm – geht es wirklich um das „nackte Überleben"? Wir haben in etwa 100 Jahren intensiv betriebener Zivilisation unsere Umwelt so massiv verändert, dass jeder von uns – jeder einzelne Mensch – die Veränderungen spüren kann. Jeder von uns spürt am eigenen Leib, dass die Temperaturen steigen. Dafür haben wir gerade mal 100 Jahre gebraucht. Wir sind die letzten 100 Jahre mit Vollgas durch unseren dunklen Flur gerannt – und wir machen genauso weiter. Wir beschleunigen sogar noch, denn wir träumen ja weiter unseren Traum vom ewigen Wachstum und unbegrenzten Konsum. Wir in den Industrienationen denken doch gar nicht daran, unser Tempo abzubremsen – wir denken auch nicht daran, unseren Konsum zu reduzieren. Es gibt aber immer mehr Staaten auf dieser Welt, die den Sprung vom sogenannten „Schwellenland" hin zur Industrienation schaffen, oder schon geschafft haben. Sie alle bauen sich eine Industrie auf, die Produktion nimmt zu, Menschen verdienen Geld, es entsteht Wohlstand und die Menschen wollen auch etwas abhaben vom Kuchen – sie wollen teilhaben am weltweiten Konsum.

Schätzen wir mal, dass in unseren westlichen Industrienationen in jedem Privathaushalt mindestens ein privates Auto vorhanden ist. Haben wir denn das Recht, den Menschen, in den „neuen" Industrienationen untersagen zu wollen, dass sie nachziehen – dass sie zu uns aufschließen, was den Konsum anbelangt? Diese Menschen haben genau wie wir das Recht, sich ihre privaten Autos anzuschaffen. Da hilft es auch nicht wirklich, dass wir heute Elektroautos bauen. Es ist nicht entscheidend, ob die Autos mit Strom fahren, oder mit Brennstoff, also Benzin oder Diesel. Die Autos müssen produziert werden, man benötigt dazu Rohstoffe, Energie und es entstehen dabei Treibhausgase und Abwärme. Und wenn nach zehn Jahren die Autos ausgemustert werden, dann hinterlassen sie Abfall und Müll.

Wir werden in den nächsten Jahrzehnten erleben, dass die weltweite Industrieproduktion und der weltweite Konsum noch deutlich ansteigen werden. Wir werden mit unserer Zivilisation noch mehr Gas geben – mit unserem Fuß auf dem Gaspedal stehen bleiben. Der Verbrauch an fossiler Energie, der Verbrauch an Erdöl und der Ausstoß von Kohlendioxid wird nicht abnehmen, sondern noch zunehmen. Auch der weltweite Bedarf an Energie wird noch zunehmen. Die Erdölquellen werden irgendwann erschöpft sein und es wird zu einer Verknappung kommen. Einzelne Länder, die über kein eigenes Erdöl verfügen, fangen heute schon damit an, Methanhydrate abzubauen, um daraus Energie zu erzeugen. Es ist zu befürchten, dass in spätestens 30 Jahren alle Staaten, die vor ihren Küsten am Meeresgrund über entsprechende Methanhydrat-Vorkommen verfügen, diese auch zur Energiegewinnung abbauen werden. Methan ist extrem klimaschädlich – gelangt es in die Umwelt, dann hat es eine viel höhere Treibhauswirkung als Kohlendioxid. Wir werden es gar nicht verhindern können, dass bei einem industriell durchgeführten Abbau von Methanhydrat auch eine große Menge an Methan freigesetzt wird und in die Umwelt gelangt.

Wir haben in den vergangenen 100 Jahren einen Versuch unternommen – wir haben unsere Zivilisation intensiv betrieben. Das hat zu einem Ergebnis geführt – nämlich zu einem globalen Temperaturanstieg von mindestens einem Grad Celsius. Man könnte sagen, jetzt starten wir einen zweiten Versuch – wir haben uns vorgenommen, höher soll die Temperatur aber nicht ansteigen. Wir erwarten also am Ende unseres zweiten Versuchs ein besseres Ergebnis. Wir machen aber genauso weiter, wie bisher – wir steigern die Industrieproduktion und den Konsum. Wie soll das denn funktionieren? Wenn man etwas tut, was schon im ersten Versuch zu keinem guten Ergebnis geführt hat, dies trotzdem immer weiter macht und dennoch hofft, dass am Ende ein gutes Ergebnis, also ein anderes Ergebnis, als im ersten Versuch, dabei herauskommt, dann ist das – man muss es leider so deutlich sagen –, dann ist das nichts anderes, als „pure Dummheit".

Wir brauchen keine Klimaziele, die ohnehin nicht eingehalten werden können. Wir brauchen einen Kurswechsel – wir müssen unseren Kurs ändern in Richtung Nachhaltigkeit. Wir müssen damit aufhören, immer weiter wachsen zu wollen. Und wir müssen damit aufhören, immer mehr zu konsumieren – wir müssen unseren Konsum herunterschrauben. Denn unser Bedürfnis nach Konsum – wenn wir es weiter in diesem Umfang ausleben – treibt auch das Wachstum immer weiter an.

Nun könnte man behaupten, es wäre also doch nicht das Kapital, das vom Wachstum profitiert, sondern wir, also die Konsumenten. Man könnte behaupten, wir könnten doch unseren Traum von immer mehr Konsum nur dadurch ausleben, weil die Wirtschaft – und damit auch unsere Zivilisation – immer weiter wächst. Das ist – so gesehen – auch richtig, jedenfalls was die Produktion von Konsumgütern angeht. Das bedeutet eben auch, dass wir als Konsumenten darüber mitbestimmen, wohin die Reise der Menschheit gehen wird. Wenn wir weniger kaufen, dann bleiben die Produkte in den Regalen stehen – und dann wird auch irgendwann die Produktion angepasst und heruntergefahren. Das ist die andere Seite – auch wir, als Konsumenten, heizen das Wachstum an. Das bedeutet aber nicht, dass wir auch vom Wachstum profitieren. Denn wir werden ja nicht reicher und vermögender durch das Wachstum unserer Wirtschaft und unserer Zivilisation. Und dadurch wird auch keine Armut beseitigt. Der Mehrwert beim Einkommen und Vermögen, der durch das Wachstum erzeugt wird, landet doch gar nicht bei uns – weder bei den Armen in der Welt, noch bei den Arbeitnehmern in den Industrienationen – der Mehrwert landet beim Kapital und seinen Eignern. Es ist nur ein Traum, dass immer mehr Wachstum, uns alle – die Armen in der Welt und uns Arbeitnehmer in den Industrienationen – irgendwann mal wohlhabender machen würde, sodass wir alle leben könnten, ohne uns ständig Sorgen machen zu müssen, um unsere wirtschaftliche und soziale Zukunft. Dieser Traum beruht auf einem großen Irrtum, weil nach den bestehenden Regeln unseres globalen Wirtschaftssystems alles, was zusätzlich an Einkommen und Vermögen durch das Wachstum erzeugt wird, genauso ungerecht verteilt wird, wie das, was an Einkommen und Vermögen schon vorhanden ist.

Der ausgeprägte, menschliche Individualismus hat aber noch zu etwas anderem geführt – nämlich dazu, dass es heute 195 selbstständige Staaten auf unserem Planeten gibt. Es wird immer deutlicher, dass unsere Probleme, die wir heute haben, nicht Halt machen vor irgendwelchen Staatsgrenzen. Wenn in einem Staat etwa Industrieanlagen eine große Menge an schädlichen Abgasen in die Luft freisetzen, dann werden sich diese in der Atmosphäre verteilen und sich nach und nach über den ganzen Globus ausbreiten. Wenn ein Staat in Zukunft in großem Stil Methanhydrat abbaut und dadurch möglicherweise Methan in die Umwelt gelangt, dann werden wir alle darunter zu leiden haben. Und wenn in einem Staat ein Atomkraftwerk explodiert und dadurch Radioaktivität in die Luft oder ins Meer gelangt, dann verteilt sich diese Radioaktivität auch weit über die Staatsgrenzen hinaus.

Das zeigt uns, dass wir uns in unseren Einzelstaaten gar nicht schützen können – wir sind immer mehr auch davon abhängig, was anderswo auf der Welt passiert. Wir haben aber kaum Einfluss darauf, was anderswo in der Welt passiert. Wir haben nur eine Chance etwas zu bewirken: Wir müssen uns alle, alle 195 Staaten zusammenraufen und unsere globalen Probleme auch global lösen. Wir können die Herausforderungen nur gemeinsam meistern. Und hier zeigt sich, wie hinderlich die Gewalt ist, die ein fester Bestandteil unsere Zivilisation ist – denn wer sich ständig streitet und sogar Kriege gegeneinander führt, der wird sich nie an einen Tisch setzen und gemeinsam nach Lösungen suchen. Und hier zeigt sich auch, wie hinderlich die ungerechte Verteilung von Einkommen und Vermögen ist. Sie führt zur Armut und erzeugt in vielen Teilen der Welt das Gefühl, allein gelassen zu werden. Es gibt in den armen Regionen der Welt wenig Vertrauen darin, dass sich an der Ungerechtigkeit unseres globalen Wirtschaftssystems jemals etwas zum Guten verändern könnte. Das erleichtert es nicht, diese Staaten und die Menschen dort mit ins Boot zu holen – um gemeinsam nach Lösungen zu suchen.

Unsere Zivilisation ist ein zutiefst in sich gespaltenes Haus – ist es überhaupt denkbar, dass wir uns eines Tages wirklich alle zusammenraufen, unsere Probleme gemeinsam lösen, gemeinsam die Herausforderungen meistern und unsere menschliche Zivilisation fit machen werden für die Zukunft? Das ist aus heutiger Sicht betrachtet sehr unwahrscheinlich. Das könnten wir nur schaffen, wenn wir unseren ausgeprägten Individualismus, unseren ausgeprägten Egoismus und als wichtigstes, das Gewaltprinzip „Der Stärkere setzt sich durch" endlich aufgeben und zu mehr Miteinander – zu mehr Empathie kommen würden.

Und was ist mit den anderen Zivilisationen im Universum – wie könnte es dort aussehen? Gibt es in allen Zivilisationen einen solch ausgeprägten Individualismus – verbunden mit einem solch großen Konsum, wie wir das in unserer Zivilisation haben? Schwer zu sagen, denn es sind ganz viele unterschiedliche Zivilisationen denkbar. Man kann sich auch Zivilisationen vorstellen, in denen die gesellschaftlichen Strukturen ganz anders ausgeprägt sind. Gesellschaften, die funktionieren wie bei uns ein Ameisenstaat oder ein Bienenvolk. In solchen Gesellschaften wird es überhaupt keinen Individualismus geben – jedes Mitglied der Gemeinschaft hätte eine ganz genau festgelegte Aufgabe und es wäre wohl auch genau festgelegt, was jedes Mitglied der Gemeinschaft konsumieren dürfte. Vermutlich wäre auch genau festgelegt, welche Mitglieder der Gemeinschaft sich paaren dürften und für Nachkommen sorgen dürften.

Solche Zivilisationen könnten es in vielen Bereichen einfacher haben, als wir es mit unserer menschlichen Zivilisation haben. Sie könnten relativ einfach ihre Population – die Größe ihrer Bevölkerung – an die Möglichkeiten ihres Heimatplaneten anpassen und damit eine nachhaltige Existenz führen. Und sie könnten schnell und einfach auf Herausforderungen reagieren – sie könnten schnell und einfach zu Entscheidungen kommen und diese dann auch problemlos durchsetzen. Vielleicht aber hätten diese Zivilisationen mit ihren ganz eigenen Problemen zu kämpfen. Denn wer ein *Wissender* ist, wird möglicherweise irgendwann erkennen, dass er das Dasein einer Ameise oder einer Biene führt – und dann dagegen aufbegehren und damit beginnen, sich dem entgegenzustellen. Solche Zivilisationen müssten ständig Revolutionen befürchten und diese rechtzeitig im Keim ersticken. Es wären vermutlich zutiefst totalitäre Zivilisationen.

Solche Zivilisationen sind möglicherweise in der Lage, über eine sehr lange Zeit zu existieren. Trotzdem kann das für uns kein Vorbild sein, denn wer von uns möchte schon sein Leben als „Ameise" oder „Biene" verbringen. Im Gegenzug aber – bedingt durch unseren ausgeprägten Individualismus – werden wir uns viel mehr anstrengen müssen, wollen wir als Zivilisation auch über eine sehr lange Zeit existieren.

## 9.8 Die verweigerte Verantwortung

Wir Menschen haben uns in vielen Bereichen von der Natur abgekoppelt. Wir haben die Regeln der Natur außer Kraft gesetzt und durch unsere eigenen Regeln ersetzt. Wir sind in der Lage, die Welt zu verändern, die Welt nach unseren Wünschen zu gestalten und umzuformen. Wir leben in einem Zeitalter, das dadurch geprägt ist, dass der Mensch das Antlitz der Erde völlig verändert hat.

Wir haben es aber versäumt, dafür auch die Verantwortung zu übernehmen – wir verweigern diese Verantwortung. Wie ist das zu verstehen? Schauen wir uns dazu ein Beispiel an: Stellen wir uns vor, ein Vorstandsvorsitzender geht in Rente und ein Nachfolger übernimmt dessen Posten. Der Neue sagt: „Schön, jetzt kann ich die Entscheidungen treffen, aber Verantwortung möchte ich keine übernehmen. Die soll weiterhin beim bisherigen Vorstandsvorsitzenden liegen – oder irgendwo anders, nur nicht bei mir". Ein solches Verhalten wäre völlig absurd.

Betrachten wir aber das große Ganze – unsere Zivilisation und unser Verhältnis zur Natur –, dann müssen wir erkennen, dass sich der Homo sapiens seit jeher genau so verhalten hat und es auch immer noch so tut, wie dieser neue Vorstandsvorsitzende, der keine Verantwortung übernehmen will. Dazu schauen wir uns einige Beispiele an, aus denen ersichtlich wird, wie das zu verstehen ist.

Die Natur hatte auf unserem Planeten Erde ein System eingerichtet, das wunderbar funktioniert hat – die Natur selbst sorgte immer für einen Ausgleich zwischen den Arten und dafür, dass alles im Gleichgewicht blieb. Keine Art konnte sich zu stark vermehren – die Natur hat das über das Nahrungsangebot verhindert. Kein Löwenrudel konnte so stark anwachsen, um sich über die ganze Welt auszubreiten und um die ganze Welt zu beherrschen. So sorgte die Natur dafür, dass alles im Gleichgewicht blieb. Dann tauchte der Mensch auf und lernte, sich seine Nahrung selbst zu erzeugen, er erfand die Möglichkeit, die Nahrung zu lagern und erfand Methoden, immer mehr Nahrung zu produzieren. Grundsätzlich war das eine tolle Sache – tatsächlich aber haben wir in diesem Punkt die Natur entmachtet –, wir Menschen haben uns in diesem Punkt selbst zum neuen Vorstandsvorsitzenden gemacht. Denn nicht mehr die Natur konnte in der Folge darüber bestimmen, wie stark unsere Population anwachsen konnte, sondern wir Menschen haben selbst darüber bestimmt. Wenn die Natur darüber aber nicht mehr entscheiden kann, dann trägt die Natur auch nicht mehr die Verantwortung. Die Verantwortung geht über auf denjenigen, der auch die Entscheidungen trifft – genau wie in unserem Beispiel vom neuen Vorstandsvorsitzenden. Das bedeutet, wir sind jetzt dafür verantwortlich – wir Menschen –, dass das Gleichgewicht auf unserem Planeten Erde einigermaßen erhalten bleibt. Die Natur kann unsere Population nicht mehr steuern – es liegt nun in unserer Verantwortung, dies zu tun. Wir übernehmen diese Verantwortung aber nicht – wir verweigern uns.

Ein weiteres Beispiel: Die Natur zwingt grundsätzlich jede Art und jedes einzelne Lebewesen in eine nachhaltige Existenz. Tiere und Pflanzen können nicht über ihre Verhältnisse leben – eine Zebraherde kann nicht das Gras fressen, das erst im nächsten Jahr wächst. Und da die Natur dafür sorgt, dass die Zebraherde nicht zu groß wird, kann eine Zebraherde in einem Jahr auch nicht zu viel Gras fressen, also so viel Gras, dass es dann im nächsten Jahr überhaupt kein Gras mehr gibt. Wir Menschen können das aber und tun das auch. Wir haben uns Technologien entwickelt, mit denen wir über unsere Verhältnisse leben können – und damit haben wir uns auch in die Lage versetzt, eine Existenz zu führen, die eben nicht nachhaltig ist. Wenn heute ein neues Erdölvorkommen entdeckt wird, das man wirtschaftlich ausbeuten kann, dann tun wir das auch sofort. Wir quetschen jeden Tropfen aus dieser Erdölquelle heraus, bis nichts mehr übrig ist. Wir hinterlassen unseren Nachkommen keinen Tropfen davon. Wir leben auf Kosten der nachfolgenden Generationen. Das ist nicht nachhaltig. Wir haben Technologien entwickelt, mit denen wir viel mehr Kohlendioxid in die Atmosphäre entlassen können, als durch natürliche Vorgänge wieder aus der Atmosphäre ausgewaschen werden können. Wir haben Technologien entwickelt, mit denen wir viel mehr Plastikmüll in unsere Ozeane kippen können, als dort durch natürliche Vorgänge wieder abgebaut und zersetzt werden können. All das ist nicht nachhaltig. Und wir hinterlassen all unseren Dreck und Müll unseren Nachkommen – wir produzieren diesen Dreck und Müll und die nachfolgenden Generationen müssen dann später damit klarkommen. Wir leben auf Kosten unserer Nachkommen. Und jetzt kommen wir zurück, zu unserem neuen Vorstandsvorsitzenden. Denn auch in diesem Punkt haben wir Menschen die Natur entmachtet – die Natur schafft es nicht, uns in eine nachhaltige Existenz zu zwingen, so wie sie es bei Tieren und Pflanzen schafft. Wir haben den Vorsitz übernommen – dann müssen wir aber auch die Verantwortung übernehmen. Dann müssen wir selbst dafür sorgen, dass unsere Existenz nachhaltig ist oder eben es künftig sein wird. Wir übernehmen diese Verantwortung aber nicht – wir verweigern uns.

Und ein drittes Beispiel: Die Natur hat immer dafür gesorgt, dass zwischen den Arten ein Gleichgewicht erhalten blieb. Alle Lebewesen – alle Tiere und Pflanzen – lebten gemeinsam auf unserem Planeten und alle hatten ihren Lebensbereich. Die Natur hat sichergestellt, dass sich keine einzelne Art auf Kosten der anderen Arten zu sehr ausbreiten konnte. So hat die Natur die Artenvielfalt geschützt und beschützt. Nur der Mensch hat es geschafft, sich über die Natur zu erheben – sich über die Naturgesetze hinwegzusetzen. Wir konnten uns so stark vermehren, dass wir uns über den gesamten Globus ausgebreitet und jeden Flecken bewohnbaren Lands in Besitz genommen haben. Dadurch verschwindet immer mehr Lebensraum, den die anderen Arten dringend bräuchten, um zu überleben. Wir haben den anderen Arten immer mehr Lebensraum weggenommen. Die Folgen sind schon seit einiger Zeit deutlich erkennbar – immer mehr Arten sterben aus. Auch in diesem Punkt haben wir Menschen die Natur entmachtet – die Natur schafft es nicht mehr, das Gleichgewicht zwischen den Arten zu erhalten. Wenn wir der Natur aber diese Macht entziehen, dann geht auch die Verantwortung über – sie geht über auf uns Menschen. Wir sind dann dafür verantwortlich, dass anderen Arten genügend Lebensraum bleibt, um überleben zu können. Wir übernehmen diese Verantwortung aber nicht – wir verweigern uns.

Warum aber übernehmen wir diese Verantwortung nicht? Nun, wir Menschen übernehmen nicht so gern Verantwortung – denn tatsächlich kann dies sehr anstrengend sein. Meistens ist Verantwortung verbunden mit Arbeit, Zeitaufwand, Kosten und Einschränkungen. Schauen wir uns dazu ein Alltagsbeispiel an. Stellen wir uns einen Vater von zwei Kindern vor, der von seiner Familie getrennt lebt. Er kann sich um seine beiden Kinder kümmern und damit Verantwortung übernehmen, er kann es aber auch unterlassen. Niemand wird ihn dazu zwingen können, sich um seine Kinder zu kümmern. In diesem Bereich kann ihm niemand seine Verantwortung aufzwingen. Dies bedeutet, wenn er doch Verantwortung für seine Kinder übernimmt und sich um sie kümmert, dann muss er das von sich aus machen – aus freien Stücken. Dies setzt aber eine bewusste Entscheidung und ein bewusstes Handeln voraus. Er muss darüber nachdenken, eine Entscheidung treffen und dann danach handeln. Das bedeutet aber auch, er muss Zeit in seine Kinder investieren und es kommen auch gewisse Ausgaben auf ihn zu – etwa, wenn die Kinder mit ihm in einen Freizeitpark, ins Kino oder Eis essen gehen wollen. Das bedeutet, Verantwortung zu übernehmen, das gibt es nicht kostenlos. Man muss dafür auch etwas tun – man muss etwas investieren. Wir Menschen neigen dazu, solche Art der Verantwortung zu meiden – jedenfalls suchen wir sie nicht unbedingt und rennen ihr auch nicht unbedingt hinterher.

Es gibt aber noch eine andere Art der Verantwortung – nämlich die Verantwortung, der man sich gar nicht entziehen kann, weil sie einem aufgezwungen wird. Zurück zu unserem Beispiel: Natürlich kann sich der Vater weigern, sich um seine Kinder zu kümmern, aber er kann sich nicht weigern, für seine Kinder Unterhalt zu bezahlen. Das wird ihm von der Gesellschaft, wenn es sein muss, auch durch ein Gericht, tatsächlich aufgezwungen.

Kommen wir zurück zur Natur und unserer Verantwortung ihr gegenüber. Um welche Art der Verantwortung handelt es sich hierbei? Tatsächlich kann uns niemand diese Verantwortung aufzwingen – niemand hat dazu die Macht. Die Natur, die früher die Macht dazu hatte, wurde von uns entmachtet. Niemand kann und wird uns dafür bestrafen, wenn wir keine Verantwortung übernehmen. Und wir müssen auch nicht die Folgen tragen – wir müssen nicht den Preis bezahlen. Wenn wir etwa die Atmosphäre weiter aufheizen, müssen wir dafür nicht bezahlen, bezahlen müssen dafür erst unsere Nachkommen. Es handelt sich also um die Art von Verantwortung, die einem nicht aufgezwungen wird, sondern um die Art von Verantwortung, die wir bewusst übernehmen müssen. Wir müssen das von aus tun – aus freien Stücken. Dies setzt eine bewusste Entscheidung und ein bewusstes Handeln voraus. Wir müssen darüber nachdenken, eine Entscheidung treffen und dann danach handeln. So weit haben wir es aber noch gar nicht geschafft – wir haben diesen

Punkt noch gar nicht erreicht, an dem wir uns ganz bewusst dazu entscheiden, unsere Verantwortung zu übernehmen. Wir sind immer noch dabei, uns zu verweigern.

Können wir immer so weitermachen? Können wir auf Dauer der Verantwortung aus dem Weg gehen? Nun, lange Zeit konnten wir das. Wir Menschen waren zu wenige und unsere Zivilisation war nicht intensiv genug, um die Natur wirklich durcheinanderbringen zu können. Verantwortung zu übernehmen, war für ganz lange Zeit überhaupt kein Thema für uns Menschen. Das hat sich erst geändert, als das industrielle Zeitalter begonnen hat. In nur 100 Jahren industriellem Zeitalter haben wir die Welt auf den Kopf gestellt und die Natur völlig durcheinandergebracht. Kommen wir noch mal zurück zu dem Beispiel mit dem Ballon in dem Holzcontainer. In den ersten 300.000 Jahren unserer Geschichte als Homo sapiens hatten wir den Ballon immer nur ein wenig weiter aufgeblasen und es blieb immer noch genug Platz in dem Holzcontainer. Es war nicht schlimm, den Ballon langsam – ganz langsam – weiter aufzublasen. Wir konnten unser Ökosystem und unseren Lebenskorridor nicht wirklich gefährden. Aber ab dem Beginn des 20. Jahrhunderts haben wir so massiv in unseren Ballon hineingeblasen, er hat sich so schnell und so weit aufgebläht, dass die Ballonhülle mittlerweile die Innenwände des Holzcontainers erreicht hat. Wir müssen es endlich einsehen – wir haben längst die Grenzen des Wachstums erreicht.

Heute stehen wir als Menschheit vor unserer größten Herausforderung – wir müssen nicht nur Verantwortung übernehmen, wir müssen auch innerhalb kurzer Zeit, unsere Zivilisation auf einen nachhaltigen Betrieb umstellen. Nachhaltiger Betrieb bedeutet, wir dürfen unseren Ballon in dem Holzcontainer nicht noch weiter aufblasen. Das ist deshalb die größte Herausforderung der Menschheit, weil wir keine Ahnung davon haben, wie so etwas geht. Wir müssen erst noch lernen, wie man als Zivilisation eine nachhaltige Existenz führt – und wir müssen es schnell lernen. Jede Zivilisation im Universum, die vor unserer entstanden ist, hat irgendwann genau diesen Punkt erreicht – den Punkt, an dem sich entschieden hat, ob eine Zivilisation untergeht oder ob sie überlebt. Und es liegt in unserer Hand, darüber zu entscheiden. Das genau bedeutet Verantwortung zu übernehmen – eine bewusste Entscheidung zu treffen und dann aber auch ganz bewusst für die Folgen dieser Entscheidung einzustehen. Am Ende muss die Menschheit die Rechnung bezahlen – dann nämlich, wenn wir unsere Umweltbedingungen so umgestaltet haben, dass wir unseren Lebenskorridor verlieren. Dann wird man uns die Verantwortung doch noch aufzwingen. Wir Menschen tragen also selbst die Verantwortung dafür, ob unsere Zivilisation untergeht oder ob sie überlebt. Wofür werden wir uns entscheiden?

Und warum trifft es gerade uns – warum sollen ausgerechnet wir die Verantwortung übernehmen? Die Menschen vor uns haben doch auch nie Verantwortung übernommen. Nun, wir sind die erste Generation Menschen, die es wissen, was auf dem Spiel steht. Die Menschen vor uns – auch die Menschen zu Beginn des 20. Jahrhunderts – konnten es noch nicht wissen. Wir aber wissen es. Wir haben die Informationen und die Erkenntnisse, die uns in die Lage versetzen, zu erkennen, wohin die Reise möglicherweise geht. Wir sind diejenigen, die sich nicht mehr „herausreden" können. Es gibt keine Schlupflöcher mehr, durch die wir entkommen könnten. Selbst unsere Kinder wissen es schon, dass wir Menschen kurz davor sind, unsere Zivilisation und damit uns selbst zu zerstören. Unsere Kinder sehen es im Fernseher, reden in der Schule darüber, googeln es und fragen uns dann, ob es denn stimmen würde. Und unsere Kinder haben Angst davor, dass es stimmen könnte. Mit dieser Angst wachsen unsere Kinder heute auf.

Machen wir uns nichts vor: Für unsere Generation gibt es keine Ausreden mehr. Und unsere Nachkommen werden uns einst daran messen, ob wir die Verantwortung übernommen haben und ihr gerecht geworden sind, oder ob wir das eben nicht getan haben. Und wenn wir es nicht tun, dann werden uns unsere Nachkommen später dafür verfluchen. Und das gilt für alle Nachkommen – auch für die Nachkommen der heute Superreichen. Auch Eure Nachkommen werden Euch einst verfluchen, wenn Ihr heute Eure Verantwortung nicht übernehmt.

In diesem Buch ist immer wieder die Rede von den Menschen, die tatsächlich die wichtigen Entscheidungen treffen. Und die Entscheidungen werden dort getroffen, wo in Herrschaftssystemen die Macht liegt. Nein, das sind nicht unsere Politiker – das ist dort, wo Geld, Macht und politischer Einfluss versammelt sind. Wer aber Macht innehat – wer über Macht verfügt, der trägt auch viel mehr Verantwortung, als etwa der Vater mit seinen zwei Kindern. Und wer Macht hat und auch die größten Vermögen hat, muss auch mehr investieren, wenn er seiner Verantwortung gerecht werden will. Wir müssen es realistisch betrachten: Nur wer über die entsprechenden Mittel verfügt, ist auch in der Lage, unsere Welt gerechter zu machen, nur wer über die entsprechenden Mittel verfügt, kann auch darüber entscheiden, Einkommen und Vermögen gerechter zu verteilen.

Warum haben wir heute eine so ungerechte Verteilung von Einkommen und Vermögen? Unser globales Wirtschaftssystem hat sich einfach so entwickelt – ganz von allein. Es hat sich so entwickelt wegen unseres Gewaltprinzips „Der Stärkere setzt sich durch". Das hat niemand bewusst so herbeigeführt – insoweit tragen die Reichen und Mächtigen auch keine Verantwortung –, wohl aber tragen sie Verantwortung für die Zukunft. Es liegt in ihren Händen, ihren Teil dazu beizutragen, dass wir unsere Zivilisation weiterentwickeln können – dass wir unsere Zivilisation in eine Zukunft führen können. Ja, tatsächlich tragen sie die Verantwortung dafür, dass unsere Zivilisation überhaupt eine Zukunft wird haben können.

Unsere Situation heute kann man vergleichen, mit einem Luxus-Kreuzfahrtschiff, das mit vollem Tempo genau auf einen Eisberg zufährt. Niemand hat diesen verhängnisvollen Kurs mit Absicht so eingestellt. Es steht auch niemand am Steuerrad und versucht krampfhaft, diesen Kurs beizubehalten. Nein, so ist es nicht. Unsere Zivilisation hat sich einfach so entwickelt – niemand hat diesen Kurs bewusst so vorgegeben. Was wir wirklich benötigen, sind Menschen, die auf die Brücke gehen, das Steuerrad in die Hand nehmen, die Verantwortung übernehmen und den Kurs ändern. Dafür kommen viele Menschen in Betracht, die das tun oder dabei mithelfen könnten – natürlich auch unsere Politiker. Aber am wichtigsten werden die Menschen sein, die über genug Geld, Macht und politischen Einfluss verfügen – nur sie werden den Kurs wirklich ändern können.

Fragen wir uns noch, wie sich die „verweigerte Verantwortung" auf unseren Zivilisationsindex auswirkt. Solange wir nicht bereit sind, Verantwortung für unser Handeln zu übernehmen, treiben wir den Index weiter in die Höhe und erhöhen damit auch die Gefahr, unseren Lebenskorridor zu verlieren.

Und werfen wir noch einen Blick auf die anderen Zivilisationen im Universum. Zivilisationen können auf Dauer nur überleben, wenn sie sich irgendwann anpassen, an die Möglichkeiten, die der eigene Planet bietet – also, wenn sie eines Tages ihre Zivilisation nachhaltig betreiben. Um das zu schaffen, müssen die *Wissenden* eine ganz bewusste Entscheidung treffen und diese dann auch umsetzen – das heißt nichts anderes, als dass sie Verantwortung übernehmen müssen. Nur die Zivilisationen, deren *Wissende* für ihr Tun auch die Verantwortung übernehmen, können auf Dauer Bestand haben.

## 9.9 „Das Kapital" und wie es funktioniert

Wie funktioniert eigentlich das Kapital? Wie wird in unserer Zivilisation Einkommen und Vermögen verteilt? Um das zu verstehen, müssen wir einen Kniff anwenden – wir müssen „simplifizieren". Zu simplifizieren ist in der Wissenschaft oft verpönt, weil man damit einem Sachverhalt nicht ganz gerecht wird – weil Sachverhalte in der

Regel viel komplexer sind. Wir machen das jetzt aber trotzdem: Wir simplifizieren. Das bedeutet, wir schauen uns an, was der eigentliche Kern von etwas ist. Wir lassen alles Drumherum weg und betrachten nur das, worum es im Kern geht. Das hilft uns, es wirklich zu verstehen. Es hilft uns dabei zu verstehen, wie das Kapital funktioniert.

Versetzen wir uns in eine Zeit vor etwa 10.000 Jahren zurück: Die Menschen sind gerade sesshaft geworden, haben sich Dörfer und kleinere Städte gebaut, betreiben Landwirtschaft und fangen vielleicht gerade damit an, sich die ersten Nutztiere zu halten. Damit das Zusammenleben funktioniert, hat man sich einen Fürsten bestimmt, der mit seiner Familie die Herrschaft ausübt. Stellen wir uns ein einzelnes Dorf vor, das im Jahr 100 Tonnen Getreide erntet. Diese Menge würde an sich alle Menschen des Dorfs satt machen – dafür würden schon 80 Tonnen des Getreides ausreichen. Aber irgendwann baut sich der Fürst, für sich und seine Familie eine Scheune – eine Scheune, zu der nur er den Schlüssel hat. Und Jahr für Jahr nimmt er sich 50 Tonnen des Getreides – von dem Getreide, das die Menschen im Dorf erwirtschaftet haben – und lagert diese 50 Tonnen des Getreides in seinem Speicher ein. Für das Dorf bleiben dann nur die restlichen 50 Tonnen des Getreides übrig. Das reicht aber nicht aus, um alle satt zu machen; dafür wären 80 Tonnen des Getreides erforderlich. Der Fürst und seine Familie werden dadurch immer reicher, weil in seiner Scheune immer mehr Getreide dazukommt.

Genauso – jedenfalls im Kern – funktioniert unser globales Wirtschaftssystem. Und das durchgängig, seit der Mensch sesshaft geworden ist und sich einem Herrschaftssystem unterworfen hat. Nicht umsonst wird in der Literatur genau dieser Zeitpunkt manchmal mit der biblischen Geschichte von der Vertreibung aus dem Paradies in Verbindung gebracht. Denn wie sah es in der Zeit davor aus? Davor lebte der Mensch als Nomade, als Jäger und Sammler – es gab keine „Scheunen", in denen jemand etwas hätte einlagern können. Es gab nur sehr wenig Besitz und Eigentum. Die Menschen zogen umher und mussten alles mitnehmen, wenn sie weitergezogen sind. Zu viel Besitz und Eigentum wären sehr hinderlich gewesen. Und jeder Jäger und Sammler war sein eigener Herr und auch seines „Glückes Schmied". Wenn er gut war als Jäger und Sammler, dann wurde er und seine Familie satt. Er konnte sich und seine Familie ausreichend versorgen – durch harte Arbeit. Und es war sicher harte Arbeit, so zu leben. Aber er war immer in der Lage, durch seiner Hände Arbeit satt zu werden – er und seine Familie.

Als der Mensch dann sesshaft wurde, war es ihm aber nicht mehr so einfach möglich, von seiner Hände Arbeit satt zu werden. Denn wie viel er und sein Dorf abbekommen haben – von den 100 Tonnen des geernteten Getreides –, bestimmte allein der Fürst. Auch heute noch – heute im 21. Jahrhundert – ist es immer noch so, dass in vielen Regionen der Welt die Menschen noch so hart arbeiten können; sie und ihre Familien werden trotzdem nicht satt. Die Regeln unseres globalen Wirtschaftssystems verhindern das und – man muss es klar und deutlich sagen – unsere Herrschaftssysteme verhindern das. Armut ist nicht gottgegeben und fällt auch nicht vom Himmel. Armut wird von uns Menschen gemacht – von unseren Fürsten.

Lange Zeit wollte man uns weismachen, es müsste nur unseren Unternehmen gut gehen, dann würde es allen gut gehen. Lange Zeit wollte man uns weismachen, wir bräuchten nur genug Wachstum, dann würde es irgendwann schon für alle reichen. Das war entweder Unwissen oder es war eine Lüge. Unser Planet Erde ist ein geschlossenes System. Alle Ressourcen sind begrenzt. Auch der Wohlstand ist eine solche Ressource. Es ist in einem begrenzten System Erde nicht möglich, immer mehr Wohlstand zu generieren, also immer mehr Wohlstand zu erzeugen. Das ist ein ganz großer Irrtum. Der mögliche Wohlstand auf unserem Planeten ist genauso begrenzt wie seine anderen Ressourcen. Und deswegen ist Wohlstand für alle – oder sagen wir besser, ein auskömmliches Leben für alle – nur möglich, wenn Einkommen und Vermögen gerechter verteilt werden.

Und noch etwas wollte man uns lange Zeit weismachen. Man hat uns immer erzählt, das müsste so sein – schließlich müsste Leistung sich lohnen und es bräuchte einen Anreiz dafür, damit sich die Menschen auch anstrengen. Was in unseren Industrienationen heute passiert, hat mit diesem Gedanken gar nichts mehr zu tun. Man kann es jeden Tag in den Nachrichten lesen oder hören, wie dreist sich unsere Vorstände – gelegentlich auch unsere Politiker – bereichern. Selbst wenn es einem Unternehmen nicht besonders gut geht, stecken sie sich die Taschen voll – kassieren noch zusätzliche, fette Sonderzahlungen in Form sogenannter Boni. Und auf der anderen Seite wächst die Zahl der Menschen, die nicht mehr mit dem hinkommen, was sie verdienen. Es gibt immer mehr Menschen, die trotz harter Arbeit – trotz Leistung – sich die Mieten nicht mehr leisten können. Es gibt immer mehr Menschen, die trotz harter Arbeit – trotz Leistung – am Monatsende ihre Rechnungen nicht mehr bezahlen können. Das hat nichts mit dem Leistungsprinzip zu tun.

Welches Einkommen heute jemand in unseren Industrienationen erreichen kann, hängt schon lange nicht mehr von seiner Leistung ab – sondern nur noch davon, wie viel Macht er hat und wie er sich durchsetzen kann. Es ist das Gewaltprinzip „Der Stärkere setzt sich durch", das darüber bestimmt, wie viel jemand verdienen kann – es ist eine Frage von Macht. Wer genug Macht hat, kann sich auch ein hohes Einkommen sichern. Eine alleinerziehende Mutter hat aber keine Macht und deshalb reicht ihr das Einkommen auch nicht aus, auch wenn sie einen regulären Arbeitsplatz hat und zusätzlich noch putzen geht. Immer mehr Menschen haben das Gefühl, dass sich Leistung und harte Arbeit überhaupt nicht mehr lohnt. Und wie müssen sich die Menschen fühlen, die trotz harter Arbeit – trotz Leistung – nicht einmal satt werden können? Diese Entwicklung ist eine Folge des Gewaltprinzips, das so tief in unseren Gesellschaften und in unserer Zivilisation verankert ist.

Beschäftigen wir uns noch mit der Frage, wie sich die Funktionsweise des Kapitals auf unseren Zivilisationsindex auswirkt. Die Anhäufung des Kapitals in nur wenigen Händen und die ungerechte Verteilung von Einkommen und Vermögen gehören zu den Hauptursachen für die tiefen Risse und die breiten Gräben in unseren Gesellschaften und in unserer ganzen Zivilisation. Wir sind ein zutiefst gespaltenes Haus – Reich gegen Arm, Industriestaaten gegen Entwicklungsländer und Ost gegen West. Diese Spaltungen verhindern, dass wir einem weiteren Ansteigen unseres Zivilisationsindex entgegenwirken können, und es wächst die Gefahr, dass wir unseren Lebenskorridor verlieren könnten.

Werfen wir wieder einen kurzen Blick auf die anderen Zivilisationen im Universum. Gibt es denn in allen Zivilisationen Kapital und wenn ja, wie wird dort Einkommen und Vermögen verteilt sein? Das wird in jeder Zivilisation anders geregelt sein – in dieser Frage wird jede Zivilisation ihren eigenen Weg gegangen sein. Es wird Zivilisationen geben – etwa die „Ameisen- und Bienen-Zivilisationen", in denen es überhaupt kein Privatvermögen geben wird. Wie zuvor erwähnt, in diesen Zivilisationen könnte es aber eines Tages dazu kommen, dass die *Wissenden* anfangen, nach Individualismus zu streben. Und ein Privatvermögen zu besitzen, ist ja auch ein Bestandteil von Individualismus. In solchen Zivilisationen müssten die Herrschaftssysteme wahrscheinlich ständig auf der Hut sein, vor drohenden Revolutionen und diese schon im Keim ersticken. Das lässt vermuten, dass solche Herrschaftssysteme ihre Bevölkerungen massiv unterdrücken müssten.

Man kann sich aber auch Zivilisationen im Universum vorstellen, in denen sich die Fürsten nicht nur 50 Tonnen des Getreides nehmen, sondern noch viel mehr davon. Zivilisationen, in denen Einkommen und Vermögen noch viel ungerechter verteilt sind, als bei uns auf der Erde. Solche Zivilisationen wären vermutlich sehr instabil – denn wo die Bevölkerung massiv hungert, wäre es noch viel wahrscheinlicher, dass immer wieder Revolutionen ausbrechen. Die Fürsten müssten erst recht ständig gegen Revolutionen ankämpfen und ihre Bevölkerungen unterdrücken. Daraus kann man tatsächlich für alle Zivilisationen im Universum eine Regel ableiten. Je ungleicher die Verteilung von Einkommen und Vermögen innerhalb von Zivilisationen ist, desto totalitärer müssen ihre Herrschaftssysteme werden. Denn umso größer wird der Widerstand der Bevölkerung und umso größer wird die Gefahr, dass es immer wieder zu Revolutionen kommen wird.

Im Universum wird es aber auch andere Zivilisationen geben. Zivilisationen, die unser Gewaltprinzip überhaupt nicht kennen, oder es schon längst überwunden haben – Zivilisationen, in denen die Empathie zum Prinzip erhoben wurde. In denen 80 Tonnen des Getreides gleichmäßig auf alle *Wissenden* verteilt werden, sodass alle ein auskömmliches Leben führen können. In diesen Zivilisationen bräuchten die Herrschaftssysteme überhaupt keinen Druck ausüben und in diesen Zivilisationen gäbe es auch keine totalitären Strukturen – sie wären zur Machterhaltung nämlich gar nicht erforderlich. In diesen Zivilisationen ginge es auch viel friedlicher zu – weil alle *Wissenden* gleichermaßen die Perspektive hätten, durch ihrer eigener Hände Arbeit satt zu werden. Und nein, wir reden hier nicht vom Kommunismus und auch nicht von „Gleichmacherei". Denn es blieben ja immer noch die restlichen 20 Tonnen des Getreides übrig, die zu verteilen wären. Und die könnte man – nein, die müsste man dann tatsächlich nach einem Leistungsprinzip verteilen, sodass der Leistungswille und die Eigeninitiative erhalten blieben. Und auch dann gäbe es *Wissende*, die mehr verdienen und reicher sein würden, als andere. Bürger, die sich aus der „Masse" hervorheben würden, in dem sie besonders einfallsreich wären, ganz besonders hart arbeiten würden oder einfach nur, indem sie besonders gut darin wären, einen Betrieb zu organisieren und zu leiten.

Es liegt auf der Hand, dass solche Zivilisationen – und solche wird es tatsächlich geben im Universum –, dass solche Zivilisationen viele Vorteile hätten, gegenüber unserer Zivilisation. „Ein satter Bürger macht keine Revolution" – *Wissende*, die ein auskömmliches Leben führen können, Bürger, die durch ihrer Hände Arbeit satt werden können, Bürger, die Perspektiven haben können, Bürger, die am Wohlstand teilhaben können, solche Bürger kann man auch zusammenbringen – mit solchen Bürgern kann man auch ein in sich geeintes Haus aufbauen. In einer solchen Zivilisation gibt es keine Risse und Gräben und solche Zivilisationen sind viel besser aufgestellt, wenn es dann einmal wirklich darum geht, dass man vor ganz großen Herausforderungen steht – Herausforderungen, die nur gemeinsam bewältigt werden können. Solche Zivilisationen haben deutlich bessere Überlebenschancen – solche Zivilisationen sind eher in der Lage, Tausende von Jahren zu bestehen.

Es dürfte niemanden überraschen, dass die Vorstellung, unsere Zivilisation könnte sich zu einer solchen Zivilisation wandeln, ein wesentlicher Bestandteil der Utopie ist, für die dieses Buch werben will.

## 9.10 Die Globalisierung

Und ja – wir müssen uns auch noch mal mit der Globalisierung beschäftigen. Und in diesem Kapitel stellen wir ausnahmsweise den Schluss an den Anfang – und dafür gibt es einen Grund. Über die Globalisierung wurde heftig gestritten und es wurde mit vielen Argumenten dafür oder dagegen gekämpft. Dieses Buch will nicht Teil dieser hitzig geführten Debatte sein oder werden. Deswegen beginnt dieses Kapitel direkt mit der Feststellung, dass die Globalisierung unseren Zivilisationsindex eindeutig und unwiderlegbar in die Höhe getrieben hat und dies auch noch weiter tut. Und damit hat die Globalisierung auch die Gefahr erhöht – und tut das weiterhin –, dass wir unseren Lebenskorridor verlieren könnten.

Globalisierung bedeutet im Wesentlichen, dass wir alle Handelsschranken beseitigt haben und heute alles, was irgendwo produziert wird, in die ganze Welt verkauft werden kann. Was in Asien produziert wird, kann in Europa oder Afrika verkauft werden; was in Europa produziert wird, kann in Amerika oder in Asien verkauft werden. Alles kann überall verkauft werden – und tatsächlich wird heute auch alles überall verkauft. Mit der Produktion und dem Verkauf der Waren ist es aber nicht getan – die Waren müssen auch zu den Kunden hingebracht werden, sie müssen auch transportiert werden.

Noch nie zuvor in der Geschichte der Menschheit gab es so viele Verkehrsbewegungen und so viele Transporte, wie es sie heute aufgrund der Globalisierung gibt. Und alle Transporte – zu Land, zu Wasser und in der Luft – werden mit fossilen Brennstoffen angetrieben. Unsere Lastwagen und Trucks fahren mit Diesel, unsere Containerschiffe mit Schweröl – dem dreckigsten Zeugs, das es gibt – und unsere Flugzeuge fliegen mit Kerosin. Und es wird noch sehr lange dauern, bis unsere Transportmittel mit klimaneutralen Antriebssystemen betrieben werden können. Wir sind noch ganz weit weg davon, einen klimaneutralen Transport auf die Beine zu stellen. Und deswegen führt jeder weitere Transport zu einer Verschärfung unseres Klimaproblems. Das ist ein ganz großer Nachteil der Globalisierung – und diesen Nachteil kann man nicht wegdiskutieren. Tatsächlich ist zu erwarten, dass die weltweiten Transportbewegungen noch zunehmen werden. Die Infrastruktur – Straßen, Containerschiffe, Häfen und Hafenanlagen, Flugzeuge, Flughäfen, Flughafen-Terminals und Start- und Landebahnen – wird überall noch erweitert, weil man davon ausgeht, dass es zu noch mehr globalem Güteraustausch kommen wird. Unsere Umwelt – und damit auch unser eigener Lebenskorridor – war und ist der größte Verlierer, der aus der Globalisierung hervorgegangen ist. Gibt es noch weitere Verlierer der Globalisierung?

Die Globalisierung hat dazu geführt, dass heute die Arbeitnehmer in einem globalen Konkurrenzkampf stehen. Das mag sich seltsam anhören – aber ein Arbeitnehmer, der beispielsweise in den Vereinigten Staaten früher einen Arbeitsplatz in der Textilindustrie hatte und dessen Arbeitsplatz nach Asien abgewandert ist, der weiß, wovon die Rede ist. Er hat diesen globalen Konkurrenzkampf am eigenen Leib zu spüren bekommen – er hat nämlich diesen globalen Konkurrenzkampf verloren und damit auch seinen Arbeitsplatz. Er und seine Kollegen in Asien wurden gegeneinander ausgespielt und jetzt wird dort produziert, wo die Arbeitnehmer mit weniger Lohn zufrieden sind. Immer mehr verlieren Staatsregierungen die Kontrolle darüber, wo in Zukunft produziert wird. Sie haben gar nicht mehr mitzureden – und um das Schlimmste zu verhindern, übertreffen sich unsere Regierungen darin zu versuchen, die Unternehmen mit immer größeren Subventionen und Steuererleichterungen im Land zu halten. Die Globalisierung hat dazu geführt, dass die Arbeitnehmer – und zwar global gesehen – massiv unter Druck geraten sind. Das wirkt sich aus auf Löhne und auf Arbeitnehmerrechte. Wer als Arbeitnehmer in Zukunft in seinem Heimatland einen sicheren Arbeitsplatz haben und behalten will, der muss nachgeben, der muss ganz genau überlegen, bevor er in Tarifverhandlungen Forderungen stellt. Und damit sind wir wieder bei unserem Gewaltprinzip, das so tief verwurzelt ist, in unserer Zivilisation. Denn es reicht heute nicht mehr aus, als Arbeitnehmer gut ausgebildet zu sein, gute Leistung zu erbringen und auch leistungsbereit zu sein, denn am Ende setzt sich einfach die Macht derer durch, die eben stärker sind und damit entscheiden können, wo – in welcher Region der Welt künftig Arbeitsplätze sein werden, oder eben nicht mehr sein werden.

Der Vollständigkeit halber muss noch erwähnt werden, dass es im Dienstleistungsbereich natürlich anders aussieht – Dienstleistungen müssen vor Ort erbracht werden. Diese Arbeitsplätze können nicht nach Asien verlagert werden – die Arbeit von Altenpflegern, Verkäuferinnen, Feuerwehrleuten, Polizistinnen, Friseuren, Krankenschwestern oder von Postzustellern muss vor Ort geleistet werden.

Ein weiterer Verlierer der Globalisierung ist der Kontinent Europa. Wir verlieren zunehmend an politischer und wirtschaftlicher Bedeutung. Man muss es deutlich aussprechen: In Zukunft „spielt die Musik" in Asien und diese Zukunft hat längst begonnen. Und mit dem Verlust an politischer und wirtschaftlicher Bedeutung werden wir auch noch etwas anderes verlieren hier in Europa – nämlich einen Teil unseres Wohlstands. Es wurden eben nicht nur die Arbeitsplätze nach Asien verlagert, sondern auch die dazugehörigen Einkommen. Hätte man dies aufhalten können? Nein, man hätte das nicht aufhalten können. Aber diese Entwicklung wäre weitaus langsamer verlaufen, wenn unsere Politiker sich nicht so vehement für die Globalisierung starkgemacht hätten. Ihre Politik hat diese Entwicklung noch beschleunigt und erst richtig befeuert. In diesem Punkt muss man unseren Politikern attestieren, dass sie sich von den „Machern der Globalisierung" über den Tisch haben ziehen lassen. Bei diesen Entscheidungen hatten unsere Politiker eben nicht das Wohl ihrer eigenen Bevölkerung im Blick.

Aber es geht nicht nur um die wirtschaftliche Bedeutung, es geht auch um die politische Bedeutung. Dass Europa heute überhaupt noch von den „Großen dieser Welt" als wichtig wahrgenommen wird, liegt hauptsächlich an dem immer noch so stark ausgeprägten Ost-West-Konflikt. West-Europa – einschließlich der ehemaligen Ostblock-Staaten, die heute zur Europäischen Union und zur NATO gehören – liegt unmittelbar an der Nahtgrenze dieses Konflikts. Und genau deshalb müssen sich die „Großen dieser Welt" – man könnte fast sagen, gezwungenermaßen – auch weiterhin mit Europa beschäftigen und diesem Europa ein bestimmtes Maß an Bedeutung zumessen.

Unklar ist heute, welche Rolle Europa künftig in der Welt spielen kann, spielen will und tatsächlich dann auch spielen wird. Und auch in diesem Punkt haben unsere Politiker in Europa komplett versagt. Denn sie müssten sich heute damit beschäftigen, Europa neu zu erfinden, neu zu definieren, neu auszurichten und neu aufzustellen – in Bezug auf unsere künftige Rolle in der Welt. Stattdessen haben wir den Brexit erfunden und dividieren uns wieder auseinander und was noch viel schlimmer ist, wir führen heute wieder Krieg in Europa – Europäer bringen andere Europäer um. Wir Europäer sind gerade dabei, unsere Zukunftschancen zu verspielen.

Und es gibt noch mehr Verlierer der Globalisierung: alle, die vor Ort produzieren oder vor Ort Handel betreiben. Sie alle wurden in einen ruinösen Preiskampf gezwungen. Die Bürgermeister unserer Städte können ein Lied davon singen. Unsere Innenstädte verkahlen immer mehr, zugenagelte Schaufenster und leere Ladenlokale – der Einzelhandel geht in die Knie und immer mehr Einzelhandelsbetriebe – meist als kleine Familienunternehmen geführt – müssen aufgeben und verschwinden einfach. Stattdessen breiten sich in unseren Innenstädten immer mehr Modeketten, Fast Food-Restaurants und Handy-Shops aus. Unsere Innenstädte verlieren zunehmend an Attraktivität und sie verhässlichen mehr und mehr. Mit dem Einzelhandel verschwindet aber nicht nur die Vielfalt, es verschwinden auch die Handelsstrukturen, die geprägt waren von einer guten Durchmischung großer und kleiner Anbieter. Wir begeben uns immer stärker in die Abhängigkeit von ganz wenigen, großen, global agierenden Mammutunternehmen, die eine immer größere Marktmacht erlangen. Selbst unsere Landwirte stehen heute in einem globalen Konkurrenzkampf – von überall aus der Welt werden wir mit Nahrungsmittel beliefert. Die gleichen Nahrungsmittel, die auch von unseren heimischen Landwirten erzeugt werden. Es gibt kaum noch einen landwirtschaftlichen Betrieb bei uns, der nicht um sein Überleben kämpfen muss. Es geht hier nicht nur um Angebot und Nachfrage, sondern auch darum, ob wir Einkommen und Wohlstand im eigenen Land behalten wollen – oder beides ins Ausland abwandern lassen wollen.

Gibt es auch einen Gewinner – jemanden, der durch die Globalisierung profitiert hat? Ja, den gibt es – es ist das Kapital und seine Eigner. Tatsächlich hat die Globalisierung dazu geführt, dass das Geld heute viel leichter als früher genau dorthin fließen kann und genau dort investiert werden kann, wo die Bedingungen am „besten" sind. Und was heißt am besten? Hat man bisher in einem Land produziert, wo die Löhne hoch waren, geht man eben in ein Land, in dem die Menschen mit viel weniger zufrieden sind. Hat man bisher in einem Land produziert, wo hohe Umweltstandards galten, geht man in ein Land, in dem man tun und lassen kann, was man will. Hat man bisher in einem Land produziert, wo es starke Gewerkschaften und starke Betriebsräte gab, dann geht man in ein Land, in dem es diese nicht gibt. Das Kapital ist heute so mächtig, dass es den Regierungen die Bedingungen vorgeben kann und wenn sich die Regierungen nicht beugen, dann stehen die Fabriken eben in einem anderen Land und die Arbeitsplätze sind dann auch in einem anderen Land. Das war das eine Ziel der Globalisierung. Das andere Ziel war es, möglichst flexibel zu sein, um die Produktionskosten zu senken und damit die Gewinne zu erhöhen. Das Hauptziel der Globalisierung war es, noch mehr Geld zu verdienen.

Neben dem anhaltenden Bevölkerungswachstum ist es der globale Temperaturanstieg, um den wir uns sofort kümmern müssten. Wir können und dürfen diese beiden Punkte nicht länger so lax behandeln, wie wir das bisher tun. Wir benötigen hier Ergebnisse – und zwar schnell. Und da ist es der falsche Weg, den weltweiten Handel immer noch mehr auszuweiten. Jedenfalls so lange, wie unsere Lastwagen und Trucks mit Diesel, unsere Containerschiffe mit Schweröl fahren und unsere Flugzeuge mit Kerosin fliegen.

Und was können wir tun? Was kann jeder Einzelne von uns tun? Wir Endkunden und Konsumenten haben durchaus die Möglichkeit, Einfluss zu nehmen. Wir können darüber entscheiden, ob wir Produkte kaufen, die Tausende von Kilometern über Land, Wasser oder durch die Luft befördert werden. Wir können auch darüber entscheiden, ob wir Nahrungsmittel bevorzugen, die lokal vor Ort erzeugt werden und damit keine langen Transportwege verursachen. Wir können uns auch dafür entscheiden, dass unsere eigenen Landwirte ein Einkommen haben. Wir können uns auch dafür entscheiden, im Winter keine Erdbeeren zu essen. Wir können uns entscheiden – wir haben viel mehr Macht, als wir uns selbst zutrauen. Und das gilt nicht nur für uns hier in Europa – das gilt für alle Regionen dieser Welt. Auch in Afrika können die Menschen entscheiden, ob sie sich Kleidung kaufen, die von weit weg erst hertransportiert werden muss, oder ob sie sich Kleidung kaufen, die vor Ort von Kleinbetrieben hergestellt wird. Und damit würden sie sich auch dafür entscheiden, dass vor Ort Menschen mit ihrer Arbeit ein Einkommen erzielen können. Wir vor Ort – wir Endkunden und Konsumenten – müssen uns nicht komplett den Regeln der Globalisierung unterwerfen. Wir können uns in einigen Bereichen auch anders entscheiden.

Fehlt noch der Blick auf die anderen Zivilisationen im Universum. Der Aufbau einer Zivilisation ist untrennbar mit einem gewissen Maß an Globalisierung verbunden – denn die Bevölkerung auf einem Planeten wird sich immer über den gesamten Planeten ausbreiten. Gleichzeitig wird es auch immer zu einer Vernetzung der *Wissenden* kommen – auch was den Handel betrifft, also den Austausch von Gütern. Insofern ist Globalisierung nicht wegzudenken – auch nicht bei den anderen Zivilisationen im Universum. Das ist die eine Seite – andererseits führt der Betrieb einer Zivilisation wohl immer auch zu einer Anreicherung der Atmosphäre mit Kohlendioxid und dadurch auch zu einer globalen Erwärmung des eigenen Planeten. Warum das so ist, damit werden wir uns im Kapitel „Der Kohlenstoff – Segen und Fluch" noch ausführlich beschäftigen.

Jede Zivilisation wird sich in diesem Bereich in einem Spannungsfeld bewegen. Kluge Zivilisationen werden die Zusammenhänge ganz genau untersuchen – wissenschaftlich untersuchen – und möglicherweise zu dem Ergebnis kommen, dass es sinnvoll ist, die Globalisierung auch einzuschränken und zu begrenzen. Wenigstens bis zu dem Zeitpunkt, an dem die Transporte wirklich klimaneutral durchgeführt werden können.

## 9.11 Die Führungsstrukturen – Teil 1

Es gibt in unseren Gesellschaften und in unserer Zivilisation nicht viele Systeme, die wirklich reibungslos funktionieren – eines davon ist aber das System „Führungsstrukturen". Und hier geht es um die Führungsstrukturen, die sich das Kapital geschaffen hat – also um die Führungsstrukturen der Wirtschaft.

Schauen wir uns dazu ein Beispiel an. Stellen wir uns ein Unternehmen vor, dessen Aktienkurs sich schon eine ganze Weile im Abwärtstrend befindet. Was kommt dann als Gegenmaßnahme oft und schnell auf den Tisch? Personalabbau – ein beliebtes und oft verwendetes Mittel. Also entscheidet man sich im Vorstand, mal eben 1000 Menschen zu entlassen und in die Erwerbslosigkeit zu schicken. Und jetzt stellen wir uns weiter vor, der Vorstandsvorsitzende dieses Unternehmens wäre ein empathischer Mensch – ein Mensch, der das Gewaltprinzip „Der Stärkere setzt sich durch" für sich ersetzt hätte, durch das Prinzip der Empathie – und er würde entscheiden, niemanden zu entlassen. Und obendrein würde er sich auch noch dazu entscheiden, allen Beschäftigten etwas mehr zu bezahlen, weil zuletzt die Lebenshaltungskosten so stark angestiegen sind. Klingt absurd – aber genau so soll unser Beispiel aussehen. Der Vorstandsvorsitzende würde seine Pläne dem Aufsichtsrat vortragen und was würde dann passieren? Am nächsten Tag wäre dieser Vorstandsvorsitzende verschwunden und ein anderer – ein „linientreuer" – würde seinen Posten übernehmen. Kein Vorstandsvorsitzender – kein einziger weltweit – könnte eine solche Entscheidung treffen.

So funktioniert das System nicht. Um das verständlicher zu machen, schauen wir uns ein bildhaftes Beispiel an. Man kommt mit seinem Auto an eine Kreuzung – man kann geradeaus weiterfahren, man könnte aber auch nach rechts oder links abbiegen. Hinten im Auto sitzt aber ein mächtiger Mensch (das Kapital), der zu einem sagt, „du fährst geradeaus weiter". Also fährt man auch geradeaus weiter. Unsere Führungskräfte in der Wirtschaft könnten niemals an dieser Kreuzung nach rechts oder links abbiegen. Sie fahren immer geradeaus weiter. Ihre Macht beschränkt sich darauf, geradeaus weiterzufahren – das zu tun, was das Kapital von ihnen verlangt. Das ist mit ein Grund dafür, dass unser Luxus-Kreuzfahrtschiff eben weiter mit vollem Tempo auf den Eisberg zufährt.

Wenn man sich damit beschäftigt, wie unsere Zivilisation sich weiterentwickeln muss – welche Veränderungen erforderlich sind –, dann muss man auch hinterfragen, wer denn überhaupt in der Lage wäre, einen Wandel herbeizuführen. Wir einfachen Menschen können in diesem Sinne doch gar nichts bewegen – auch in einem Unternehmen kann ein einfacher Arbeitnehmer oder ein einfacher Büroangestellter gar nichts bewegen. Strukturen können nur von den Menschen aufgebrochen werden, die über eine gewisse Macht verfügen. Deswegen ist in diesem Buch so viel die Rede vom Kapital und nun auch von unseren Führungskräften. Und natürlich haben die Menschen, die über eine solche gewisse Macht verfügen, auch eine viel höhere Verantwortung zu tragen, als die einfachen Menschen. Unsere Führungskräfte in der Wirtschaft könnten es sehr wohl versuchen, auf die Brücke unseres Luxus-Kreuzfahrtschiffes zu gehen, um den Kurs zu ändern. Und man bräuchte ja keine Kehrtwende um 180 Grad zu machen – ein paar Grad den Kurs zu ändern könnte ausreichen, um dem Eisberg auszuweichen. Wir wollen nicht die Marktwirtschaft abschaffen – wir wollen sie nur gerechter machen. So gerecht, dass jeder Mensch durch seiner Hände Arbeit auch ein auskömmliches Leben führen kann.

Dazu müssten aber unsere Führungskräfte tatsächlich auf die Brücke unseres Luxus-Kreuzfahrtschiffes gehen – sie müssten Verantwortung übernehmen. Das tun sie aber nicht – denn man hat ihnen ihr Verantwortungsgefühl mit den aberwitzig hohen Gehältern abgekauft und sie darauf getrimmt, an der Kreuzung geradeaus weiterzufahren. Unsere Führungskräfte verstehen gar nicht – oder wollen nicht verstehen –, dass wir heute genau in diesen Positionen, in denen sie sitzen, Menschen bräuchten, die sich nicht nur Gedanken um das nächste Quartalsergebnis machen, sondern Verantwortung dafür übernehmen, ob unser Wirtschaftssystem es ermöglicht – es zulässt –, dass wir unsere Zivilisation fit machen für die Zukunft – oder eben nicht. Im Moment fahren wir immer weiter – ganz stur – auf den Eisberg zu.

Und wie sieht es in den unteren Führungsebenen aus? Auch hier hat das Kapital es geschafft, dass alles reibungslos funktioniert. Auch in den unteren Führungsebenen werden die Führungskräfte auf Linie gebracht – mit üppigen Gehältern und niemand von ihnen möchte gern seinen fetten Vertrag verlieren. Also werden Entscheidungen reibungslos nach unten durchgereicht und niemand macht sich jemals Gedanken darüber, ob diese Entscheidungen immer die richtigen sind. Es wird stur an solchen Entscheidungen festgehalten – selbst wenn es sich zwischenzeitlich dann zeigt, dass es negative Auswirkungen gibt. Erst wenn von ganz oben „Entwarnung" kommt und der Kurs geändert wird, dann plötzlich sprechen auch die unteren Führungskräfte davon, dass man das auch hätte besser machen können. Dieses starre System beruht auch darauf, dass sich die Führungskräfte, wenn sie nur lange genug an einer Stelle des

Systems tätig sind, sich lauter „Ja-Sager" um sich herum versammeln. Das passiert nicht bewusst – das passiert einfach durch die Personalauswahl. Wenn man nur lange genug an einer Stelle des Systems tätig ist, kann man nach und nach alle wichtigen Positionen mit den Leuten besetzen, die einem genehm sind.

Problematisch ist, dass es in unserem Wirtschaftssystem keine wirklichen Kontrollmechanismen gibt. Ein Aufsichtsrat etwa hat gar nicht die Möglichkeit, Fehlentscheidungen oder Fehlentwicklungen in einem Unternehmen zu verhindern – dazu fehlt ihm die Einsicht in das Tagesgeschäft des Unternehmens. Natürlich gibt es in Unternehmen auch Mitarbeiter – unterhalb der Führungsebenen –, die sich Gedanken machen und besorgt sind. Aber diese Mitarbeiter sind nicht erwünscht und man sagt es ihnen auch.

Man könnte argumentieren, die Unternehmen hätten doch das Recht, ihre Fehler zu machen – das ginge uns einfache Menschen doch gar nichts an. Ganz so ist es aber dann doch nicht. Man könnte nämlich eine ganze Buchseite mit Beispielen füllen, wo solche Fehlentscheidungen zu vielen Entlassungen geführt haben – wo viele Arbeitnehmer ihren Arbeitsplatz verloren haben, im Anschluss von solchen Fehlentscheidungen. Oft sind es dann die Arbeitnehmer oder sogar die Bürger, die die Folgen zu tragen haben. Wie etwa in der Finanzkrise im Jahr 2008, als die Banken mit viel Geld vor dem Zusammenbruch gerettet werden mussten. Und woher kam das Geld für diese Rettung – es war unser Geld, die Banken wurden mit unseren Steuergeldern gerettet.

Für uns ist schlussendlich aber die Frage von Belang, wie sich unsere Führungsstrukturen auf unseren Zivilisationsindex auswirken und darauf, ob wir Menschen möglicherweise unseren Lebenskorridor verlieren könnten. Tatsächlich behindern unsere verkrusteten und in sich erstarrten Führungsstrukturen uns stark darin, neue Wege zu gehen – Wege, die uns und unsere Zivilisation in Richtung einer erfolgreichen Zukunft führen könnten.

Und was ist mit den anderen Zivilisationen im Universum? Sie werden alle ihre ganz eigenen Wege gefunden haben, in Bezug auf ihre Führungsstrukturen – denn man kann davon ausgehen, dass es in allen Zivilisationen Führungsstrukturen gibt. Maßgebend für das Überleben von Zivilisationen wird aber sein, wie die Führungsstrukturen ausgerichtet sind. Zivilisationen können nur als Ganzes überleben – also müssen die Führungsstrukturen auch auf das Ganze ausgerichtet sein. Und das bedeutet nichts anderes, als dass die Führungsstrukturen auf das Gemeinwohl ausgerichtet sein müssen.

### 9.12 Der Kohlenstoff – Segen und Fluch

Der Kohlenstoff hatte für die Entstehung des Lebens und auch für die Entwicklung unserer menschlichen Zivilisation eine fundamentale Bedeutung. Alle Lebewesen setzen sich aus nur wenigen Grundbausteinen zusammen – der wichtigste darunter ist der Kohlenstoff. Er bildet in unseren Zellen das Gerüst, aus dem unser Körper besteht. Das gilt sowohl für alles tierische Leben als auch für alles pflanzliche Leben.

Am Anfang unserer Zivilisation war das Feuer – weil man zum Aufbau einer Zivilisation große Mengen an Energie benötigt. Und wenn man am Beginn einer Zivilisation steht, sich also noch in der Steinzeit befindet, dann kann man keine Kernkraftwerke, Wasserkraftanlagen, Windparks oder Solaranlagen bauen. Man muss auf einen Energieträger zurückgreifen, aus dem man die in ihm gebundene Energie mit den einfachsten Mitteln freisetzen kann. Und hier zeigt sich eine der vielen so großartigen Eigenschaften des Kohlenstoffs – kein anderes Element gibt so bereitwillig seine Energie ab, wie der Kohlenstoff. Man muss ihn nur zum Brennen bringen und schon gibt er die Energie frei, die in ihm gebunden ist. Der Steinzeitmensch musste also nur vertrocknetes Pflanzenmaterial – besonders gut eignete sich dafür vertrocknetes Holz – aufsammeln und den darin enthaltenen Kohlenstoff zum Brennen bringen. Das war genau das Richtige, um als Mensch der Steinzeit die benötigte Energie zu erzeugen und mit dieser Energie nach und nach dann eine Zivilisation zu errichten. Und später merkte der Mensch, dass man mit dem Kohlenstoff, der in Kohle, in Erdöl und in Erdgas enthalten ist, noch viel mehr Energie erzeugen konnte.

Aber wie kam diese Energie überhaupt in die Kohlenstoffatome? Der Kohlenstoff entstand – wie alle anderen Elemente auch – in einem Stern. Nur die Elemente Wasserstoff und Helium gab es schon vor den Sternen. Die Sterne selbst bildeten sich aus dem Wasserstoff – im Universum gibt es große Wolken von Wasserstoff –, dem leichtesten aller Elemente. Wenn die Wasserstoffatome in diesen Wolken miteinander „verklumpen" und sich immer mehr verdichten – zusammengepresst durch die Gravitation, also durch die Anziehungskraft, mit der sich Materie gegenseitig anzieht, entsteht daraus ein Stern. Irgendwann sind die Wasserstoffatome so verdichtet, dass sie durch die Reibung so viel Hitze erzeugen, dass der Stern anfängt zu leuchten. Es ist ein Fusionsreaktor entstanden, der Unmengen an Wärme und Licht erzeugt, indem er Wasserstoffatome unter großer Hitze und Druck miteinander verschmilzt. Wenn Wasserstoffatome miteinander verschmelzen, entstehen daraus Heliumatome – das zweitleichteste Element im Universum. Irgendwann beginnen auch die Heliumatome miteinander zu verschmelzen – und so entstehen dann die Kohlenstoffatome. Das geschieht alles unter sehr großer Hitze und Druck. Hitze und Druck sind nichts anderes als Energie – und diese Energie wird in die entstehenden Kohlenstoffatome hineingepresst. Es ist dieselbe Energie, die wir heute wieder freisetzen, wenn wir etwa in unserem Heizbrenner im Keller Heizöl verbrennen, um es im Winter schön warm zu haben. Diese Energie wurde einst „geboren" in einem Stern.

Ganz am Ende seines Lebens beginnt dann ein Stern damit, immer noch schwerere Elemente zu bilden, und wird dabei so instabil, dass er am Ende in einem lauten Knall explodiert – in einer Supernova. Die richtig schweren Elemente werden erst ganz am Schluss produziert – von ihnen wird deshalb auch viel weniger erzeugt als von den leichteren Elementen. Das Element, das uns Menschen von jeher am meisten fasziniert – es ist die Rede vom Element Gold –, ist ein solch schweres Element. Es entsteht also erst ganz am Schluss und kommt genau deswegen auch so selten vor. Als unser eigenes Sonnensystem und unsere Erde entstanden, wurde Kohlenstoff aufgesammelt, der durch frühere Sternenexplosionen ins Weltall hinausgeschleudert wurde. Und es wurde auch ein klein wenig Gold aufgesammelt. Zusätzlich haben aber auch noch Asteroiden, die auf der jungen Erde aufgeschlagen sind, Kohlenstoff auf unseren Planeten gebracht.

Eine großartige Eigenschaft des Kohlenstoffs ist es also, dass er die in ihm gebundene Energie so bereitwillig abgibt. Kohlenstoff hat aber noch einen anderen Vorteil, der ihn geradezu perfekt macht, um darauf eine ganze Zivilisation zu errichten. Kohlenstoff ist sein eigener „Energieträger". Die Steinzeitmenschen konnten Holz aufsammeln und es nach Hause tragen. Wir können heute Heizöl bestellen und es in unserem Öltank lagern – unser Heizbrenner kann dann die Energie genau in dem Moment abrufen, in dem er die Energie benötigt. Das geht mit Solar- oder Windenergie so nicht. Solaranlagen und Windkrafträder liefern nur Strom – Strom, den wir direkt in unser Stromnetz einspeisen müssen. Aber Solaranlagen und Windkrafträder liefern keinen „Energieträger", den wir in unseren Häusern im Heizkeller auf Vorrat speichern könnten.

Für die Entwicklung unserer modernen Industrie war aber eine ganz andere großartige Eigenschaft des Kohlenstoffs ausschlaggebend. Das Kohlenstoffatom ist von seiner Struktur her so aufgebaut, dass es sehr leicht Verbindungen mit anderen Atomen eingeht – man kann Kohlenstoff sehr einfach mit anderen Atomen zusammenbauen. Kohlenstoffatome gehen leicht Verbindungen mit anderen Kohlenstoffatomen ein, aber auch mit allen möglichen anderen

Elementen und deren Atomen. Unsere ganze chemische Industrie beruht auf dieser so großartigen Eigenschaft des Kohlenstoffatoms. Und so konnte die Industrie immer neue Stoffe erfinden und produzieren, indem sie Kohlenstoffatome mit immer mehr anderen Elementen zusammengebaut hat. So wurde dann auch der Kunststoff erfunden – also unser Plastik. Und je nachdem, mit welchen anderen Elementen man die Kohlenstoffatome zusammenbaut, kommen am Ende Stoffe mit ganz unterschiedlichen Eigenschaften dabei heraus. Beim Kunststoff waren eine der erwünschten Eigenschaften, dass das Material stabil, fest, leicht formbar und lange haltbar sein sollte. Und genau deswegen bekommen wir heute unseren Plastikmüll auch nicht mehr aus unseren Ozeanen heraus – das Zeug verrottet einfach nicht.

Mit dem Element Gold hätten wir keine chemische Industrie aufbauen können. Einmal, weil es viel zu wenig Gold gibt, zum anderen aber auch deswegen, weil Goldatome von ihrer Struktur her so aufgebaut sind, dass diese Atome überhaupt keine Verbindungen mit anderen Atomen eingehen. Goldatome sind Einzelgänger – sie verbinden sich nicht einmal mit Sauerstoffatomen. Das bedeutet, Gold oxidiert nicht – es verrostet nicht. Gold läuft auch nicht an – es behält für immer seinen wunderschönen Glanz. Und genau deswegen ist Gold auch so wertbeständig – es bleibt immer, was es ist, Gold bleibt immer Gold.

Inzwischen hat sich aus dem ursprünglichen Segen des Kohlenstoffs aber ein schlimmer Fluch entwickelt. Denn es sind genau diese Kohlenstoffverbindungen, die heute unser eigenes Überleben gefährden. Sie treiben unseren Zivilisationsindex in die Höhe und erhöhen damit auch die Gefahr, dass wir unseren Lebenskorridor verlieren könnten. Zwei dieser Kohlenstoffverbindungen, die unser Überleben gefährden, kennen wir alle – Kohlendioxid, mit dem wir unsere Atmosphäre aufheizen und Kohlenwasserstoffverbindungen, daraus bestehen Kunststoffe, also Plastik, mit denen wir unser

Ökosystem zumüllen. Und obendrein können die von uns künstlich erzeugten – in der Natur kommen diese nicht vor – Kohlenwasserstoffverbindungen auch noch Krebs verursachen.

Werfen wir einen kurzen Blick auf andere Zivilisationen im Universum. Zivilisationen können nur auf Gesteinsplaneten entstanden sein – auf Gasplaneten wird es wohl keine Zivilisationen geben. Auf jedem Gesteinsplaneten gibt es Kohlenstoff und wenn sich auf einem Planeten eine Natur entwickelt hat, wird es dort auch abgestorbenes Pflanzenmaterial geben, in dem sich Kohlenstoff angereichert hat – Kohlenstoff, den man verbrennen kann, um daraus Energie zu gewinnen. Ohne Energie können keine Zivilisationen entstehen und jede Zivilisation hat einmal klein angefangen – also in einer Steinzeit. Deswegen kann man davon ausgehen, dass alle *Wissenden* im Universum das Gleiche getan haben, was auch der Homo sapiens gemacht hat, aus der in einer Steinzeit einzig zur Verfügung stehenden Methode – dem Verbrennen von Kohlenstoff – Energie zu erzeugen. Das bedeutet aber auch, dass jede Zivilisation im Universum irgendwann vor genau den gleichen Problemen stehen wird, vor denen wir heute stehen. Auch sie werden eine mit Kohlendioxid angereicherte Atmosphäre haben, auch sie werden unter einem Treibhauseffekt leiden.

Wegen den Problemen, die Kohlenstoffverbindungen verursachen, sollte jede Zivilisation klug mit Kohlenstoff hantieren. Was wäre denn klug? Unseren Plastikmüll einfach ins Meer zu kippen, kann nicht klug sein. Wir müssen andere Wege finden, um unseren Plastikabfall zu entsorgen. Wenn diese Kunststoffe schon so haltbar sind – können wir sie dann nicht als Baustoffe für Häuser, Straßen und Brücken verwenden? Wir verpacken unsere Lebensmittel, die nur wenige Tage haltbar sind, in Kunststofffolien, die um ein Vielfaches länger halten – die einfach nicht verrotten wollen. Auch das ist nicht klug. Warum haben wir heute noch keine Verpackungsmaterialien, die sich nach Benutzung einfach und schnell von allein auflösen – und zwar ohne, dass sie Schäden an unserem Ökosystem verursachen? So etwas zu erfinden, zu entwickeln und zu produzieren, muss doch möglich sein. Unsere Wissenschaft muss sich vielmehr damit beschäftigen, wie wir zwar weiterhin in unserer Zivilisation mit Kohlenstoff hantieren können – aber gleichzeitig auch sicherstellen können, dass dieser Kohlenstoff keinen Schaden mehr anrichtet an unserem Ökosystem.

In einem Bereich, in dem uns der Kohlenstoff große Probleme bereitet – beim Verbrennen des Kohlenstoffs zur Energieerzeugung –, ist es die Natur selbst, die uns den richtigen Weg weist. Es geht um die Nutzung der Sonnenenergie – alle unsere Pflanzen machen das schon seit Jahrmillionen. Sie nutzen das Sonnenlicht für ihre Fotosynthese und erzeugen damit Zucker und Stärke für ihr Wachstum. Wir haben damit angefangen, es den Pflanzen nachzumachen – aber wir betreiben dies nur halbherzig. Wir müssten mithilfe der Sonnenenergie eine wirkliche Energiewende voranbringen – eine Energiewende, die den Namen auch verdient hätte. Wir tun aber viel zu wenig und sind viel zu langsam unterwegs. Und warum ist das so? Die Antwort ist verblüffend einfach und ganz simpel. Uns fehlt das Geld dazu – all unsere Nationalstaaten sind chronisch überschuldet und uns Bürgen kann man auch nicht noch tiefer in die Taschen greifen. Und viele Staaten auf dieser Welt sind wirtschaftlich nicht einmal in der Lage, überhaupt etwas in die Energiewende zu investieren. Und wieder andere Staaten werden sich aus wirtschaftlichen Überlegungen lieber auf den Weg machen, ihre Methanhydrat-Vorkommen auszubeuten, um Energie zu erzeugen.

Die Energiewende – der Umstieg auf Sonnenenergie in ganz großem Stil – wird sehr teuer, richtig teuer. Es reicht ja nicht aus, Solaranlagen zu produzieren und aufzubauen, wir müssen auch noch einen speicherbaren und transportierbaren Energieträger entwickeln. Das kann nur Wasserstoff sein. Wir müssen aus Sonnenenergie nicht nur direkt Strom erzeugen – das ist gut und schön –, wir müssen auch damit Wasserstoff erzeugen, den wir anschließend auch speichern und transportieren können. Und dafür müssen hohe Investitionen in eine entsprechende Infrastruktur getätigt werden. Eine wirkliche Energiewende – eine, die kurzfristig und schnell das Verbrennen von Kohlenstoff beenden könnte – erfordert so hohe Investitionen, dass kein Nationalstaat finanziell dazu in der Lage ist. Genau deswegen passiert so wenig in Bezug auf die Energiewende. An dieser Stelle müssen wir uns wieder mit dem Kapital beschäftigen. Wir müssen uns realistisch fragen, wo denn die finanziellen Mittel herkommen sollen – die finanziellen Mittel, die erforderlich sind, um unsere Zivilisation fit für die Zukunft zu machen. Wir können die finanziellen Mittel nur von dort bekommen, wo sie vorhanden sind – so einfach ist das. Wir müssen im gemeinsamen Konsens erreichen, dass das vorhandene Kapital dorthin fließt – etwa in die Überwindung der größten Armut und in eine wirkliche Energiewende –, wo dieses Kapital dazu dient, das Überleben der Menschheit und den Fortbestand unserer Zivilisation zu gewährleisten.

### 9.13 Der Krieg und seine Folgen

Am Thema „Krieg" kommt man nicht vorbei, wenn man sich damit beschäftigt, wie sich unsere Zivilisation zu der entwickelt hat, die sie heute ist. Und Krieg wird auch für die Weiterentwicklung unserer Zivilisation eine ganz wichtige Rolle spielen. Deswegen wollen wir auch in diesem Kapitel den eigentlichen Schluss an den Anfang des Kapitels stellen. Krieg ist neben einigen anderen Faktoren ein wesentlicher Grund dafür, dass unsere Zivilisation so tief gespalten ist. Krieg ist mit ein Grund dafür, dass unsere Zivilisation heute ein zutiefst in sich gespaltenes Haus ist. Krieg entzweit die Menschen, sät immer noch mehr Hass und macht es fast unmöglich, dass wir Menschen uns alle endlich zusammenraufen, um unsere Probleme gemeinsam zu lösen und die Herausforderungen gemeinsam anzugehen. Bezogen auf unseren Zivilisationsindex bedeutet das: Krieg ist ein großes Hindernis, Krieg blockiert uns – in Bezug auf unsere Anstrengungen, unseren Zivilisationsindex zu senken oder ihn wenigstens nicht weiter in die Höhe zu treiben. Und damit ist Krieg auch immer ein Faktor, der unseren eigenen Lebenskorridor bedroht.

Zählen wir zum Thema Krieg zunächst einige Fakten auf.
1. Kriege werden immer von Männern provoziert, begonnen und geführt.
2. In unserer Zivilisation ist Krieg ein Dauerzustand – irgendwo wird immer Krieg geführt.
3. Kriegszweck ist immer, jemandem anderen mit Waffengewalt etwas wegzunehmen.
4. Kriege sind nie kurz, sie dauern immer länger als vorher angenommen.
5. Kriege fordern immer viele Opfer – bei Siegern und Verlieren.
6. Kriege hinterlassen bei den Überlebenden und Hinterbliebenen immer ein Trauma.
7. Nach Kriegen dauert es Jahrzehnte, bis die psychischen Wunden verheilt sind.
8. Kriege verursachen noch mehr Hass und führen später oft zu Folgekriegen.
9. Kriege haben schon oft zum Untergang von staatlichen Ordnungen geführt.
10. Kriege haben schon oft zu Revolutionen geführt.
11. Für Kriege werden Unmengen wertvoller Ressourcen verschwendet.
12. Kriege zerstören Infrastruktur, die danach wieder teuer aufgebaut werden muss.
13. Kriegskosten haben schon oft ganze Gesellschaften in den Bankrott geführt.

14. Für Kriege müssen immer die Bürger bezahlen, bei Siegern und Verlieren.
15. Die Finanzierung von Kriegen funktioniert immer über Geldentwertung, also Inflation.
16. Durch die Kriegskosten werden die Bürger entweder teilweise oder sogar vollständig enteignet.
17. Durch Krieg wird das Volksvermögen verschwendet – Krieg führt zu steigender Armut.
18. Rüstung und Krieg sind ein sehr profitables Multimilliardengeschäft.
19. Rüstung und Krieg machen eine kleine Clique von Menschen zu Milliardären.

Gibt es überhaupt irgendetwas, was für Krieg spricht? Oft genug wird behauptet, es ginge im Krieg um die Freiheit – man würde für die Freiheit kämpfen. Ist das so? Kämpfen wir wirklich für die Freiheit? Oder sind in Wirklichkeit nicht wir selbst Gefangene? Gefangene der immer gleichen Rituale von Drohung und Gegendrohung, von Gewalt und Gegengewalt, von Ideologie und Gegenideologie, von Hass und noch mehr Hass, von Töten und noch mehr Töten, von Angst, Not, Elend, Schrecken und Leid. Sind nicht vielmehr wir Gefangene des Krieges und das seit Anbeginn der Zivilisation – seit Kain seinen Bruder Abel erschlagen hat? Am Ende stellt sich die Frage nach der Freiheit ganz anders – am Ende stellt sich die Frage, ob wir selbst frei sind, ob wir freie Menschen sind.

Wir leben im 21. Jahrhundert und haben es bis heute nicht geschafft, unsere Konflikte anders zu lösen, als dadurch, dass wir einander umbringen. Wir haben die Atombombe erfunden und können mittlerweile unseren gesamten Planeten einäschern – und setzen dennoch immer weiter auf Krieg? Haben wir Menschen denn überhaupt etwas gelernt aus unserer Geschichte und aus den Katastrophen zweier Weltkriege? Und glauben wir Menschen wirklich, dass eine Zivilisation, die immer weiter am Krieg festhält, überhaupt eine Chance hat zu überleben und dauerhaft zu existieren? Wir haben uns selbst zu Gefangenen gemacht – wir sind gefangen in unserer eigenen Unfähigkeit, endlich mit dem Krieg aufzuhören und unsere Konflikte friedlich zu lösen.

### 9.13.1 Wie hat Krieg angefangen?

Warum gibt es überhaupt Krieg und seit wann führen die Menschen Krieg? Bevor der Mensch damit angefangen hat, sich niederzulassen und Dörfer und Städte zu bauen, lebte er als Nomade. Er war ständig unterwegs zu guten Jagdgründen, wo es genug Wild gab. Und im Winter ist er vermutlich in Gegenden gezogen, in denen das Klima etwas milder war. Damals gab es keine Lastentiere, weil die Domestizierung von Tieren erst später aufkam. Und das Rad war auch noch lange nicht erfunden. Die einzigen Transportmittel waren wohl eine Art von Schlitten, die aus Holzstangen gefertigt waren und von den Menschen selbst gezogen werden mussten. Wer ein solches Leben führt, der häuft keinen großen Besitz an. Denn alles, was man besitzt, muss man bei einem Ortswechsel auch selbst an den neuen Ort transportieren.

Als der Mensch sich dann aber an festen Orten niederließ und angefangen hat, dort zu siedeln, hat sich die Geschichte dramatisch verändert. Man nahm nämlich zum ersten Mal etwas in Besitz, das man nicht herumtragen konnte – man nahm zum ersten Mal Land, also Grund und Boden in Besitz und nannte es sein Eigen. Und man musste sehr viel Arbeit und Zeit in sein Land stecken; es war mühsam, Felder anzulegen, die ersten Getreidesorten anzubauen, Brunnen und Hütten zu bauen – es war sicher ein sehr hartes Leben. Und natürlich wollte man das alles, für das man so hart und schwer gearbeitet hatte, dann auch behalten und es sich nicht wegnehmen lassen. Plötzlich gab es etwas, für das es sich lohnte zu kämpfen. Da man aber sein Land nicht einfach irgendwo anders hintragen konnte, musste man, wollte man es nicht verlieren, an Ort und Stelle dafür eintreten und zur Not auch darum kämpfen. Und es gab immer irgendwelche anderen, die Land erobern wollten, das ihnen nicht gehörte. Und so begann der Krieg – als Kampf um Land, Besitz und Eigentum.

Wir haben uns schon im Kapitel „Das Kapital und wie es funktioniert" damit beschäftigt, dass man die Zeit vor etwa 12.000 Jahren, als der Mensch sesshaft wurde, mit der biblischen Geschichte von der Vertreibung aus dem Paradies in Verbindung bringen könnte – so auch in diesem Kapitel. Denn von dem Moment an, in dem der Mensch ein Stück Land in Besitz nahm, lebte er in dauernder Angst und Sorge. Angst davor, jemand könnte ihm sein Stück Land wegnehmen und der Sorge, sein Stück Land könnte nicht groß genug sein, um ihn und seine Familie zu ernähren. Und bald kam der Neid dazu, weil der Nachbar vielleicht ein größeres Stück Land besaß oder weil dessen Land viel fruchtbarer war als das eigene. Es war ein unsicheres und gefährliches Leben, geprägt von Verlustängsten einerseits und Neid und Gier andererseits. Die Menschen kamen nicht mehr zur Ruhe, vor lauter Angst und Sorgen, um ihr Stück Land, um ihren Besitz, um ihr Eigentum, um ihr Vermögen – und daran hat sich in der Folge nie wieder etwas geändert. Bis heute ist unsere größte menschliche Angst und Sorge die, die sich um unser „Stück Land" dreht.

In der biblischen Geschichte vom Sündenfall dient das Essen des Apfels oder der „Frucht der Erkenntnis" als Symbol für den verbotenen Akt, den Adam und Eva vollziehen. Tatsächlich könnte der Sündenfall aber darin bestanden haben, dass der Mensch die göttliche Schöpfung in Besitz genommen hat. Er wurde sesshaft, hat sich ein Stück Land genommen und es fortan sein Eigen genannt. Er hat etwas in Besitz genommen, was ihm gar nicht gehörte – er hat etwas in Besitz genommen, das nur Gott gehörte. Die Erfindung von Besitz, Eigentum, Vermögen, Reichtum und die damit zwangsläufig auch entstandene Armut – als die andere Seite der Medaille – war es, was uns Menschen in eine unsichere Existenz geführt hat. Nachdem wir sesshaft wurden und das erste Stück Land in Besitz genommen hatten, fand auch gleich der erste Streit und der erste Krieg, um genau dieses Stück Land statt.

Zuerst ging es im Krieg um Land – später dann nicht mehr nur um Land, sondern auch um Bodenschätze, wie zum Beispiel Kupfer und Zinn in der Bronzezeit. Heute führen wir um vieles Krieg – Land, Bodenschätze, fossile Energiereserven, Trinkwasserreserven, aber auch um Einflusssphären. Heute führen wir auch Krieg darum, welche Gebiete dieser Erde wir unter unsere Kontrolle bringen, um sie wirtschaftlich auszubeuten und aber auch, um dort unsere Güter und Waren zu verkaufen und damit größtmöglichen Profit zu machen. Wir sprechen nicht umsonst von Handelskrieg – und es handelt sich tatsächlich auch um einen Krieg.

Aber immer geht es im Krieg um das Gleiche, jemandem anderen etwas wegzunehmen, sich Vorteile zu verschaffen, sich eine bessere Position zu verschaffen oder diese zu verteidigen oder auszubauen, seinen Reichtum zu vergrößern oder diesen zu verteidigen, mehr Einfluss zu gewinnen oder diesen zu verteidigen – man kann es drehen und wenden, wie man will: Egoismus, Neid und Gier sind die Triebfedern des Kriegs. Schaut man sich die letzten 12.000 Jahre an, also die Geschichte, seit wir Menschen sesshaft geworden sind, seit wir angefangen haben Land in Besitz zu nehmen und darauf unsere Hütten, Häuser, Dörfer und Städte zu bauen, darauf unsere Felder zu bestellen und unsere Haustiere zu halten, dann erkennen wir, dass diese 12.000 Jahre die Geschichte des Kriegs waren. Nirgendwo wird das so deutlich, wie in den Geschichtsbüchern, die wir uns selbst geschrieben haben – darin hangeln wir uns von Krieg zu Krieg. Wir selbst nehmen Kriege zur Hand, zählen diese auf und beschreiben so unsere Geschichte. Man würde sich schwertun, wollte man in den letzten 12.000 Jahren längere Zeiträume finden, in denen wir Menschen keine Kriege geführt haben. Stattdessen wird man zu jeder Zeit Regionen auf unserem Globus finden, wo gerade Kriege stattfinden. Nur nehmen wir diese Kriege nicht wahr – wir interessieren uns nicht dafür.

### 9.13.2 Worin besteht die große Gefahr von Krieg?

Über Krieg gibt es die immer wieder gleichen Irrtümer – was sehr verwunderlich ist, denn wir müssten nur in unseren Geschichtsbüchern nachlesen, und dann könnten wir es besser wissen. Einer dieser Irrtümer besteht darin, zu glauben, dass ein Krieg nach kurzer Zeit vorbei sein würde. Alle Staatsmänner, Politiker, Machthaber und Diktatoren, die einen Krieg anfangen, oder einen erwidern, indem sie ihre Armeen in Marsch setzen, um anzugreifen, sich zu verteidigen, oder auch diejenigen, die sich zwar nicht direkt an einem Krieg beteiligen, aber die eine oder andere Seite finanziell und mit Waffen unterstützen, glauben seltsamerweise immer, dass ausgerechnet ihr Krieg eine Ausnahme machen würde und schnell vorbei wäre – und das natürlich auch noch erfolgreich. Ein Blick in die Geschichte würde uns schnell die Augen öffnen, denn tatsächlich wird man in der Geschichte nur wenige Kriege finden, die nach kurzer Zeit vorbei waren.

Ein weiterer Irrtum über den Krieg besteht darin, zu glauben, nach einem Krieg wäre alles, wie es vorher gewesen war; man könnte also trotz Krieg den bisherigen Status beibehalten. Schaut man sich die Vergangenheit an, wird man feststellen, dass lang anhaltende Kriege oftmals alles über den Haufen geworfen haben und kein Stein auf dem anderen geblieben ist. Nehmen wir den Ersten Weltkrieg in Europa – keines der Herrschaftshäuser, das sein Volk in das große

Abschlachten schickte, konnte sich vorstellen, dass der Krieg am Ende es selbst aus der Geschichte hinausfegen würde. In einem Großteil Europas brachen nach dem Krieg nicht nur die politischen Strukturen zusammen, sondern auch die Gesellschaften. Und dieser Zustand des Chaos machte es den Faschisten leicht, die politische Macht an sich zu reißen und ihre Diktaturen zu errichten. In der Folgezeit wurde dann praktisch das ganze europäische Festland von der nationalsozialistischen Hitler-Diktatur auf der einen Seite und der kommunistischen Stalin-Diktatur auf der anderen Seite überzogen. Kriege, wenn sie nur lange genug dauern, verursachen immer soziale und politische Verwerfungen, und niemand kann voraussagen, wie dramatisch diese Verwerfungen am Ende sein werden.

Langanhaltende Kriege sind deshalb immer eine sehr große Gefahr für die bestehenden staatlichen Ordnungen und Gesellschaften. Und das gilt gleichermaßen für Diktaturen wie für Demokratien. Auch demokratische Staaten, die sich in einen Krieg verstricken oder verstricken lassen, können am Ende von diesem Krieg hinweggefegt werden.

### 9.13.3 Was kosten Kriege – und wer bezahlt sie?

Was ein Krieg kostet, kann niemand vorhersagen. Der entscheidende Faktor ist immer, wie lange ein Krieg dauern wird. Und da man auch das nicht voraussagen kann und ohnehin immer dem Irrtum unterliegt, es würde sich dieses Mal um einen kurzen Krieg handeln, unterschätzt man auch immer die Kosten, die am Ende für den Krieg auflaufen werden. Wenn man am Anfang vielleicht noch denkt, dieser Krieg sei in einem halben Jahr zu Ende, dann werden einem die Kosten vertretbar erscheinen – ja, und selbst Teile der eigenen Bevölkerung werden die Lasten gern auf sich nehmen. Wenn der Krieg dann aber nicht mehr enden will und man ins 2. oder 3.

Kriegsjahr geht, dann sieht die Sache ganz anders aus. Dann laufen die Kosten derart aus dem Ruder, dass ganze Staaten und Volkswirtschaften dabei bankrottgehen können. Die Regierungen sind dann oft schon so in den Krieg verstrickt, dass sie gar nicht mehr heraus können und gar nicht mehr damit aufhören können.

Und wo kommt das Geld her, das Geld für den Krieg? Der Krieg wird immer mit Geld bezahlt, das gar nicht vorhanden ist – unsere Regierungen führen Krieg, obwohl ihre Taschen leer sind. Warum kann man dann trotzdem Krieg führen? Die Antwort ist sehr einfach: Man greift in unsere Taschen, in die Taschen der Bürger. Wir – die Bevölkerung – sind diejenigen, die für den Krieg bezahlen. Entweder durch eine mehr oder weniger hohe Geldentwertung – also Inflation – oder aber dadurch, dass man immens hohe Schulden anhäuft, die wir dann später zurückzahlen müssen. Krieg geht immer auf Kosten der Bevölkerung – uns zwar auf allen Seiten, egal, wer den Krieg begonnen hat. Und es ist auch gänzlich bedeutungslos, wer am Ende den Krieg gewinnt – das Geld ist weg, und zwar auf allen Seiten. Krieg vernichtet immer Volksvermögen – Krieg macht immer die Menschen ärmer – Krieg führt immer zu Not und Elend.

Einen Krieg zu beginnen, ihn zu erwidern oder auch nur sich an ihm zu beteiligen, ist für jeden Nationalstaat und dessen Gesellschaft ein unkalkulierbar hohes finanzielles und wirtschaftliches Risiko. Erinnern wir uns an den Ausbruch der Französischen Revolution. Sie begann nicht, weil morgens ein Revolutionär aufgewacht ist und gerufen hat: „Freiheit, Gleichheit, Brüderlichkeit – heute starten wir eine Revolution." Sie brach aus wegen eines Krieges, an dem Frankreich militärisch gar nicht beteiligt war: dem amerikanischen Unabhängigkeitskrieg, den George Washington gegen England führte. Der französische König Ludwig XVI. hat den amerikanischen Unabhängigkeitskrieg größtenteils bezahlt – und womit, mit dem Volksvermögen der Franzosen. Die französische Bevölkerung hat den Preis bezahlt – die französische Bevölkerung hat gehungert.

Deshalb brach die Revolution aus und Ludwig XVI. bezahlte mit seinem Kopf dafür, dass er Frankreich durch diesen amerikanischen Krieg arm gemacht hatte. Seine Frau Marie-Antoinette von Österreich-Lothringen verkündete, als sie gehört hatte, dass die französischen Bürger kein Brot mehr hätten: „Dann sollen die Bürger doch Kuchen essen." Dafür musste sie dann auch noch mit ihrem Leben bezahlen.

Wer auch immer sich in irgendeiner Form an einem Krieg beteiligt, sollte sehr gut im Auge behalten, dass die Kosten für diesen Krieg nicht irgendwann aus dem Ruder laufen. Und diese Gefahr ist umso größer, je länger ein Krieg andauert. Und deswegen hat es überhaupt keinen Sinn – ja, es ist sogar gefährlich – einen Krieg, den offensichtlich keine der Kriegsparteien militärisch für sich entscheiden kann, also einen Krieg, den keine Seite militärisch gewinnen kann, einen solchen Krieg immer weiterlaufen zu lassen.

### 9.13.4 Eisenhower und der militärisch-industrielle Komplex

Als der amerikanische Präsident Dwight D. Eisenhower (1890–1969) aus seinem Amt ausgeschieden ist und es an John F. Kennedy (1917–1963) übergab, hielt er am 17. Januar 1961 eine Abschiedsrede. In dieser warnte er davor, dass der sogenannte militärisch-industrielle Komplex zu viel Einfluss gewinnen könnte auf die Politik und auf die politischen Entscheidungen. Seine Abschiedsrede war natürlich an seine amerikanischen Landsleute gerichtet, aber was Eisenhower da gesagt hat, lässt sich sehr wohl verallgemeinern – wir haben heute in vielen Staaten dieser Welt eine starke und sehr mächtige Rüstungsindustrie. Eisenhower hat in seiner Rede nicht generell vor der Rüstungsindustrie gewarnt – er hat davor gewarnt, dass diese Rüstungsindustrie so stark und mächtig werden könnte, dass sie die politischen Entscheidungen beeinflussen könnte – und zwar in der Form, dass dadurch die Freiheit und die demokratischen Prozesse eines Nationalstaats gefährdet werden könnten.

Wie könnte eine solche Gefährdung in der Praxis aussehen? Nun, man kann sich sehr wohl vorstellen, dass die Rüstungsindustrie auf die Politik einwirkt, wenn es etwa darum geht, wie viel ein Nationalstaat an Mitteln aufwendet für sein Militär. Rüstung ist ein profitables Multimilliardengeschäft – da würde es schon großen Sinn ergeben, die Regierungen dazu zu bringen, möglichst viel Geld für die Rüstung auszugeben. Selbst dann, wenn die „faktische Bedrohungslage" es tatsächlich gar nicht hergeben würde, so hochgerüstete Armeen zu unterhalten. Es besteht durchaus die Gefahr, dass die Rüstungsindustrie unserer Politik viel mehr Waffen „aufschwatzt", als wir überhaupt bräuchten – einfach, weil die Rüstungsindustrie möglichst viel Geld verdienen möchte.

Eine noch größere Gefahr könnte darin liegen, dass sich die Rüstungsindustrie sogar in die Politik einmischen könnte, wenn es um die Entscheidung geht: Krieg oder Frieden. Klingt das übertrieben? Nun, wir in Deutschland etwa konnten nach dem Überfall der russischen Armee auf die Ukraine live und in Echtzeit an unseren Fernsehbildschirmen mitverfolgen, wie man versucht hat, Einfluss auf die Politik und die Öffentlichkeit auszuüben, indem man sofort und immer wieder dazu aufgerufen hat, sich an diesem Krieg zu beteiligen und immer noch mehr Waffen an die Ukraine zu liefern. Genau vor solch einer Einflussnahme hat Eisenhower in seiner Abschiedsrede gewarnt. Er dürfte in seiner Amtszeit als amerikanischer Präsident oft genug solche Versuche der politischen Einflussnahme erlebt haben – er wusste, wovon er sprach. Und deswegen hat er seinen Bürgern mit auf den Weg gegeben, sie mögen wachsam sein und darauf achten, dass sich der militärisch-industrielle Komplex immer nur im Rahmen der freiheitlichen und demokratischen Ziele eines Nationalstaats bewegt.

### 9.13.5 Was sind die Alternativen zum Krieg?

Wenn man gegen Krieg argumentiert, muss man auch eine Alternative zum Krieg aufzeigen. Und man muss es zugeben: Das ist gar nicht so einfach. Das ist die andere Seite der Medaille – und jede Medaille hat nun mal zwei Seiten.

Nun, wir müssen Krieg verstehen als Teil des Gewaltprinzips „Der Stärkere setzt sich durch". Dieses Gewaltprinzip, das ein integraler Bestandteil unserer Gesellschaften, unserer Herrschaftssysteme und unserer ganzen Zivilisation ist. Wir können also das Thema Krieg nicht isoliert betrachten, sondern müssen uns insgesamt mit dem Thema Gewalt beschäftigen. Und beschäftigen heißt: Wir müssen als Menschheit lernen, das Gewaltprinzip durch das Prinzip Empathie zu ersetzen. Das kann nicht von heute auf morgen passieren – so etwas muss sich entwickeln. Dafür muss man in alle Lebensbereiche einwirken – etwa in die Erziehung unserer Kinder, in die Schulbildung, in die öffentliche Meinungsbildung, in die Wahrnehmung der Menschen. Es muss sich nach und nach in unseren Köpfen und Herzen durchsetzen, dass Gewalt nicht der richtige Weg sein kann, um unsere Zivilisation erfolgreich in die Zukunft zu führen. Denn ob wir unsere Zivilisation erfolgreich weiterentwickeln können, wird maßgeblich davon abhängen, ob wir es schaffen, unser gespaltenes Haus zu einen. Wir werden unsere Probleme nur lösen und die Herausforderungen nur meistern, wenn wir Hand in Hand zusammenarbeiten. Und das geht in einer Welt voller Gewalt und Krieg nicht.

Aber schauen wir uns noch ein konkretes Beispiel an, in Bezug auf die Alternative zum Krieg. Es hätte nach dem Überfall der russischen Armee auf die Ukraine auch die Möglichkeit eines gewaltfreien Widerstands gegeben. So etwas funktioniert nicht? Doch – so etwas funktioniert sehr wohl. Mahatma Gandhi hat es vorgemacht – er hat Indien durch einen gewaltfreien Widerstand befreit und so die Besatzer aus dem Land vertrieben. Die Ukraine ist ein großes

Flächenland mit einer großen Bevölkerung. Wenn ein solches Land und seine Bevölkerung auf Dauer gewaltfreien Widerstand leisten und auf Dauer nach Unabhängigkeit streben, dann kann es kein Aggressor schaffen, ein solches Land dauerhaft besetzt zu halten und zu unterdrücken. Man muss in der Geschichte weit zurückgehen – nämlich zurück bis zum römischen Imperium –, will man Beispiele finden, wo es für längere Zeit einem Aggressor gelungen ist, fremde Länder besetzt zu halten. Und wir reden hier ja nicht von einem „Zwergstaat", sondern von der Ukraine – einem großen Land mit einer großen Bevölkerung.

Wer als Aggressor in ein solches Land einmarschiert – in ein Land, das dann dauerhaft einen gewaltfreien Widerstand leistet – ein solcher Aggressor muss irgendwann auch wieder hinausmarschieren, aus diesem Land. Und dafür gibt es einen ganz einfachen Grund – solche Militäreinsätze sind für den Aggressor so teuer, dass er am Ende selbst Gefahr läuft, dass die finanziellen und wirtschaftlichen Folgen ihn und sein Regime in den Ruin treiben werden. Wir wissen heute, da wir Zugang zu den entsprechenden Daten haben, was große Militäraktionen kosten. In der jüngeren Geschichte wurden Militäraktionen immer öfter am Ende abgebrochen oder beendet, weil niemand mehr bereit war, die immens hohen Kosten zu tragen. Und wir wissen heute auch, dass Ende der 1980er-Jahre die Sowjetunion – und mit ihr der gesamte Warschauer Pakt – zusammengebrochen ist, wegen des Militäreinsatzes in Afghanistan. Nach zehn Jahren Afghanistan-Krieg war die damalige Sowjetunion vollkommen bankrott.

Die russischen Machthaber haben aus der Geschichte nichts gelernt – der Überfall auf die Ukraine war von Anfang an zum Scheitern verurteilt. Kein Staat kann es sich dauerhaft leisten, einen anderen Staat – ein großes Land mit einer großen Bevölkerung – zu besetzen und zu unterdrücken. Das hätte nie funktioniert, auch dann nicht, wenn man „nur" gewaltfrei Widerstand geleistet hätte – auch dann hätten sich die Russen eines Tages wieder zurückziehen müssen. Aber das hätte etwas länger gedauert – gewaltfreier Widerstand braucht etwas mehr Zeit. Man wollte aber einen schnellen Erfolg – also hat man den militärischen Widerstand gewählt. Von einem schnellen Erfolg kann jedoch keine Rede sein – der Krieg geht jetzt schon in das 3. Jahr und ein Ende ist nicht abzusehen. Und da sind wir wieder bei einem dieser Irrtümer über den Krieg. Kriege dauern immer viel länger, als man am Anfang glaubt. Wir haben heute nun die Situation, dass keine der beiden kriegsführenden Parteien militärisch stark genug ist, den Krieg für sich zu entscheiden und zu gewinnen. Die Geschichte hat uns gelehrt, dass es genau diese Kriege sind, die am längsten andauern. Es wird deshalb Zeit, dass die Mächtigen dieser Welt endlich eingreifen und diesem Krieg ein Ende setzen.

Die Ukraine ist ein souveräner Staat – und selbstverständlich hatte dieser souveräne Staat das Recht, sich für einen militärischen Widerstand zu entscheiden. Dieses Recht kann und darf man der Ukraine nicht absprechen – das ist auch nicht die Absicht dieses Buches.

Und dann gab es da noch die Meinung, die Russen würden gleich durchmarschieren bis an den Ärmelkanal. Wir müssen uns an die Worte von Präsident Eisenhower erinnern – er gab uns Bürgen mit auf den Weg, sehr wachsam zu sein und uns nicht in unangemessener Weise vom „militärisch-industriellen Komplex" beeinflussen zu lassen. Jeder von uns kann sich seine eigenen Gedanken darüber machen, wem dieses Gerede – vom Durchmarsch der Russen bis an den Ärmelkanal – und das Schüren solcher Ängste, wem dies am Ende am meisten genutzt hat.

### *9.13.6 Wer entscheidet über Krieg oder Frieden?*

Es geht auch um die grundsätzliche Frage, wie sich die handelnden Personen in solchen Konflikten entscheiden: ob für gewaltfreien

Widerstand oder eben dann doch für Krieg. Und insofern dienen die aktuellen Ereignisse um den Ukraine-Konflikt dazu, aufzuzeigen, wie in unseren Gesellschaften und in unserer Zivilisation generell mit Konflikten umgegangen wird – wie Entscheidungen getroffen werden, wer diese Entscheidungen trifft und wie diese Entscheidungen dann am Ende ausfallen. Die Geschichte der Menschheit ist die Geschichte von Gewalt und Krieg. Und bisher wurden alle Konflikte immer mit Gewalt und Krieg geregelt – Mahatma Gandhi muss man in diesem Zusammenhang leider als einmaligen „Ausrutscher" der Geschichte bezeichnen.

Auch im aktuellen Konflikt um die Ukraine haben alle handelnden Personen sofort auf Krieg gesetzt. Es gab niemanden, der es überhaupt auch nur in Erwägung gezogen hätte, dass es auch die Möglichkeit eines gewaltfreien Widerstands gegeben hätte. Eine Diskussion darüber hat es nicht gegeben. Die handelnden Personen haben es genau so gemacht, wie all ihre Vorgänger es auch gemacht haben – sie haben versucht, den Konflikt mit Gewalt und Krieg zu bewältigen. Es ist offensichtlich, dass die handelnden Personen außerstande sind, andere Formen der Auseinandersetzung zu finden – ja, sie suchen nicht einmal nach diesen anderen Formen. Und das zieht sich, beginnend bei Kain und Abel, durch unsere ganze menschliche Geschichte – und auch heute, im 21. Jahrhundert hat sich daran nichts geändert. Wir stehen heute vor ganz vielen Problemen und haben große Herausforderungen zu meistern. Es handelt sich um globale Probleme und globale Herausforderungen – darauf müssen wir auch global reagieren und wir müssen auch global handeln. Und genau dabei steht uns der Krieg im Weg. Der Krieg ist einer dieser Faktoren, die uns daran hindern, uns zu einigen. Die handelnden Personen haben dies offenbar noch nicht erkannt – oder aber, sie sind unfähig, endlich die richtigen Schlüsse zu ziehen und sich entsprechend zu verhalten.

Wer sind nun die handelnden Personen? Krieg war von jeher eine Männerangelegenheit – es waren immer wir Männer, die Krieg geführt haben. Gut, da gab es auch noch die „Amazonen", aber die Amazonen sind nicht anderes, als ein Mythos – ein Mythos, der männlichen Fantasie entsprungen. Wir Männer waren und sind es, die Kriege führen. Fällt uns ein einziger Krieg ein, der nicht von Männern geführt wurde? Schauen wir nach in unseren Geschichtsbüchern, es wird sich tatsächlich keiner finden lassen. Und damit stoßen wir vor, zu einem Kernproblem unserer Gesellschaften und unserer Zivilisation: Unsere ganze Zivilisation beruht auf dem Prinzip einer Männer-Herrschaft. Und wenn wir etwas aus unserer menschlichen Geschichte lernen können, dann, dass wir Männer schon immer auf Gewalt und Krieg gesetzt haben und dies auch heute noch weiter so machen. Und es stellt sich tatsächlich die Frage, ob wir Männer überhaupt jemals in der Lage sein werden, uns von Gewalt und Krieg loszusagen. Man benötigt sehr viel Fantasie, um sich das vorstellen zu können. Und es stellt sich sofort die nächste Frage: Sind wir Männer überhaupt in der Lage, unsere globalen Probleme zu lösen und unsere globalen Herausforderungen zu meistern – werden wir Männer jemals in der Lage sein, unsere Zivilisation in eine sichere Zukunft zu führen? Diese Frage kann man nur auf die Zukunft bezogen beantworten. Wenn die Menschheit einst untergegangen sein sollte, dann werden wir Männer es gewesen sein, die unsere Zivilisation gegen die Wand gefahren haben. Diese Erkenntnis führt uns dann ganz automatisch und zwangsläufig in das nächste Kapitel.

Es gibt sehr wohl auch viele Männer, die nichts von Gewalt und Krieg wissen wollen. Männer, die sich schon längst vom Gewaltprinzip „Der Stärkere setzt sich durch" befreit haben und nach dem Prinzip Empathie leben. Aber diese Männer sind leider nicht die handelnden Personen – diese Männer haben nicht darüber mitzuentscheiden gehabt, dass wir heute wieder Krieg haben in Europa. Diese Männer sitzen nicht in unseren Regierungen, sie sitzen auch nicht im militärisch-industriellen Komplex und sie sitzen auch nicht in den Vorstandsebenen unserer Unternehmen. Was wir dort überall vorfinden, sind Macht- und Gewaltmenschen. Sie sind diejenigen, die am Gewaltprinzip festhalten. Und diese Macht- und Gewaltmenschen sind fast ausnahmslos Männer.

Es wäre aber unredlich, die ganze Verantwortung für Krieg auf unsere männlichen Macht- und Gewaltmenschen abwälzen zu wollen. Krieg ist nur möglich, weil wir anderen – Männer und Frauen – den Krieg zulassen. Wir hätten die Macht, Kriege zu verhindern – wir hätten auf die Straße gehen und so verhindern können, dass heute ganz Europa in diesen Ukraine-Konflikt verstrickt ist. Wir haben es aber nicht getan, wir sind nicht auf die Straßen gegangen. Es waren nur ein paar wenige, die sich ihrer Verantwortung gestellt haben – der Verantwortung von uns allen –, den Krieg für immer aus unserem Leben und aus unserer Zivilisation zu verbannen.

Die Frage, wie sich Krieg auf unseren Zivilisationsindex und damit auch auf die Gefährdung unseres Lebenskorridors auswirkt, haben wir schon zu Beginn dieses Kapitels beantwortet. Zum Abschluss wollen wir noch einen Blick auf die anderen Zivilisationen im Universum werfen. Gibt es in allen Zivilisationen Krieg? Das ist sehr unwahrscheinlich – Krieg hat viel zu tun mit unserem besonders stark ausgeprägtem Individualismus und mit unserer Erfindung von Besitz, Eigentum und Vermögen. Das sind Dinge, die der Homo sapiens speziell für sich erfunden hat. Es ist anzunehmen, dass viele Zivilisationen sich in diesen Bereichen ganz anders entwickelt haben. Es ist auch anzunehmen, dass es viele Zivilisationen gibt, die Krieg nie gekannt haben – oder aber, den Krieg als Mittel der Auseinandersetzung schon längst überwunden haben. Solche Zivilisationen haben einen großen Vorteil – sie sind viel eher in der Lage, globale Probleme gemeinsam zu lösen und globale Herausforderungen gemeinsam zu meistern. Sie werden viel eher in der Lage sein, gemeinsam ihre Zivilisation weiterzuentwickeln, wenn die Umstände es erfordern – und damit werden solche Zivilisationen deutlich größere Überlebenschancen haben.

## 9.14 Brauchen wir ein Matriarchat?

### 9.14.1 Die Gleichberechtigung

Wir, in unseren westlichen Gesellschaften, die geprägt sind vom christlichen Abendland, dem Zeitalter der Aufklärung und den Idealen der Französischen Revolution, versuchen schon seit geraumer Zeit, eine wirkliche Gleichberechtigung der Frauen auf den Weg zu bringen. Tatsächlich ist es aber beim Versuch geblieben. Und tatsächlich waren unsere Versuche auch nur halbherzig. Frauen werden nach wie vor überall auf der Welt unterdrückt; sie unterliegen der männlichen Macht und der männlichen Gewalt. Frauen werden weitgehend ausgeschlossen – besonders dort, wo die wirklich wichtigen Entscheidungen getroffen werden. Frauen sind häufiger von Armut betroffen, und sie werden schlechter bezahlt, wenn sie die gleiche Arbeit machen wie wir Männer. Frauen sind auch besonders oft und häufig Opfer von Gewalt – körperlicher Gewalt, psychischer Gewalt und sexueller Gewalt. Haben wir etwas vergessen? Ja, es gibt keinen einzigen weiblichen Alexander den Großen, keinen einzigen weiblichen Hannibal und keinen einzigen weiblichen Napoleon. Alle unsere Kriegshelden – und tatsächlich verehren wir unsere Kriegshelden noch heute – waren ausnahmslos Männer. Und auch unsere größten Kriegsverbrecher waren ausnahmslos Männer.

Besonders die Tatsache, dass wir die Frauen ausschließen, hat eine große Bedeutung für unsere Gesellschaften und für unsere Zivilisation. Denn die Frauen aus Führungsstrukturen und Entscheidungsprozessen, aus den Machtzentren auszuschließen, bedeutet ja nicht nur, dass wir die Frauen aus diesen Bereichen fernhalten – es bedeutet auch, dass wir auf ihr Potenzial verzichten. Wir verzichten von vornherein auf all die Fähigkeiten, Kompetenzen, Ideen und neue Sichtweisen, welche die Frauen einbringen könnten. Und natürlich gilt das auch für die – den Frauen eigen zu nennende – Empathiefähigkeit. All diese Dinge könnten, wenn wir Männer es zuließen, unsere Gesellschaften und unsere Zivilisation beflügeln, eine Weiterentwicklung ermöglichen und uns und unsere Zivilisation nach vorn bringen. Tatsächlich ist das ein großer Verlust für unsere Gesellschaften und für unsere Zivilisation, Frauen weitgehend auszuschließen.

Es gibt durchaus Unternehmen – die sich selbst als sehr fortschrittlich bezeichnen würden –, in denen viele Führungspositionen der unteren Ebenen von Frauen besetzt sind. Schaut man aber dorthin, wo in Wirklichkeit die Entscheidungen getroffen werden, schaut man sich die Vorstandsebenen an, dann gibt es dort eben doch keine Frauen, und falls doch, dann ist es eine einzelne „Quotenfrau". Frauen machen 50 Prozent der Bevölkerung aus und nirgendwo in unseren Führungsstrukturen – weder in Unternehmen noch in der Politik, noch in allen anderen Bereichen, wo die wirklich wichtigen Entscheidungen getroffen werden – sind die Frauen auch nur halbwegs angemessen repräsentiert. Und wir wollen hier gar nicht auf die fadenscheinigen Begründungen, die manchmal vorgebracht werden, eingehen. Diese sind nichts anderes als ein Teil der subtilen Gewalt, mit der wir Männer den Frauen die Wege zur Gleichberechtigung blockieren.

Unsere Führungsstrukturen sind – genau wie alle unsere gesellschaftlichen Strukturen und unsere ganze Zivilisation – durchzogen vom Gewaltprinzip „Der Stärkere setzt sich durch". In unseren Führungsstrukturen ist diese Gewalt nicht so offensichtlich – wir Männer haben uns aber Mittel und Wege erhalten, die Frauen weitgehend daraus fernzuhalten und sie so auszuschließen.

### 9.14.2 Warum Männer gewalttätig und Frauen empathisch sind

Und auch jetzt werden wir wieder das Mittel der Simplifizierung einsetzen und den Sachverhalt auf seinen Kern herunterbrechen – wir vereinfachen die Darstellung, um besser verstehen zu können, was das Wesentliche ist. Wohl wissend, dass wir damit nicht allen Aspekten gerecht werden, die eine Sache ausmachen.

Ist das denn so? Sind Männer gewalttätig? Es spricht vieles dafür. Männer führen Krieg und manche Männer werden dabei zu Kriegsverbrechern. Tötungsdelikte werden fast ausschließlich von Männern begangen, bei häuslicher Gewalt sind fast immer Frauen und Kinder die Opfer und Männer die Täter, auch sexuelle Gewalt wird fast ausschließlich von Männern verübt. Wenn Männer mit Argumenten nicht mehr weiterkommen, dann prügeln sie sich. Kampfsportarten werden überwiegend von Männern praktiziert. Tatsächlich messen sich Männer untereinander auch heute noch dadurch, dass sie gegeneinander körperliche Gewalt ausüben.

Wir wissen heute, dass die Entwicklung eines gewalttätigen Verhaltens auch viel damit zu tun hat, was Kinder in ihren jungen Jahren erleben. Kinder, die in einem gewalttätigen Elternhaus aufwachsen, neigen später als Erwachsene selbst oft zur Gewalt – das gilt für Männer und für Frauen. Gewalttätiges Verhalten kann also auch angelernt sein. Uns interessiert aber mehr die Frage, ob es bei uns Männern eine grundsätzliche Veranlagung zur Gewalt gibt, die möglicherweise ihren Ursprung in unserer menschlichen Entwicklungsgeschichte hat. Eine männliche Gewaltausrichtung, die sich in der langen Zeit des Lebens als Steinzeitmensch herausgebildet und die möglicherweise Niederschlag gefunden hat in unseren Genen – also in unseren Erbinformationen.

Vor etwa zwei Millionen Jahren wurde unser Vorfahre, der Homo erectus, zu einem Fleischesser und auch zu einem Jäger. Wir, also der Homo sapiens, haben diese Tradition von unserem Vorgänger übernommen und weitergeführt. Und natürlich haben wir auch vom Homo erectus einen Teil seiner Erbinformationen übernommen. Wir können es drehen und wenden, wie wir wollen: Man kann kein Fleisch essen, ohne vorher ein Tier zu töten. Und das Töten von Tieren war schon immer und ist noch heute eine Anwendung von äußerst brutaler Gewalt. Ein Tier legt sich ja nicht einfach hin und stirbt, damit wir Menschen es dann schlachten und zerlegen können. Wir müssen diesem Tier das Leben nehmen – und jedes Leben wehrt sich dagegen, beendet zu werden. Wenn etwa in einem Schlachthaus einem Rind mit einem Bolzenschussgerät in den Kopf geschossen wird, um es zu töten, dann ist das die Anwendung von äußerst brutaler Gewalt. Als der Mensch also damit begann Fleisch zu verzehren, zum Jäger wurde und als Jäger seine Jagdbeute auch töten musste, trat ganz zwangsläufig auch die Gewalt in sein Leben. Seither war und ist die Gewalt ein Bestandteil des menschlichen Daseins. Bis vor 12.000 Jahren der Homo sapiens sesshaft wurde und sich allmählich eine arbeitsteilige Gesellschaft entwickelte, gehörte es zum Alltag jedes Menschen, Tiere zu töten, zu schlachten und zu zerlegen.

Lange Zeit ging man davon aus, dass sich der moderne Mensch, also der Homo sapiens gar nicht hätte entwickeln können, hätten seine Ahnen nicht irgendwann angefangen, Fleisch zu essen. Denn in unserer Entwicklungsgeschichte zum modernen Menschen wurde unser Gehirn immer größer – und man nahm an, dass sich ein so großes Gehirn gar nicht hätte entwickeln können, wenn unsere Vorfahren nicht große Mengen an eiweißhaltiger Kost zu sich genommen hätten. Und da es damals noch keine Sojabohnenfelder gab, war das Fleisch der wesentliche Eiweißlieferant. Inzwischen gibt es aber Studien, die Zweifel an dieser Theorie aufkommen lassen. Vielleicht wurde das menschliche Gehirn auch nur deshalb immer größer, weil wir uns immer intensiver ausgetauscht und miteinander geredet haben, weil wir immer mehr neue Ideen entwickelt und immer mehr neue Dinge erfunden haben. Vielleicht wurde unser Gehirn also nur deshalb immer größer, weil wir es immer mehr und immer stärker gefordert, beansprucht und benutzt haben. Ähnlich wie bei einem Computer, bei dem wir immer mehr Daten auf der Festplatte abspeichern, bis die Festplatte irgendwann vollgeschrieben ist und der Computer förmlich nach einer größeren Festplatte „schreit". Vielleicht lief das bei unserem Gehirn ähnlich ab, wir haben immer mehr Daten und Informationen verarbeitet und gespeichert, bis unser Kopf irgendwann förmlich nach einer größeren Festplatte „geschrien" hat. Was macht man? Man spendiert seinem Computer eine größere Festplatte. Und die Natur war ebenso spendabel und hat uns ein größeres Gehirn geschenkt. Vielleicht war das der Grund, warum das Gehirn des Menschen immer größer wurde – und eben nicht der Verzehr von Fleisch.

Nun müssen wir wieder simplifizieren, um das Grundsätzliche besser zu verstehen. Unterstellen wir also, dass es schon in der Steinzeit eine klare Rollenverteilung gab: Wir Männer sind auf die Jagd gegangen und die Frauen haben sich zu Hause um die Kinder und Alten gekümmert. Die Jagd war lange Zeit eine äußerst gefährliche Angelegenheit – man hatte ja nur primitive Waffen. Man musste sich dem Jagdwild annähern und lief auch immer Gefahr, selbst dabei verletzt zu werden. Tatsächlich dürften in der Steinzeit Jagdunfälle eine sehr häufige Todesursache gewesen sein. Es war also ein riesiger Vorteil, wenn man ein „guter Jäger" war und die Jagdbeute nicht nur schnell gefangen, sondern auch schnell getötet hat. Und je größer die Gewalteinwirkung ist, umso schneller ist die Jagdbeute dann auch tot. Man kann also annehmen, dass wir Männer es in unserer Zeit als Jäger gelernt haben, im richtigen Moment – gewissermaßen auf Knopfdruck – ein massives Gewaltpotenzial abzurufen.

Wir wissen, dass es in unserem Gehirn ein Belohnungszentrum gibt. Verhalten, das belohnt wird, setzt sich in unserem Gehirn fest. Ein Steinzeitjäger, der eine große Jagdbeute mit nach Hause brachte, wurde sicher belohnt – vielleicht haben die Frauen, Kinder und Alten ja sogar einen Freudentanz zu Ehren des erfolgreichen Jägers aufgeführt. Ein erfolgreicher Jäger wurde also belohnt und gefeiert – und er hat auch noch sichergestellt, dass er und sein Familienclan überleben konnten. Was zwei Millionen Jahre lang, zuerst vom Homo erectus und dann in seiner Folge vom Homo sapiens, also von uns, erfolgreich praktiziert wurde und das Überleben gesichert hat, muss zwangsläufig Spuren in unserer DNA hinterlassen haben. Man kann es sich kaum vorstellen, dass man zwei Millionen Jahre lang – quasi als Tagesgeschäft – Tiere jagt und tötet, und dass ein solches Verhalten dann keine Spuren hinterlässt. Und deshalb ist anzunehmen, dass wir Männer eine Art „Killer-Gen" entwickelt haben – ein Killer-Gen, das wir noch heute in unserem tiefsten Innern mit uns herumtragen.

Aber wir leben doch heute in einer ganz anderen Welt und wir Männer sind doch keine Steinzeitmenschen mehr – oder? In der Regel ja, aber es gibt Situationen – und wir alle kennen diese Situationen –, in denen sich dann die Gewalt eben doch noch Bahn bricht und aus uns herauskommt. Etwa wenn ganz starke Emotionen, Gefühle wie Hass, Angst, Eifersucht ins Spiel kommen. Tötungsdelikte an Frauen werden ganz oft von ihren männlichen Partnern oder Ex-Partnern begangen und geschehen dann im Affekt. Sie sind dann gesteuert von diesen starken Emotionen. Oder oft bricht sich die Gewalt auch Bahn, wenn wir Männer durch übermäßigen Alkoholkonsum enthemmt werden und die Kontrolle verlieren. Und was heißt denn Kontrolle in diesem Zusammenhang? Kontrolle bedeutet, dass wir im „Normalbetrieb" etwas beherrschen können, was aber latent in uns vorhanden ist. Eben genau den Wunsch in uns, etwas so zu regeln, wie wir es in der Steinzeit als Jäger gelernt haben, nämlich mit Gewalt. Wir Männer haben dieses Killer-Gen in uns, können es aber im „Normalbetrieb" ganz gut kontrollieren.

Kommen wir noch mal zurück auf den aktuellen Konflikt in der Ukraine. Es war für uns, vor Ausbruch dieses Krieges, unvorstellbar gewesen, dass es jemals wieder Krieg in Europa geben könnte. Was mussten wir aus diesem Geschehen lernen? Männer, die nie in ihrem Leben zur Gewalt greifen würden, Männer, die in ihrem normalen Leben ihr Killer-Gen für immer unter Kontrolle gehabt hätten, solche Männer muss man nur in eine Uniform stecken, ihnen ein Gewehr in die Hand drücken, ihnen einen Stahlhelm aufsetzen und ihnen einen Befehl erteilen – und schon bricht die Gewalt aus ihnen heraus. Das funktioniert wie auf Knopfdruck. Und das funktioniert heute noch genauso gut, wie es 1914 beim Ausbruch des Ersten Weltkriegs, oder 1939 beim Ausbruch des Zweiten Weltkriegs funktioniert hat. Das kann nur deshalb so gut funktionieren, weil wir Männer ebendieses Killer-Gen in unserem tiefsten Innern mit uns herumtragen. Hätten wir dieses Killer-Gen nämlich nicht mehr in uns drin, dann würden wir unsere Gewehre „in den Dreck werfen", unseren Befehlshabern die Gewehre vor die Füße werfen und sie anschreien: „Führt euren Krieg allein, ohne uns. Wir weigern uns, andere Menschen zu töten." Es wurde schon an anderer Stelle erwähnt: Krieg ist auch nur deshalb möglich, weil wir alle immer schön brav mitmachen. Würden wir uns weigern, dann gäbe es auch keinen Krieg.

Und wo ist nun der Zusammenhang mit der Forderung nach einem Matriarchat, also einer Frauenherrschaft? Nun, es stellt sich tatsächlich die Frage, ob wir Männer überhaupt jemals in der Lage sein werden, das Gewaltprinzip „Der Stärkere setzt sich durch" aufzugeben und zu ersetzen durch das Prinzip „Empathie". Wir müssen aber einen Wechsel von dem einen Prinzip zum anderen Prinzip irgendwie schaffen, weil das Gewaltprinzip eines der größten Hindernisse darstellt, das uns daran hindert, uns als Zivilisation weiterzuentwickeln und uns daran hindert, unsere größten Probleme zu lösen. Wir werden unsere Probleme wohl nur lösen können, wenn wir die Menschen an die Macht lassen, bei denen ein empathisches Verhalten ohnehin schon vorhanden ist – und das sind unsere Frauen.

Und nun greifen wir wieder zum Mittel der Simplifizierung, um das Grundsätzliche besser zu verstehen. Warum also, sind Frauen empathisch? Auch das könnte auf unsere lange Evolutionsgeschichte als Mensch zurückzuführen sein. Tatsächlich könnte es aber auch noch viel weiter zurückreichen und sogar ein Prinzip sein, dass die Natur generell so eingerichtet hat. Schauen wir uns dazu ein Beispiel aus der Tierwelt an. Nehmen wir solche Tiere, die in einem Rudel leben, also in einem Familienclan. Betrachten wir beispielsweise ein Löwenrudel. Eine Löwin, die Junge hat, ist ganz und gar darauf fixiert, diese Jungen durchzubringen, sodass sie sich zu erwachsenen Löwen entwickeln können. Damit diese Löwin mit ihren Jungen überleben kann, ist sie auf den Schutz des Rudels angewiesen. Würde sie diesen Schutz verlieren – würde sie beispielsweise mit ihren Jungen aus dem Rudel ausgestoßen, könnte sie nicht überleben. Sie und ihre Jungen würden zwangsläufig auf ein Hyänenrudel stoßen und von diesem getötet werden. Die Löwin mit ihren Jungen braucht also das Rudel, um zu überleben.

Und daraus ergeben sich zwangsläufig gewisse Notwendigkeiten in Bezug auf das eigene Verhalten. Solch eine Gruppe – die Löwinnen im Rudel sind ja mehr oder weniger gleichgestellt – funktioniert dann am besten, wenn das Zusammenleben möglichst harmonisch abläuft. Es bedarf gegenseitigen Respekts und gegenseitiger Wertschätzung. Mal kann die eine Löwin sich durchsetzen, mal eine andere. Man muss gegenseitig Rücksicht nehmen und auch die Rechte der anderen Löwinnen anerkennen. In Konfliktfällen ist es im Sinne des Funktionierens des Rudels wichtig, die Konflikte möglichst rasch beizulegen und dabei ausgleichend zu wirken. Man kann also sagen, in der Gemeinschaft von Löwenweibchen kann sich eine einzelne Löwin eben nicht wie ein „Pascha" verhalten. Sie muss sich empathisch gegenüber den anderen Löwinnen verhalten. Tut sie das nicht, könnte es ihr am Ende passieren, dass sie aus dem Rudel ausgestoßen wird. Es würde ihr genauso wie den halbwüchsigen, männlichen Junglöwen, den „Jung-Paschas" ergehen. Auch sie werden aus dem Rudel ausgestoßen und müssen sich dann ein eigenes Rudel suchen und erkämpfen.

Und das funktioniert überall in der Tierwelt so, jedenfalls dort, wo Tiere im Rudel, also in einem Familienclan leben und die Weibchen mit ihren Jungen auf den Schutz des Rudels angewiesen sind. Das hat schon lange so funktioniert, lange bevor überhaupt der erste Mensch aufgetaucht ist – und ein Verhalten, das lange erfolgreich funktioniert, das setzt sich auch durch. Dieses Prinzip nennen wir Evolution. Wir Menschen sind auch Rudeltiere und leben in Familienclans und deshalb haben wir das dann auch so gemacht und so übernommen. Man kann also vereinfacht sagen, dass unsere Frauen – mehr oder weniger automatisch – ein Prinzip übernommen haben, dass sich als erfolgreich erwiesen hat, um seine Jungen durchzubringen und damit der eigenen Art das Überleben zu sichern. Das dürfte ein Grund dafür sein, dass Frauen gewissermaßen von Natur aus empathischer sind als wir Männer.

Es gibt in der Tierwelt aber auch Gegenbeispiele. Bei den Orang-Utans etwa leben die Tiere überwiegend als Einzelgänger – selbst die Weibchen mit einem Jungen leben fast immer allein. Sie ziehen ihr Junges allein groß und das dauert sehr lange. Orang-Utan-Junge bleiben viele Jahre lang bei ihren Müttern, bis sie sich dann irgendwann selbstständig machen. Und weil die Orang-Utan-Weibchen ihre Jungen sowieso allein groß ziehen und beschützen müssen, hat die Evolution von ihnen auch nie abverlangt, ein empathisches Verhalten anderen Orang-Utans gegenüber zu entwickeln.

Und damit kommen wir zum Kernproblem unserer heutigen menschlichen Zivilisation. Unsere Frauen haben es ganz gut gelernt, Rücksicht zu nehmen, wir Männer können das weniger gut, manche Männer können es überhaupt nicht. Aber wir alle, Frauen und Männer, haben nur gelernt, Rücksicht zu nehmen innerhalb unserer Familienclans – vielleicht noch innerhalb unserer Dorfgemeinschaften – maximal innerhalb unserer eigenen Nation. Was wir aber nie gelernt haben, ist Rücksichtnahme, die darüber hinausgehen würde. Wir haben es als Menschen nie gelernt, auch Rücksicht zu nehmen, auf die anderen Menschen – also auf die Menschen, die nicht „zu uns" gehören. Wir Menschen haben es nie gelernt, auf die gesamte, globale Menschheit Rücksicht zu nehmen. Das mussten wir auch nicht, das hat die Evolution noch nie von uns abverlangt. Aber genau da liegt heute die Herausforderung für uns – wir haben nämlich heute

Probleme, die global uns alle betreffen, nicht nur unseren eigenen Familienclan, unsere eigene Dorfgemeinschaft und unsere eigene Nation. Und wir haben heute Probleme, die sich nur global lösen lassen. Die größte Herausforderung, die wir heute zu bewältigen haben, ist es, unsere Beschränktheit zu überwinden. Wir müssen es lernen, nicht nur Rücksicht zu nehmen, auf unsere eigenen Familienclans, unsere eigenen Dorfgemeinschaften und auf unsere eigenen Nationen, sondern auch auf alle anderen Menschen – wir müssen lernen, uns als eine große menschliche Familie zu verstehen. Wir haben heute große Probleme und diese Probleme sind allesamt globaler Natur. Und wir werden diese globalen Probleme nur gemeinsam lösen. Nur eine in sich geeinte Menschheit wird diese globalen Probleme lösen. Wir müssen aber erst mal dazu kommen, eine geeinte, globale Menschheit zu sein. Wir müssen erst mal die tiefen Risse schließen und die breiten Gräben zuschütten, bevor wir das erreichen können. Das wird niemals mit dem Gewaltprinzip „Der Stärkere setzt sich durch" zu schaffen sein, sondern nur mit dem Prinzip Empathie. Wenn es also erforderlich ist, zu einer Familie zu werden, eine Familie aufzubauen und diese Familie mit Leben zu erfüllen, und wenn dies nur über das Prinzip Empathie funktionieren kann – wer könnte das denn überhaupt schaffen, wenn nicht unsere Frauen und unsere Mütter?

Unser männliches Macht- und Gewaltverhalten hat an dieser Stelle ausgedient – es hat uns und unsere Zivilisation in eine Sackgasse geführt und zeigt uns keinen Weg auf, in eine Erfolg versprechende Zukunft. Wir Männer hatten unsere Chance – die Chance, dazuzulernen und uns schrittweise auf die neuen Herausforderungen einzustellen – und wir Männer haben diese Chance verpasst. Und nun ist es an der Zeit, die Macht an die zu übergeben, die es wohl besser können: unsere Frauen. Und selbst wenn die Frauen es nicht besser können, einen Versuch wäre es allemal wert – wir können dabei nur gewinnen. Und wenn sich die Frauen am Ende so verhalten würden, wie wir Männer es heute tun, dann ginge es uns hinterher trotzdem nicht schlechter.

Bezogen auf unseren Zivilisationsindex würde sich der Wechsel von einem Patriarchat hin zu einem Matriarchat – also ein Wechsel von einer Männerherrschaft hin zu einer Frauenherrschaft – wahrscheinlich sehr positiv auswirken. Ein solcher Wechsel könnte tatsächlich der große Sprung sein – der Sprung hinüber zum rettenden Ufer. Das würde auch dabei helfen, unseren Lebenskorridor nicht zu verlieren – das könnte uns und unserer Zivilisation am Ende das Überleben ermöglichen.

### 9.14.3 Die Führungsstrukturen – Teil 2

Viele Männer werden jetzt sagen: „Moment mal, in diesem Buch ist die Rede davon, wir Männer seien gewalttätig. Das stimmt so doch gar nicht, es gibt sehr wohl empathische Männer." Richtig – es gibt viele Männer, die schon längst das Prinzip „Der Stärkere setzt sich durch" überwunden und für sich das Prinzip Empathie übernommen haben, oder dieses Prinzip von Anfang an gelebt haben. Aber was nützen uns all die empathischen Menschen – Frauen und Männer –, wenn wir sie nicht dort vorfinden, wo sie heute am nötigsten gebraucht würden – nämlich in unseren Führungsstrukturen? In unseren Führungsstrukturen – in Wirtschaft, aber auch in der Politik – finden wir nur Macht- und Gewaltmenschen und es sind fast ausschließlich Männer. Um in einem Unternehmen oder einer großen Organisation ganz nach oben zu kommen, muss man sich durchsetzen – man muss mit seinen Ellenbogen nach rechts und links schlagen und mit seinen Füßen nach unten treten. Und das gilt für alle, die ganz nach oben wollen – auch für die wenigen Frauen, die es am Ende schaffen. Und das gilt auch in der Politik – das gilt auch, wenn man es ganz nach oben zum Regierungschef schaffen will. Mit einem empathischen Verhalten wird man nicht Vorstandsvorsitzender oder Staatschef.

Es gibt in unseren Unternehmen und Organisationen ganz viele Menschen, die sich diesem Druck oder Zwang ganz bewusst entziehen und eben keine Führungsfunktion anstreben wollen. Sie suchen sich lieber einen „ruhigen Posten" auf dem sie keine Führungsaufgaben übernehmen müssen und es nur mit gleichgestellten Kolleginnen und Kollegen zu tun haben. Auf einem solchen Posten muss man nämlich keine Ellenbogen einsetzen und mit seinen Füßen nach unten treten – stattdessen kann man in einer solchen Position sein empathisches Naturell ausleben und allen anderen mit Sympathie und Wertschätzung begegnen. So etwas ist nicht möglich, wenn man eine Führungsfunktion anstrebt und es ganz nach oben schaffen will.

Erschwerend kommt aber noch hinzu, dass sich die meisten Menschen, die von ihrem Naturell her eher empathisch ausgerichtet sind, ohnehin für eine ganz andere berufliche Ausrichtung entscheiden. Wir finden empathische Menschen überwiegend in Berufen, in denen es darum geht, anderen Menschen zu helfen: als Ärztin, als Krankenpfleger, als Sanitäterin, als Altenpfleger, als Forscherin, die ein neues Krebsmedikament entwickeln möchte, als Strafverteidiger, der denjenigen helfen möchte, die sich keinen Anwalt leisten können, als Kindergärtnerin, die unsere Kleinsten zu empathischen Menschen erziehen möchte, als Lehrer, der unseren Kindern etwas beibringen möchte, damit sie es später im Leben leichter haben, als Umweltaktivistin, die unsere Natur retten will, als Mitarbeiter einer Hilfsorganisation, der den Hunger in der Welt bekämpfen will, als Psychotherapeutin, die sich um Menschen mit Depressionen kümmern will, als Sozialarbeiter, der sich um Drogenabhängige kümmert, die sich prostituieren müssen und der diese vor Gewalt und Ausbeutung schützen möchte, als Frauenrechtlerin, die sich dafür einsetzen möchte, dass Frauen endlich das bekommen, was ihnen zusteht, als Journalist, der die Menschen objektiv informieren und also für die Wahrheit kämpfen will. In solchen Bereichen finden wir die empathischen Menschen. Und schwirig ist das deshalb, weil sich kaum empathische Menschen finden lassen, die es für sich als wertvoll ansehen würden, sich aufzumachen, um in einem Unternehmen eine Führungsposition zu erreichen, und schon gar nicht, um in die Politik zu gehen und dort eine führende Funktion anzustreben.

Wir haben also auf der einen Seite die Macht- und Gewaltmenschen – und das sind fast immer Männer –, die ganz gezielt Führungspositionen in Unternehmen, Organisationen und in der Politik anstreben, und auf der anderen Seite die empathischen Menschen, die sich ganz bewusst aus diesen Bereichen fernhalten. Und das ist für unsere Gesellschaften und für unsere Zivilisation ein großes Problem, denn genau deswegen haben wir heute die Führungsstrukturen, die wir haben.

Es gibt immer wieder den Versuch von empathischen Menschen, doch in Führungspositionen zu gehen und doch in die Politik zu gehen, um dort ganz gezielt etwas zum Besseren zu bewegen und zu verändern. Aber nach einiger Zeit müssen diese einsehen und erkennen, dass sie gegen „Windmühlen" kämpfen. Ihre empathischen Ziele lassen sich nicht durchsetzen und um es ganz nach oben zu schaffen, müssten sie sich am Ende sogar noch verbiegen lassen und selbst zu einem Macht- und Gewaltmenschen werden. Das wollen sie aber nicht, geben irgendwann resigniert auf und wenden sich anderen Bereichen zu. Genau an diesem Punkt müssen wir uns noch mal die Frage stellen, ob ein Wechsel zu einem Matriarchat nicht besser wäre. In unserer Männerwelt herrscht nun mal das Gewaltprinzip „Der Stärkere setzt sich durch". Es ist genau dieses Prinzip, das jeden empathischen Menschen, der sich in unsere Führungsstrukturen oder in unsere Politik „verirrt", dort zu einem Außenseiter macht. Und als Außenseiter hat man niemals eine Chance, seine Ideen durchzusetzen. Hätten wir aber ein Matriarchat, das ohnehin eher auf dem Prinzip Empathie beruht, dann könnte man als empathischer Mensch – auch als empathischer Mann – sehr wohl seine Ideen durchsetzen. Und dann würde es plötzlich sehr viel Sinn ergeben, sich als empathischer Mensch in Führungsstrukturen zu versuchen oder sogar in die Politik zu gehen.

Es gibt aber noch einen anderen Grund, der einen Wechsel zu einem Matriarchat sinnvoll erscheinen lässt. Das Gewaltprinzip hat in unseren von Männern dominierten Gesellschaften und in unserer von Männern dominierten Zivilisation eine Funktion. Egal, ob es um die subtile Gewalt geht, mit der die mächtigen Männer in unseren Führungsstrukturen die Frauen daraus fernhalten, oder ob es um die offene Gewalt geht, wenn etwa ein Mann seine Ehefrau verprügelt. Die Gewalt dient den Männern immer dazu, ihre Machtposition durchzusetzen und diese Machtposition aufrechtzuerhalten – also die eigene Machtposition zu sichern. Bevor wir somit in unseren Gesellschaften und in unserer Zivilisation das Gewaltprinzip durch das Prinzip Empathie ersetzen könnten, müssten die Mächtigen, also die männlichen Macht- und Gewaltmenschen, erst mal bereit sein, ihre Macht zu teilen. Das ist in unserer Männerwelt mit ihren etablierten Führungsstrukturen aber nicht wirklich zu erwarten. Also benötigen wir den Wechsel zu einem Matriarchat.

In unseren familiären Strukturen dagegen haben es die empathischen Männer schon längst vollzogen. Sie haben die Macht mit ihren Frauen geteilt oder sogar ganz abgegeben und fühlen sich auch noch wohl dabei. Das liegt daran, dass empathische Menschen, Männer und Frauen, gar nicht wirklich nach Macht streben. Sie streben eher nach einem Ausgleich und nach harmonisch funktionierenden Strukturen. Und das geht am besten, wenn man sich auch als Mann so verhält, wie die Weibchen in einem Löwenrudel. Nicht Macht erlangen und diese durchsetzen wollen, sondern zusammenleben in gegenseitigem Respekt und gegenseitiger Wertschätzung. Und Entscheidungen werden entweder gemeinsam getroffen, oder aber einmal entscheidet der Partner und das andere Mal entscheidet die Partnerin –

und manchmal entscheiden sogar die Kinder, weil sie es auch schon früh lernen sollen, wie eine Gemeinschaft von gleichgestellten Menschen am besten funktioniert. In unseren etablierten Führungsstrukturen ist das aber schwer so vorstellbar, weil wir in unseren etablierten Führungsstrukturen kaum empathische Menschen sitzen haben. Also würde ein Wechsel zu einem Matriarchat großen Sinn ergeben.

Aber was wäre, wenn sich selbst in einem Matriarchat am Ende dann doch wieder das Gewaltprinzip durchsetzen würde? Ist diese Angst begründet – oder dient sie uns Männern nicht einfach nur als Scheinargument, um die Frauen von der Macht fernzuhalten? Nun, tatsächlich ist eine solche Sorge eher unbegründet – Frauen sind nun mal von ihrer Grundausrichtung empathischer als wir Männer. Selbst wenn es in einem Matriarchat auch wieder „Grabenkämpfe" gäbe um die besten und am höchsten bezahlten Posten, dann wäre die Grundausrichtung unserer Unternehmen, unserer Politik, unserer Gesellschaften und unserer Zivilisation trotzdem insgesamt noch viel sanftmütiger und viel empathischer, als es heute der Fall ist. Es wäre auf jeden Fall einen Versuch wert. Verschlechtern können wir unsere Situation nicht.

Werfen wir zum Abschluss noch einen Blick auf die anderen Zivilisationen im Universum. Gibt es in anderen Zivilisationen überhaupt unterschiedliche Geschlechter? Die Wahrscheinlichkeit ist sehr groß, dass die Natur auf anderen Planeten auch eine geschlechtliche, man kann auch sagen, eine sexuelle Fortpflanzung erfunden hat. Denn durch das Zusammenkommen von unterschiedlichem Erbgut bei einer Paarung entsteht jedes Mal etwas Neues. Das führt dazu, dass die genetische Vielfalt innerhalb einer Art mit der Zeit immer größer wird. Und eine große genetische Vielfalt ist ein Vorteil, wenn sich die Lebensbedingungen ändern und eine Art sich möglichst schnell anpassen muss, an diese geänderten Bedingungen. Das fällt deutlich leichter, wenn man als Art über eine große genetische Vielfalt verfügt.

Wie sich aber in anderen Zivilisationen die Geschlechter tatsächlich entwickelt haben und welche Geschlechterrollen es dort geben mag, diese Frage kann man nicht beantworten. Jede Zivilisation wird ihren eigenen Weg gegangen sein. In einem Punkt wird es aber eine Übereinstimmung geben – in allen Zivilisationen, in denen die *Wissenden* irgendwann damit angefangen haben, andere Geschöpfe zu töten und aufzuessen, wird es auch Gewalt geben und möglicherweise auch Krieg. Denn wir als Menschen wissen nur zu gut, dass es nur ein kleiner Schritt ist von der Gewalt und dem Töten anderer Geschöpfe bis zur Gewalt und dem Töten der eigenen Artgenossen. Um diesen Schritt zu gehen, bedarf es nicht viel – einer Ideologie und den passenden Feindbildern und beides in unsere Köpfe „hineingehämmert". Das reicht schon aus und dann töten wir auch die eigenen Artgenossen und finden es nicht einmal verwerflich oder unmoralisch. Im Gegenzug ist anzunehmen, dass Zivilisationen, die nie damit angefangen haben, andere Geschöpfe zu töten und aufzuessen, in ihrer Grundausrichtung viel sanftmütiger und friedvoller sind, als unsere Zivilisation es ist.

### 9.15 Eine neue Intelligenz und eine neue Wissenschaft

An dieser Stelle nehmen wir Bezug auf ein Filmzitat aus einem wunderbaren Film – aus dem Film „Forrest Gump". Gelegentlich fragt Forrest seine Mutter: „Mama, bin ich dumm?" Und Frau Gump antwortet ihm: „Dumm ist der, der Dummes tut." Eine geniale Antwort, die uns den Weg aufzeigen kann zu einer neuen Form der menschlichen Intelligenz. Wir können den Satz nämlich noch erweitern und sagen: „Und intelligent ist der, der Intelligentes tut."

Betrachten wir irgendeine Blume, die auf einer Wiese wächst. Was tut diese Blume? Sie führt ein nachhaltiges Leben, lässt ihre Umwelt, so wie sie ist, greift nicht ein in die natürlichen Abläufe und tut dadurch – ganz nebenbei – das intelligenteste, was ein Geschöpf auf diesem Planeten überhaupt tun kann: Sie sichert so das Überleben ihrer eigenen Nachkommen und trägt damit auch zum Erhalt der eigenen Art bei. Sich so zu verhalten, das ist sehr intelligent. Sind Blumen also intelligenter als wir Menschen? Denn was tun wir Menschen heute eigentlich? Wir Menschen führen ein Leben auf Kosten unserer Nachkommen, wir leben weit über unsere Verhältnisse und lassen künftige Generationen dafür bezahlen. Und wir setzen sogar das Überleben unserer eigenen Art aufs Spiel. Sich so zu verhalten, ist tatsächlich sehr dumm. Also muss jede Blume, die auf einer Wiese wächst, intelligenter sein, als wir Menschen es sind.

In der Natur gibt es diese Intelligenz. Die Natur selbst ist es, die allen Geschöpfen eine nachhaltige Existenz aufzwingt. Wir Menschen aber haben uns so weit von der Natur abgekoppelt, dass die Natur in diesem Punkt keine Macht mehr über uns hat. Und wir haben für uns eine eigene Intelligenz erfunden – eine Intelligenz, die wir selbst definiert haben. Und nun legen wir diese von uns selbst erfundene Intelligenz überall als Maßstab an, um uns selbst zu beweisen, wie intelligent wir sind. Und deswegen hört man manchmal, die Neandertaler seien dumm gewesen – richtig, sie konnten sich keine Zivilisation errichten, so wie das der Homo sapiens konnte. Aber die wahre Intelligenz zeigt sich dann, wenn es darum geht, wie lange eine Art auf diesem Planeten Erde überleben kann. Die Neandertaler existierten länger als der Homo sapiens. Uns gibt es seit etwa 300.000 Jahren und wir müssen es mindestens noch ein paar Tausend Jahre schaffen, damit wir dann am Ende von uns behaupten können, wir waren mindestens so erfolgreich, wie es der Neandertaler war. Was also ist unsere heutige menschliche Intelligenz wert, die wir uns selbst erfunden haben und für uns definiert haben?

Und wie sieht sie nun aus, die Intelligenz, die wir uns selbst erfunden und für uns definiert haben? Es gibt eine eher abstrakte Formulierung für unsere Intelligenz, wenn wir etwa sagen, dass Albert

Einstein ein sehr intelligenter Mensch war. Darum soll es aber nicht gehen, wir wollen die Art von Intelligenz betrachten, wie wir sie in unserem Alltagsleben wahrnehmen. Heute gilt der als intelligent, der es schafft, sich durchzusetzen, der es schafft, einen tollen Job zu haben und viel Geld zu verdienen. Heute gilt der als intelligent, der sich ein schönes Leben leisten kann, der, der sich Vorteile verschaffen kann, auch wenn es auf Kosten der anderen geht. Heute gilt der als intelligent, der reich ist, der die größte Villa besitzt und die teuersten Autos fährt. Unsere Intelligenz ist ausschließlich auf das Jetzt und Heute ausgerichtet. Unsere Intelligenz ist ausschließlich darauf ausgerichtet, welchen Reichtum und welchen Lustgewinn wir heute lebenden Menschen während unseres Lebens erreichen und ausleben können. Was nach uns passiert, was mit unseren Nachkommen sein und ob unsere eigene Art überleben wird, das kommt in unserer Vorstellung von Intelligenz nicht vor.

Und wie muss dann eine neue Intelligenz aussehen? Wir müssen wieder ein Stück weit zurückkehren zur Natur – wir müssen uns ein stückweit wieder den anderen Geschöpfen annähern, die um uns herum existieren. Wir müssen uns bei unseren künftigen Entscheidungen viel stärker fragen, ob unsere Entscheidungen etwas zum Überleben unserer eigenen Art beitragen oder eben nicht. Es kann in Zukunft nicht mehr darum gehen, ob wir möglichst viele Güter produzieren, verkaufen, konsumieren und damit möglichst viel Geld verdienen. In Zukunft muss es darum gehen, ob wir solche Dinge produzieren und verkaufen, die nützlich sind in Bezug auf unseren Zivilisationsindex und zur Erhaltung unseres Lebenskorridors beitragen. Wir müssen alle unsere Entscheidungen darauf ausrichten; wir müssen sie darauf fokussieren, ob sie nicht nur für uns, sondern auch für unsere Nachkommen gut sind. Denn damit würden wir im Jetzt und Heute die Weichen stellen für ein möglichst langes Überleben unserer eigenen Art. Damit würden wir den Homo sapiens zu einer erfolgreichen Art machen. Um mit den

Worten von Frau Gump zu sprechen: Das zu tun, wäre sehr intelligent und also wären wir dann auch intelligente Geschöpfe. In diese Richtung muss sich unsere neue Intelligenz entwickeln.

Schauen wir uns dazu noch ein praktisches Beispiel an. Immer mehr Menschen leben in Städten und in diesen Städten mangelt es an Platz und Raum. Und auch die Luftverschmutzung wird zu einem immer größeren Problem. Es wäre sehr intelligent, für alle Menschen in diesen Städten einen sehr gut funktionierenden Nahverkehr einzurichten und dieses Transportmittel den Menschen kostenlos zur Verfügung zu stellen. Im Gegenzug könnte man den Besitz und die Nutzung von privaten Autos komplett untersagen. So etwas wäre sehr intelligent. Auch wenn wir dann weniger Autos produzieren würden, weniger Arbeitsplätze in der Automobilindustrie hätten und die Unternehmen weniger Gewinn machen würden. Es wäre trotzdem sehr intelligent: Denn intelligent ist in Zukunft nur noch das, was uns und unserer Zivilisation hilft zu überleben, was unseren Nachkommen eine einigermaßen lebenswerte Umwelt hinterlässt und unserer ganzen Art auf Dauer die Existenz sichert. Genau solch eine neue Intelligenz benötigen wir.

Und wir brauchen eine neue Wissenschaft von der „Zivilisationsentwicklung". Wir haben uns am Genfer See für etwa vier Milliarden Euro eine ganz große Maschine gebaut, einen Teilchenbeschleuniger, mit dem erforscht werden soll, wie unser Universum kurz nach dem Urknall ausgesehen hat. Das ist zweifellos sehr interessant und spannend. Jeder, der sich für unser Universum interessiert und dafür, wie es funktioniert, wird das sehr aufregend finden, was dort in diesem Teilchenbeschleuniger passiert. Aber dieses Beispiel zeigt uns ein großes Problem von Teilen unserer heutigen Wissenschaft auf. Wieso erforschen wir das, was vor 13,8 Milliarden Jahren in unserem Universum passiert ist? Warum erforschen wir nicht, was in vielleicht 100 Jahren hier auf der Erde, auf unserem Heimatplaneten, passieren wird? Sind wir tatsächlich so überheblich, dass wir es nicht für nötig erachten, eine Wissenschaft einzurichten, die sich genau damit beschäftigt, ob und wie die Menschheit und unsere Zivilisation überleben kann und was wir tun müssen, damit dies gelingen kann? Man mag unseren Wissenschaftlern zurufen: „Steigt herab aus eurem Elfenbeinturm und kümmert euch endlich um die Anliegen von uns normalen Menschen." Wenn wir heute in die Fußgängerzonen unserer Städte gehen und ganz normale Menschen danach fragen würden, was sie am meisten bewegt, dann würden sie uns sagen: „Uns bewegt am meisten, ob unsere Kinder und Enkel auch noch in einer lebenswerten Welt werden leben können, oder ob wir bis dahin alles kaputt gemacht haben werden." Wie kann man diese Ängste einfach ignorieren und die damit verbundenen Fragen einfach unbeantwortet lassen?

Es gibt ja Teilbereiche in der Wissenschaft – oder sagen wir besser, es gibt Teilwissenschaften, die sich mit dem Thema unserer Zeit auch tatsächlich beschäftigen, etwa die Klimaforschung. Aber wir brauchen eine umfassende neue Wissenschaft, die sich bereichsübergreifend mit all den Einflussfaktoren beschäftigt, deren Ausprägung darüber entscheiden wird, wie es mit uns Menschen und unserer Zivilisation weitergeht. In diesem Buch wird der Versuch unternommen, sich diesen Einflussfaktoren, nämlich Bevölkerungsentwicklung, Wirtschaftswachstum, Industrieproduktion, Konsum, Verteilung von Einkommen und Vermögen, Gewalt und Krieg, die Verwendung von Kohlenstoff als Rohstoff anzunähern. Dieses Buch ist keine wissenschaftliche Abhandlung – vielleicht würde die Wissenschaft auch zu anderen Aussagen kommen und andere Lösungen aufzeigen, aber bisher ist unsere Wissenschaft in diesem Sinne gar nicht tätig.

Wir Menschen haben uns eine Zivilisation erschaffen, wir haben uns in unseren Gesellschaften aber auch Strukturen und Systeme erschaffen. Es muss heute die Aufgabe einer neuen Wissenschaft von der „Zivilisationsentwicklung" sein, zu erforschen, ob diese Strukturen und Systeme zukunftstauglich sind. Und sie muss erforschen und Wege aufzeigen, wie wir Menschen unsere Strukturen und Systeme eventuell verändern und weiterentwickeln müssen, damit wir und unsere Zivilisation noch möglichst lange weiterexistieren können. Es kann heute für die Wissenschaft nur noch eine einzige, wirklich wichtige Aufgabe geben – ihren Beitrag dazu zu leisten, dass der Homo sapiens und seine Zivilisation am Ende zu den Erfolgreichen im Universum gehören wird. Zu den Zivilisationen, die nicht nur entstanden sind, sondern zu den Zivilisationen, die auch auf Dauer überlebt haben.

Stellen wir uns noch die Frage, wie sich die neue Intelligenz und die neue Wissenschaft auf unseren Zivilisationsindex und unseren Lebenskorridor auswirken könnten. Die Antwort liegt auf der Hand: Die neue Intelligenz und die neue Wissenschaft könnten uns den Weg weisen, um unseren Zivilisationsindex nicht zu hoch ansteigen zu lassen und um uns unseren Lebenskorridor dauerhaft zu erhalten.

Und werfen wir noch einen Blick auf die anderen Zivilisationen im Universum. Irgendwann wird jede Zivilisation im Universum an den Punkt kommen, an dem es um das „Untergehen oder Überleben" geht. Das ist der Punkt, an dem eine Zivilisation es schaffen muss, sich von einer „Wachstumszivilisation" hin zu einer „Nachhaltigkeitszivilisation" zu wandeln. Zivilisationen, die über solche Wissenschaftler verfügen, die das rechtzeitig erkennen, sich rechtzeitig mit diesem Thema beschäftigen und rechtzeitig die richtigen Lösungen und Wege aufzeigen, werden deutlich bessere Überlebenschancen haben.

## 10. Die Herausforderungen, vor denen wir stehen

### 10.1 Was wir sofort anpacken müssen

Was sind unsere wichtigsten Aufgaben? Welche Aufgaben müssen wir sofort anpacken und erledigen? In zwei Bereichen müssen wir sofort aktiv werden, um die Weichen zu stellen in eine erfolgreiche Zukunft. Wir müssen einen weiteren Anstieg der Weltbevölkerung verhindern und wir müssen einen weiteren Anstieg der globalen Erwärmung verhindern. Andere Dinge, die wir tun müssen, können noch etwas warten – diese anderen Dinge müssen wir dann mittelfristig in Angriff nehmen.

Um das Bevölkerungswachstum und die globale Erwärmung müssen wir uns aber sofort kümmern. Wagen wir mal eine Prognose: Wenn wir in diesen beiden Punkten nicht sofort aktiv werden, dann werden wir am Ende dieses Jahrhunderts bei elf Milliarden Menschen bei der Weltbevölkerung landen und bei einer Erderwärmung landen von mindestens drei Grad Celsius – vielleicht werden es auch vier Grad Celsius sein. Das hätte massive Auswirkungen und würde alle Probleme, mit denen wir schon heute zu kämpfen haben, noch deutlich vergrößern – insbesondere in Bezug auf die Nahrungsmittelversorgung. Die Nahrungsmittelproduktion ginge in den kommenden Jahrzehnten aufgrund von zunehmender Hitze und Trockenheit immer weiter zurück – und das, bei gleichzeitigem Anstieg der Weltbevölkerung. Wir müssten dann Ende des Jahrhunderts mit großen sozialen Problemen rechnen und mit entsprechend großen sozialen Konflikten. Wir könnten erleben, dass dies weltweit zu einer Destabilisierung unserer politischen Systeme und teilweise auch zum Zusammenbruch unserer Gesellschaften führen könnte. Der Kampf um die vorhandenen Ressourcen würde stärker und stärker werden – und es ist nicht zu erwarten, dass diese Verteilungskämpfe friedlich ablaufen würden. Wir würden noch mehr

Krieg erleben und wir müssten mit noch etwas rechnen: mit Migrationsbewegungen, wie wir sie bisher noch nicht gekannt haben. Es würden sich immer mehr Menschen aufmachen und fliehen vor Not, Elend und Krieg. Diese neuen Migrationsbewegungen könnte man in ihrer Bedeutung nur vergleichen, mit den historischen Völkerwanderungen.

Betrachten wir zuerst das Bevölkerungswachstum: Der richtige Weg wurde bereits aufgezeigt. Es wurden schon die entsprechenden Studien vorgelegt und auch an die Politik weitergereicht. Ganz klar ist, dass ein weiterer Anstieg der Weltbevölkerung nur gestoppt werden kann, wenn wir weltweit die Armut überwinden – jedenfalls die schlimmsten Folgen dieser Armut. In diesem Punkt gibt es heute keine abweichenden Meinungen mehr. Zuletzt wurden sehr optimistische Schätzungen veröffentlicht: Die Weltbevölkerung würde bis zur Mitte dieses Jahrhunderts „nur" auf 8,6 Milliarden Menschen anwachsen und dann langsam wieder zurückgehen. Man muss sich aber schon die Mühe machen und diese Studien komplett durchlesen. Denn diesen Studien ist eben zugrunde gelegt, dass wir die weltweite Armut überwinden.

Danach sieht es aber im Moment nicht aus – wir bewegen uns im Moment eher in entgegengesetzter Richtung. Aufgrund einer langen Zeit der „Zinsflaute" hat sich das internationale Kapital längst neue Bereiche gesucht, um möglichst hohe Renditen zu erwirtschaften. Deswegen wird heute mit Nahrungsmittel an Börsen spekuliert, was die Nahrungsmitteln zusätzlich verteuert. Dies führt aber zu noch mehr Armut. Das internationale Kapital hat aber auch schon längst noch einen anderen Bereich für sich entdeckt, in dem sich hohe Renditen erwirtschaften lassen. Immer mehr Menschen weltweit leben in Städten und daher ist es ein lukratives Geschäft geworden, mit Wohnraum zu spekulieren. Immer mehr institutionelle Anleger investieren in Wohnraum und treiben so die Preise und die Mieten in die Höhe. Auch in den Industrieländern entsteht so eine neue Form der Armut – Wohnraum wird immer mehr zu einem Luxusgut und viele normale Menschen finden keinen bezahlbaren Wohnraum mehr. Und die Politik hat sich aus diesem Problemfeld längst zurückgezogen und kümmert sich nicht mehr darum. Tatsächlich führen solche „falschen Investitionen" des internationalen Kapitals noch zu einer Verschärfung der weltweiten Armut. Und es ist nur eine Frage der Zeit, wann sich das internationale Kapital auch noch auf weitere Bereiche stürzt, in denen lukrative Geschäfte möglich erscheinen. Etwa die Spekulation mit wichtigen Medikamenten, die Spekulation mit landwirtschaftlichen Anbauflächen und die Spekulation mit Süßwasserreserven. In diesem Bereich von Spekulation und Profitgier scheint nichts unmöglich zu sein – in diesem Bereich gibt es noch viel Spielraum für das internationale Kapital. Und die Politik schweigt dazu, aus Angst vor den großen Konzernen. So jedenfalls, lässt sich die weltweite Armut nicht überwinden. Und deswegen waren diese optimistischen Studien – wir könnten den Anstieg der Weltbevölkerung auf 8,6 Milliarden Menschen begrenzen – schon hinfällig, als sie veröffentlicht wurden. Diese optimistischen Schätzungen haben mit der Realität nichts zu tun: Sie sind nur Wunschtraum.

Wie also können wir dann die Armut überwinden? Jedenfalls die schlimmsten Folgen dieser Armut? Die Antwort ist verblüffend einfach. Beschäftigen wir uns noch mal kurz mit dem Sündenfall, wie er in der Bibel beschrieben ist. Der Sündenfall könnte darin bestanden haben, dass der Mensch das Eigentum Gottes – die gesamte göttliche Schöpfung – in seinen Besitz genommen hat und damit überhaupt erst die Grundlagen für „reich" und „arm" erschaffen hat. Und der Mensch hat dann den Sündenfall bis auf die Spitze getrieben, indem er diesen Besitz so ungleich und so ungerecht verteilt hat, dass es heute Menschen gibt, die auf einem „Geld-Berg" sitzen, während andere sich nicht einmal jeden Tag eine warme Mahlzeit leisten können. Wenn wir ehrlich damit umgehen, dann müssen wir erkennen, dass wir die weltweite Armut nur überwinden können, wenn wir unseren Sündenfall nachträglich wieder etwas korrigieren. Wir können natürlich den Apfel nicht wieder zurück an den Baum hängen, aber wir können den Apfel wenigstens so aufteilen, dass jeder etwas davon abbekommt: der eine ein bisschen mehr vom Apfel und der andere ein bisschen weniger. Aber jeder muss so viel vom Apfel abbekommen, dass es zum Leben reicht. So könnten wir – nachträglich also – den Sündenfall wenigstens wieder etwas gerade biegen.

Und wie muss man sich das in der Praxis vorstellen? Nun, wir haben ein Ziel: einen weiteren Anstieg der Weltbevölkerung zu verhindern. Dieses Ziel müssen wir sehr schnell erreichen – in den nächsten Jahrzehnten. Also müssen Maßnahmen ergriffen werden, die uns in die Lage versetzen, dieses Ziel schnell und effizient zu erreichen. Die wirksamste Maßnahme – darüber besteht internationale Übereinstimmung – ist es, kurzfristig die schlimmsten Folgen der Armut zu beseitigen. Und das können wir tatsächlich auch schaffen. Dazu müssen wir den Menschen, die in Armut leben, alles, was sie zum täglichen Überleben benötigen, zu stark subventionierten Preisen verkaufen. Es geht hier nicht um Luxusartikel, es geht hier nur um die Güter, mit denen die menschlichen Grundbedürfnisse abgedeckt werden: Es geht also um Nahrung, Energie und Wohnraum. Wir müssen etwa Familien in Kenia oder Mexiko, die in Armut leben und deren Grundnahrungsmittel Mais ist, diesen zu einem Preis verkaufen, der weit unter dem Weltmarktpreis liegt. Wir müssen diesen Familien den Mais zu einem Preis verkaufen, den sie sich leisten können. Genau so – und nur so – werden wir es schaffen, die schlimmsten Folgen der Armut zu beseitigen. Und nur so werden wir es dann tatsächlich auch schaffen, dass die Weltbevölkerung bis Mitte dieses Jahrhunderts „nur" auf 8,6 Milliarden Menschen anwächst und dann langsam wieder zurückgeht. Und wie soll das bezahlt werden? Darauf kommen wir gleich, zuerst wollen wir uns noch mit dem anderen Thema beschäftigen, das wir sofort angehen müssen.

Wir müssen einen weiteren Anstieg der globalen Temperaturen verhindern. Es wird viel von der Energiewende gesprochen und auch ein bisschen was dafür getan. Aber es passiert viel zu wenig. Wenn es in diesem „Schneckentempo" weitergeht, werden wir nicht verhindern, dass die globalen Temperaturen weiter ansteigen, wir werden nicht verhindern, dass es heißer und trockener wird. Und wir werden auch nicht verhindern, dass lokale Extremwetterlagen zunehmen. Wir tun viel zu wenig, um das aufzuhalten. Wir dürfen auch nicht übersehen, dass es ja nur wenige Nationalstaaten sind, die tatsächlich an einer Energiewende arbeiten. Den meisten Staaten fehlen die Mittel, um in diesem Bereich überhaupt aktiv zu werden. Und wieder andere Länder setzen auf einen massiven Ausbau von Kohlekraftwerken – und dann gibt es noch die Staaten, die schon heute damit anfangen, Methanhydrat abzubauen. Kohle und freigesetztes Methan werden den Treibhauseffekt noch verstärken.

Wir müssen uns auf die Sonnenenergie ausrichten, denn unsere Sonne liefert uns frei Haus genug Energie. Die Pflanzen decken seit Jahrmillionen ihren Energiebedarf ausschließlich durch Sonnenenergie. Wenn wir intelligenter sein wollen als die Pflanzen, dann sollten wir das auch schaffen. Die technischen Möglichkeiten dazu haben wir. Warum tun wir es dann nicht? Es scheitert – wie so oft in unserem Leben – am Geld. Uns fehlen schlichtweg die Mittel, um die Energiewende so voranzutreiben, dass wir tatsächlich einen weiteren Anstieg der globalen Temperaturen werden aufhalten können. Wenn wir es trotzdem schaffen wollen, müssen wir aber viel mehr Geld in die Energiewende stecken – viel mehr Geld.

Also, wie sollen die Überwindung der schlimmsten Armut und ein Umstieg zu einer klimaneutralen Energieerzeugung durch Sonnenlicht bezahlt werden? Wir müssen uns noch mal vergegenwärtigen, wie das Kapital funktioniert. In unserem Beispieldorf haben die

Menschen mit ihrer Hände Arbeit 100 Tonnen Getreide pro Jahr geerntet – 80 Tonnen davon würden ausreichen, damit alle Dorfbewohner ein auskömmliches Leben führen könnten. Das können sie aber nicht, weil ihr Fürst jedes Jahr 50 Tonnen des erwirtschafteten Getreides im Getreidespeicher wegschließt. Mehr als die 100 Tonnen Getreide können aber nicht produziert werden, weil das Dorf eben nur über eine begrenzte Anzahl von Feldern verfügt. Die begrenzte Anzahl der Felder steht als Symbol für unseren Planeten Erde, auf dem wir leben. Wir müssen endlich verstehen, dass unser Planet Erde ein in sich geschlossenes System darstellt: und das bedeutet, die Ressourcen sind begrenzt. Genauso, wie in unserem Beispieldorf die Anzahl der Felder zum Getreideanbau begrenzt sind. Wir können auf unserem Planeten nicht immer mehr und mehr Wohlstand erzeugen – das geht einfach nicht.

Und wenn wir jetzt große Mengen an finanziellen Mitteln benötigen, um unsere beiden größten Aufgaben möglichst schnell zu bewältigen, dann kann das Geld dafür nicht von der Dorfgemeinschaft aufgebracht werden. Kein Nationalstaat dieser Welt hat die Mittel, um das finanziell zu stemmen – nicht einmal auf seinem eigenen Staatsgebiet, geschweige denn für andere Regionen. Wir Menschen haben in unserer Entwicklung hin zu unseren Gesellschaften und hin zu unserer Zivilisation einen großen Fehler gemacht: Wir haben es zugelassen, dass heute nur zehn Prozent der Weltbevölkerung über 82 Prozent des weltweiten Vermögens verfügen. Warum war dies ein großer Fehler? Weil uns dieses Geld heute fehlt, um es sinnvoll zu investieren. Zu investieren in das Überleben der Menschheit und in das Überleben unserer Zivilisation. Und für diesen Fehler werden wir nun möglicherweise den Preis bezahlen müssen. Am Ende wäre es der Preis, den die Menschheit für den Sündenfall bezahlen müsste. Nämlich dafür, dass wir Menschen die göttliche Schöpfung in Besitz genommen und diesen Besitz dann völlig ungleich und ungerecht verteilt haben. Genau diese ungleiche und ungerechte Verteilung des Besitzes ist heute ein großes Hindernis, um unsere Zivilisation in der erforderlichen Art und Weise weiterzuentwickeln.

Wir können die benötigten finanziellen Mittel nur von dort bekommen, wo sie auch vorhanden sind. Dieses einfache Prinzip kennen wir alle aus unserem Alltagsleben. Wo kein Geld ist, kann man auch keines holen. Nur dort, wo Geld ist, kann man auch welches herbekommen. Also muss das große Vermögen – das ja vorhanden ist – freigegeben werden. Es muss freigegeben werden und in die Bereiche fließen, wo es uns am Ende allen am besten dient – es muss freigegeben und so investiert werden, dass es am Ende unser Überleben als Menschheit und als Zivilisation sichert. Kann es eine bessere Investition geben als eine Investition in unserer aller Zukunft?

Wir müssen einen Weg finden, damit das benötigte Kapital freigegeben wird, und zwar freiwillig freigegeben wird. Auch das wäre die Sache einer neuen Wissenschaft von der „Zivilisationsentwicklung", hier ganz neue Ideen zu entwickeln. Wir als Menschheit werden nicht darum herumkommen, die Einkommen und Vermögen insgesamt gerechter zu verteilen. Aber wir brauchen auch Lösungen dafür, wie man die Kapitaleigner wenigstens in einem gewissen Umfang dafür entschädigen könnte. Eine Möglichkeit wäre es, eine dauerhafte Art von Dividende zu bezahlen, mit der ein kleiner Ausgleich erfolgen könnte. Ein kleiner Ausgleich dafür, dass das benötigte Kapital freigegeben wird.

Auch das ist – zugegebenermaßen – zunächst einmal nur Utopie. Ein Teil der Utopie, für die dieses Buch werben will. Warum sollten die Menschen, die dort sitzen, wo Geld, Macht und politischer Einfluss heute versammelt sind, warum sollten diese Menschen bereit sein, solche Veränderungen zuzulassen? Wir müssen darauf vertrauen, dass sich auch bei ihnen die Vernunft durchsetzen wird. Wir müssen heute erkennen – wir normalen Leute und auch die Superreichen –, dass wir kurz davor sind, unseren Lebenskorridor zu verlieren, wenn wir weiterhin und in diesem Tempo die Umwelt um uns herum verändern. Es gibt nur einen menschlichen Lebenskorridor. Wenn wir ihn verlieren, dann werden ihn alle verlieren, auch die Superreichen.

Oder was haben die Superreichen für einen Plan, um sich zu retten? Auf einen anderen Planeten zu fliehen? Selbst wenn man einen anderen Planeten finden würde – und dieser Planet müsste eine Natur haben –, es gäbe dort niemals die Lebensbedingungen, an die wir Menschen angepasst sind. Die Menschen, die auf einen anderen Planeten flüchten würden, müssten sich über Generationen hinweg erst an die dortigen Umweltbedingungen anpassen. Und bis dahin müssten sie geschützt in Bunkeranlagen leben – in einem selbsterschaffenen Gefängnis. Die Superreichen könnten sich auch im erdnahen Orbit eine Raumstation bauen, um dort weiterzuleben und um mit dieser Raumstation die tote Erde zu umkreisen. Das wäre dann auch ein dauerhaftes Leben in einem selbsterschaffenen Gefängnis. Es scheint fast so, als hätten manche der Superreichen genau so etwas im Sinne – denn warum sonst, bauen sich die reichsten Männer der Welt heute schon ihre eigenen Raketen.

Die Superreichen könnten sich auch Bunkeranlagen hier auf dem Planeten Erde bauen, um zu überleben. Auch das wäre dann ein dauerhaftes Leben in einem selbsterschaffenen Gefängnis. Sind das die Zukunftsträume der Superreichen? Wir alle – die gesamte Menschheit – müssen erkennen, dass es für uns Menschen nur einen Ort gibt, an dem es sich für uns lohnt zu leben: auf „Mutter Erde". Denn wir haben uns als Menschen über eine lange Zeit an genau die Lebensbedingungen angepasst, die wir heute auf diesem Planeten wiederfinden und die exakt unserem Lebenskorridor entsprechen. Und was ist mit all den Schönheiten hier auf „Mutter Erde"? Dem weiten Blick von einem Berg hinab ins Tal, den Meeren, den Seen, den Flüssen, den Wäldern und Wiesen, den Wüsten, den Oasen – erfüllt von all der Natur, die wir so gern sehen und erleben. Nichts davon würde sich mitnehmen lassen in die selbsterschaffenen Gefängnisse der Superreichen.

Wir müssen sofort damit anfangen, einen weiteren Anstieg der Weltbevölkerung zu verhindern, und wir müssen einen weiteren Anstieg der globalen Erwärmung verhindern. Um das zu schaffen, benötigen wir – auch sofort – eine ganzheitliche, neue Wissenschaft von der „Zivilisationsentwicklung". Sie muss sich ganz und gar einem Thema verschreiben, nämlich dem Thema, wie wir Menschen uns und unsere Zivilisation weiterentwickeln müssen. Sie muss uns den Weg in die Zukunft weisen.

## 10.2 Was wir mittelfristig verändern müssen

Unsere zentrale Aufgabe für die Zukunft wird aber sein, unsere Zivilisation in eine nachhaltige Zivilisation umzubauen. Dafür gibt es verschiedene Stellschrauben, an denen wir drehen können. Ressourcenverbrauch, Industrieproduktion, Konsum, die verwendeten Energieformen, die verwendeten Rohstoffe und am allerwichtigsten – die Größe unserer menschlichen Population. Wenn es viele Menschen gibt, darf der Einzelne weniger konsumieren; wenn die Bevölkerung dagegen kleiner ausfällt, kann der Einzelne auch mehr konsumieren. Aber schlussendlich müssen wir früher oder später dazu kommen, über eine lang angelegte Geburtenkontrolle die Zahl der auf unserem Planeten lebenden Menschen darauf auszurichten, wie viele Menschen unsere Erde aushalten und ertragen kann. So aushalten und ertragen kann, dass am Ende die Natur und Umwelt so erhalten bleibt, wie wir selbst diese Natur und Umwelt zum Überleben benötigen.

Auf diesem Weg zu einer nachhaltigen Zivilisation gibt es viele Hindernisse, die uns blockieren. Das Gewaltprinzip, das zu Ungerechtigkeit und Armut führt. Die tiefen Risse und breiten Gräben, die unsere Gesellschaften und unsere ganze Zivilisation spalten, der

Krieg, der uns entzweit und voneinander trennt, die ungleiche Verteilung von Einkommen und Vermögen, die dazu führt, dass viele Menschen in bitterer Armut leben müssen und zuletzt ist es der Mangel an Empathie, der uns daran hindert, Rücksicht auf andere zu nehmen und der uns daran hindert, Verantwortung für die gesamte Menschheit und für unsere ganze Zivilisation zu übernehmen. Genau hier liegt der Schlüssel: Wir Menschen müssen uns von einem „Nur-Homo-sapiens" zu einem „Empathischen Homo sapiens" weiterentwickeln. Nur so können wir all die Hindernisse überwinden, die uns heute noch blockieren, die uns daran hindern, den Weg in eine Erfolg versprechende Zukunft zu gehen.

## 11. Wie wir die Veränderungen erreichen wollen

### 11.1 Helfen Revolutionen weiter?

Klar ist, dass wir die Hindernisse überwinden müssen, die uns darin blockieren, uns und unsere Zivilisation weiterzuentwickeln. Wir müssen die gesellschaftlichen Verhältnisse verändern. Und an dieser Stelle muss man als empathischer Mensch erkennen, dass man in einem Dilemma steckt – denn was ist, wenn die Widerstände zu groß sind, um die gesellschaftlichen Verhältnisse zu ändern? Wie soll man dann vorgehen? Soll man dann versuchen, die Dinge mit Gewalt zu verändern, und soll man dann die Welt in eine Revolution stürzen?

Man kann und man darf nicht versuchen, bestehendes Unrecht mit Gewalt, also mit anderem Unrecht zu überwinden. Denn sonst würde das eigene Handeln selbst zum Unrecht werden und man würde sich selbst zum Täter machen. Das ist ethisch und moralisch nicht zu rechtfertigen. Man darf nicht zum „Mörder" werden, um damit die Welt „retten" zu wollen. Das kann für einen empathischen Menschen niemals ein gangbarer Weg sein.

Es gibt aber noch andere, ganz praktische Gründe, die gegen Revolutionen sprechen. Wenn man eine Revolution in Gang bringt, dann kann man vorher nie wissen, wo man selbst am Ende landen wird, ob man sich am Ende verbessert hat oder ob es einem am Ende noch schlechter geht. Revolutionen entwickeln eine ganz eigene Dynamik, sind sie erst mal in Gang gekommen. Und diese Dynamik kann man weder vorhersehen noch kann sie jemand aufhalten. Schauen wir uns dazu ein Beispiel an. Ein ganz normaler Bürger, der sich vielleicht eine andere Regierungsform wünscht, durchaus damit einverstanden ist, dass der König gestürzt wird und es demokratische Wahlen gibt, ein Bürger, der sich aber gar nicht aktiv an der Revolution beteiligt – ein solcher Bürger kann am Ende trotzdem selbst alles verlieren. Es können sich Kräfte im Laufe der Revolution durchsetzen, die alle Menschen enteignen, auch die normalen Bürger, und den Menschen alles wegnehmen. Es kann dem normalen Bürger sogar passieren, dass er ins Gefängnis gesperrt wird, in einem Konzentrationslager oder in einem Gulag landet. Es müssen sich in einer Revolution am Ende nicht die Kräfte durchsetzen, die ursprünglich die gesellschaftlichen Verhältnisse zum Besseren verändern wollten. Die Geschichte hat uns gezeigt, dass sich meistens ganz andere Kräfte durchsetzen, die dann sogar eine Diktatur errichten und alles noch viel schlimmer machen, als es vorher war. Wenn erst mal eine Revolution ausgebrochen ist, gibt es eine Zeit, wir reden von der Zeit der Revolutionswirren, in der es für niemanden Sicherheit gibt. Nicht für die bisher Regierenden, nicht für die Reichen und Superreichen, aber auch nicht für die normalen Bürger und auch nicht für die gesellschaftlichen Strukturen. Am Ende kann alles zusammenbrechen und nichts mehr wird sein, wie es mal war. Und auch das, was vorher gut war, ist dann mit untergegangen. Und wenn die Zeit der Revolutionswirren dann vorüber ist und langsam wieder eine neue Ordnung entsteht, dann kann jeder – wirklich jeder – plötzlich als Verlierer dastehen.

Werfen wir noch einen Blick zurück auf die Französische Revolution. Zuerst hat man den König auf das Schafott geführt und ihm den Kopf abgeschlagen, danach seiner Königin und vielen anderen Adligen – am Ende wurden dann aber auch die Revolutionäre selbst zum Opfer ihrer eigenen Revolution und auch ihnen wurden die Köpfe abgeschlagen und später hieß es dann, „die Revolution frisst ihre eigenen Kinder" (Zitat aus „Dantons Tod" von Georg Büchner). Revolutionen sind eine gefährliche Angelegenheit – wir sollten für alle Zeiten die Finger davon lassen. Revolutionen sind nicht das geeignete Mittel, um die Veränderungen herbeizuführen, die uns und unsere Zivilisation in eine sichere Zukunft führen könnten.

## 11.2 Vom friedlichen Umbau unserer Zivilisation

Es ist ja gerade das Gewaltprinzip „Der Stärkere setzt sich durch", das ein großes Hindernis darstellt, um unser gespaltenes Haus zu einem in sich geeinten Haus, zu machen. Wir benötigen genau das – ein geeintes Haus –, um unsere Probleme zu überwinden und die Herausforderungen zu meistern, vor denen wir stehen. Wir werden das nur gemeinsam schaffen. Wir müssen das Gewaltprinzip ersetzen durch das Prinzip Empathie und uns endlich als „die Menschheit" begreifen und verstehen. Wir müssen uns die Hände reichen und zu einer „großen Familie" werden. Nur so wird unser Haus, also unsere Zivilisation, zu einem Haus, das Bestand haben wird – ganz im Sinne von Abraham Lincoln.

Wir müssen das mit friedlichen Mitteln schaffen. Wir müssen argumentieren, diskutieren, Überzeugungsarbeit leisten, die Vernunft und das Verantwortungsgefühl ansprechen und dabei dürfen wir nur eine Waffe einsetzen, das geschriebene und gesprochene Wort. Einst war das eine sehr scharfe Waffe. Inzwischen ist sie aber eher stumpf geworden, durch all die gesellschaftlichen Veränderungen der letzten Jahrzehnte. Wir haben es immer mehr verlernt, unseren eigenen Verstand und unsere eigenen Worte zu benutzen. Wir konsumieren nur noch, was uns die modernen Medien vorsetzen und lassen uns den ganzen Tag lang berieseln von Texten und Bildern – von Texten und Bildern, die nicht unsere eigenen sind. Wir flüchten uns immer mehr in eine Scheinwelt und können uns kaum noch dazu aufraffen, uns unsere eigenen Gedanken zu machen und unsere eigenen Worte zu benutzen. Und wir können uns auch schon längst nicht mehr dazu aufraffen, selbst Verantwortung zu übernehmen und uns zu engagieren.

Schauen wir uns dazu ein Beispiel an. Als der Ukraine-Krieg begann, war in Europa und auch bei uns in Deutschland bei vielen Menschen die Angst groß, dieser Krieg könnte sich ausweiten und am Ende sogar zu einer nuklearen Katastrophe führen – und diese Gefahr besteht ja immer noch. Hat uns das dazu bewegt, uns aus unserem Sofa zu erheben und für einen Augenblick unsere „Wohlfühloase" zu verlassen? Ein paar wenige haben sich aufgerafft, um auf die Straße zu gehen, und für die Erhaltung des Friedens zu kämpfen. Vorbei die Zeiten Anfang der 1980er, als die Menschen hierzulande zu Hunderttausenden auf die Straße gegangen sind, sich an den Händen genommen und kilometerlange Menschenketten gebildet haben, weil sie sich Sorgen um den Frieden gemacht haben und so ein Zeichen gegen Aufrüstung und Krieg setzen wollten.

Wenn wir etwas verändern wollen – und das nur mit friedlichen Mitteln –, dann müssen wir alle wieder lernen, auch selbst Verantwortung zu übernehmen und dann müssen wir uns auch wieder viel mehr engagieren. Wir müssen wieder viel mehr unseren eigenen Verstand benutzen, alles, was uns vorgesetzt wird, kritisch betrachten und hinterfragen, uns unsere eigenen Gedanken machen, und wir müssen wieder viel mehr unsere eigenen Worte benutzen. Denn in diesem Kampf um Veränderungen, in diesem Kampf, die Menschheit und ihre Zivilisation in eine erfolgreiche Zukunft zu führen, haben wir, wenn wir diesen Kampf friedlich führen wollen, nur eine einzige Waffe: das geschriebene und gesprochene Wort.

## 12. Gefahren und Risiken auf unserem Weg

In diesem Kapitel soll es nicht um die Gefahr und das Risiko gehen, die sich aus der Veränderung unserer Umweltbedingungen ergeben. Es gibt noch andere Gefahren und Risiken, mit denen wir uns beschäftigen müssen.

### 12.1 Individualismus kontra Gemeinwohl

Im Kapitel „Das Kapital und wie es funktioniert" sind wir schon kurz darauf eingegangen. Stellen wir uns eine „Ameisenzivilisation" vor: Die Bewohner in einer solchen Zivilisation hätten keine persönlichen Rechte und wohl auch keinen persönlichen Besitz – das Herrschaftssystem würde alles entscheiden und alles vorgeben und jedes Individuum müsste sich total unterordnen. Aber diese Individuen sind keine Ameisen – sie wären *Wissende*. Irgendwann würden diese *Wissenden* gegen den Staat aufbegehren und nach Freiheit verlangen. Sie würden auch nach einem gewissen Maß an Individualismus verlangen – jeder würde danach streben, ein wenig anders zu sein als die anderen. Und zu diesem Individualismus gehört auch persönlicher Besitz. Die Bewohner einer solchen Zivilisation würden immer mehr Druck auf den Staat ausüben – am Ende könnte sogar eine Revolution ausbrechen. Wenn die Herrschenden an der „Ameisenzivilisation" festhalten wollten, müssten sie einen Gegendruck aufbauen – sie müssten ihre Bevölkerung mit dem Mittel der Gewalt massiv unterdrücken. Solch eine Zivilisation wäre instabil, denn sie würde nur darauf bestehen, dass die Herrschenden genug Unterdrückung aufbringen könnten, um ihre Bevölkerung unter Kontrolle zu halten. Das ist das eine Extrem.

Betrachten wir das andere Extrem: eine Zivilisation, in der es einen sehr ausgeprägten Individualismus gibt. Jeder kann tun und lassen, was er will – vorausgesetzt, er hat die finanziellen Mittel dazu. Er wäre in der Lage, seine persönlichen Interessen durchzusetzen, auch dann, wenn dies zulasten anderer Mitglieder der Gemeinschaft ginge. In einer solchen Zivilisation leben wir Menschen heute. Auch in einer solchen Zivilisation gibt es Widerstand – dieser Widerstand kommt von den Bewohnern, denen es sehr schlecht geht. Von Bewohnern, die wirtschaftlich massiv benachteiligt sind und dies auf Dauer nicht akzeptieren wollen. Und auch hier drohen Revolutionen – und tatsächlich hatten wir auch schon viele Revolutionen auf unserer Erde. Es wäre die Aufgabe der Herrschaftssysteme, für einen Ausgleich zu sorgen – denn ein solcher Ausgleich würde den Druck innerhalb einer solchen Zivilisation verringern und diese Zivilisation insgesamt stabiler machen. Eine solche Stabilität ist überlebenswichtig, wenn eine Zivilisation vor großen Herausforderungen steht – ohne Stabilität wird es schwierig werden, diese Herausforderungen zu meistern.

Tatsächlich werden solche Zivilisationen am stabilsten sein und die besten Überlebenschancen haben, in denen es ein ausgewogenes Verhältnis gibt, zwischen Individualismus und Gemeinwohl. Das bedeutet, dem Individualismus muss dort Grenzen gesetzt werden, wo er dem Gemeinwohl schadet. Ein besonderes Anliegen dieses Buches ist es, die weltweite Armut zu überwinden. Bezogen auf dieses große Problem unserer menschlichen Zivilisation muss das Fazit lauten: Reichtum ist nur dann gut für eine Zivilisation, wenn auch die anderen, die nicht reich sind, wenigstens so viel besitzen, dass sie ein auskömmliches Leben führen können. Ist dies nicht der Fall, wird eine solche Zivilisation instabil.

Und ein weiteres Fazit lautet: Je ungerechter in einer Zivilisation Einkommen und Vermögen verteilt sind – je größer die wirtschaftlichen und sozialen Unterschiede sind, desto mehr Druck müssen die Herrschaftssysteme aufbringen, um dieses System am Leben zu erhalten. Denn es muss mit diesem Druck verhindert werden, dass sich der Widerstand gegen dieses System entfalten kann und es dadurch möglicherweise zu Revolutionen kommt. Und das führt uns direkt zum nächsten Unter-Kapitel.

## 12.2 Wie stabil sind unsere Demokratien?

Wie eben schon gesagt: Wenn die wirtschaftlichen und sozialen Unterschiede zu groß werden – und nun betrachten wir ausnahmsweise nicht unsere Gesamtzivilisation, sondern unsere Nationalstaaten –, dann muss das Herrschaftssystem dem Widerstand der Bevölkerung durch entsprechend hohen Druck entgegenwirken. Dann muss die Bevölkerung massiv unterdrückt werden, damit das System am Leben erhalten werden kann – genau das passiert in Diktaturen.

In Demokratien geht das nicht. Demokratien stehen für Freiheitsrechte und für eine offene Gesellschaft. Und Demokratien stehen für freie Wahlen. Dies bedeutet aber auch, die Bürger haben die Möglichkeit, ganz anderen Parteien ihre Stimme zu geben, als den etablierten. Und in Demokratien können auch jederzeit neue Parteien gegründet werden und dann im Kampf um Wählerstimmen antreten. Das ist das Prinzip in einer Demokratie und wir – also die Menschen, die in einer Demokratie groß geworden sind und in einer Demokratie leben – dürfen froh sein, dass wir dieses Privileg hatten und noch haben. In diesem Demokratie-Prinzip liegt aber auch ein Risiko – denn die Bürger können sich am Ende wählen, wen sie wollen. Sie können sich auch einen Diktator zum Präsidenten wählen. Das kann nicht effektiv verhindert werden und deswegen sind Demokratien an diesem Punkt nicht gut aufgestellt.

Wir kennen das Beispiel aus unserer deutschen Geschichte. Der größte Verbrecher aller Zeiten, nämlich Adolf Hitler, wurde von seinem eigenen Volk an die Spitze des Staats gewählt. Er wurde ganz demokratisch mit einem Stimmenanteil von 33 Prozent bei den Reichstagswahlen im November 1932 zum Reichskanzler einer

Koalitionsregierung ernannt – seine Diktatur hat er erst danach errichtet. Und auch in der jüngsten Geschichte wurden die späteren Diktatoren zuerst ganz demokratisch zu Präsidenten gewählt – und erst danach haben sie dann ihre Diktatur errichtet. Wir brauchen aber nicht mit unseren Fingern auf andere zu zeigen. Wir sehen seit einiger Zeit in Westeuropa einen deutlichen Rechtsruck in unseren Gesellschaften und in unserem politischen Gefüge. In Großbritannien hat die Angst vor Migration zur Brexit-Abstimmung geführt und zum Austritt aus der EU, in Frankreich darf man gespannt sein, wer nächste Präsidentin wird, in Deutschland ist heute die Parteienlandschaft genauso zerspalten, wie die ganze Gesellschaft und es wird von Mal zu Mal schwieriger, noch eine handlungsfähige Regierung auf die Füße zu stellen, und selbst in den Vereinigten Staaten kann man heute Wahlen gewinnen, mit der Angst vor Migration. Wir erleben heute die Rückkehr von längst vertrieben geglaubten Gespenstern – Abgrenzung, Abschottung, Nationalismus, Fremdenfeindlichkeit und Fremdenhass, Radikalismus, Extremismus und es ist zu befürchten – ja, man muss es aussprechen –, dass wir bald auch die Rückkehr des Faschismus erleben könnten.

Demokratien leben davon, dass sie von ihren Bürgern getragen werden und einen starken Rückhalt in der Bevölkerung haben. Unsere Herrschaftssysteme in unseren westlichen Demokratien sind gerade dabei, diesen Rückhalt in ihren Bevölkerungen zu verspielen – die Ursachen dafür sind die tiefen Risse und die breiten Gräben, die quer durch unsere Gesellschaften verlaufen. Unsere Gesellschaften spalten sich immer mehr auf. Ein wesentlicher Grund dafür sind die wirtschaftlichen Verhältnisse, die sich für viele Menschen immer mehr verschlechtern. Wer nicht mehr weiß, wie er am Monatsende seine Rechnungen bezahlen soll, der kann sich keine Solidarität mit den Menschen in Not leisten. Und wer Angst davor hat, dass sich seine wirtschaftliche Situation in der Zukunft verschlechtern wird, will sich keine Solidarität mehr leisten. Daraus resultiert, dass sich die Menschen zunehmend abgrenzen und daraus resultiert auch, dass die Solidarität mit Menschen in Not immer mehr schwindet. Es wird zunehmend kälter in unserer Welt – bezogen auf das menschliche Miteinander.

Demokratien können von innen heraus gestürzt und zerstört werden – sie können im Endeffekt einfach von ihren Bürgern abgewählt werden. Umso wichtiger ist es, dass sich alle Bürger „mitgenommen" fühlen von ihren Regierungen. Die Bürger müssen das Gefühl haben, dass sich die Regierungen um ihre Anliegen kümmern. Und die Bürger müssen auch das Gefühl haben, dass Politik für sie gemacht wird und nicht für andere. Wenn die Bürger dieses Gefühl verlieren, dann werden sie sich andere Politiker und Parteien suchen – andere Politiker und Parteien, bei denen sie sich besser aufgehoben fühlen und bei denen sie ihre eigenen Interessen besser vertreten sehen. So einfach funktioniert Demokratie.

Die Regierungen in unseren westlichen Demokratien haben sich immer weiter von ihren Bürgern entfernt. Dies wird in vielen Bereichen deutlich. In unseren Städten herrscht Wohnungsnot – keine Regierung kümmert sich darum. Die Zahl der Menschen, die mit ihren Einkommen kaum noch ihren Lebensunterhalt abdecken können, steigt – und keine Regierung unternimmt etwas dagegen. Unsere Regierungen haben sich an einem Krieg beteiligt und die Menschen, die diese Kriegsbeteiligung ablehnen, werden von den etablierten Parteien gar nicht mehr vertreten, weil alle diese Parteien für den Krieg sind. In unseren Gesellschaften geht zunehmend unser „Wertefundament" verloren, weil sich immer mehr Menschen gar nicht mehr an Regeln halten wollen. Wir erleben eine zunehmende Migration – eine Migration, die vielen Menschen Angst macht.

Es geht nicht darum, was richtig oder falsch ist – es geht nicht darum, was stimmt oder nicht stimmt – und es geht auch nicht darum, was solidarisch oder unsolidarisch ist. Wenn die Menschen vor etwas Angst haben und sich mit dieser Angst alleingelassen fühlen, dann wenden sie sich einfach ab von unseren Regierungen und unseren etablierten Parteien. Dann entziehen sie diesen Regierungen und unseren etablierten Parteien einfach das Mandat und erteilen es anderen Parteien. Genau dieses Recht steht den Bürgern in einer Demokratie zu. Wenn sich unsere Regierungen zu weit von den Bürgern entfernen, werden sie einfach abgewählt. Erhobene Zeigefinger und gut gemeinte „Sonntagsreden" werden das nicht verhindern. Dass es zunehmend kälter wird in unserer Welt – bezogen auf das menschliche Miteinander –, dass die Menschlichkeit immer mehr verloren geht, liegt nicht an den einzelnen Bürgern, sondern daran, dass unsere Gesellschaften und unsere ganze Zivilisation nach dem Gewaltprinzip „Der Stärkere setzt sich durch" funktioniert und dass die Einkommen und Vermögen ungerecht verteilt sind und diese Ungerechtigkeit immer größer wird.

## 12.3 Wie umgehen mit Migration

Das Thema Migration soll nicht unkommentiert bleiben. Migration hat Ursachen: es sind Gewalt, Krieg und insbesondere die Armut. Wenn die Menschen in ihrer Heimat frei und in Frieden leben und wenn sie in ihrer Heimat ein auskömmliches Leben führen könnten – also durch ihrer Hände Arbeit auch satt werden könnten, dann bräuchten sie auch nicht aus ihrer Heimat fliehen und in einem fremden Land leben. Niemand verlässt gern seine Heimat – die Menschen werden durch die Lebensumstände dazu gezwungen. Es ist ein Anliegen dieses Buches, für eine Überwindung der Armut zu werben. Diese würde nicht nur den Menschen erlauben, in ihrer Heimat vernünftig und angemessen zu leben – es ist auch die einzig wirksame Maßnahme, das Bevölkerungswachstum zum Stillstand zu bringen. Es kann nur einen richtigen Weg geben, um mit Migration umzugehen: die Armut in unserer Welt zu überwinden und zu beseitigen.

## 13. Lohnt es sich überhaupt, ein „anständiges" Leben zu führen?

Wir kennen Bertolt Brechts Parabel „Der gute Mensch von Sezuan" und die darin beschriebene Schwierigkeit, einerseits ein empathischer Mensch zu sein und andererseits gleichzeitig auch selbst noch ein angenehmes Leben führen zu können. Dieses Theaterstück von Brecht gewinnt heute wieder an Bedeutung, denn jeder Einzelne von uns hat schon längst ein Gefühl dafür entwickelt, dass in unseren Gesellschaften und in unserer Zivilisation etwas grundsätzlich schiefläuft und dass, wenn wir – die Menschheit – so weitermachen, dass wir dann mitsamt unserer Zivilisation irgendwann gegen die Wand fahren werden.

Wir erleben heute live und in Echtzeit mit, wie wir unsere Umwelt schon verändert haben und diese weiter verändern. Und jedem von uns wird immer klarer, dass wir auf dem besten Weg sind, unseren Lebenskorridor aufs Spiel zu setzen. Und wir sehen die Bilder von bitterer Armut und können live den Krieg miterleben; wir können sehen, wie sich Menschen gegenseitig umbringen und welche Not und welches Elend das zur Folge hat.

Immer mehr Menschen machen sich große Sorgen – Sorgen um ihr eigenes Leben und ihre Zukunft, aber noch viel mehr Sorgen um das Leben und die Zukunft ihrer Kinder und Enkelkinder. Viele Menschen fragen sich, was sie selbst denn tun könnten – was sie selbst beitragen könnten. Ob man als Einzelner überhaupt etwas tun könnte. Und vielen Menschen geht es wie der Geschäftsfrau Shen Te aus Brechts Parabel: Man möchte den Menschen in der Not gern helfen, muss sich aber selbst immer mehr damit beschäftigen, wie die eigene wirtschaftliche Situation sich weiterentwickelt. Man muss immer mehr darauf schauen, dass man am Ende noch selbst einen Platz im „Rettungsboot" bekommt. Das wird uns von außen aufgezwungen, seit Jahrzehnten geht die Schere zwischen Reich und Arm weiter auseinander, Einkommen und Vermögen werden immer ungerechter verteilt und selbst in unseren Industrienationen wachsen die Kosten für Nahrung, Energie und Wohnen viel schneller als die Einkommen. Es findet weltweit eine Umverteilung von unten nach oben statt. Und wer am Ende für sich selbst auch noch einen Platz im „Rettungsboot" will, muss sich zunehmend genauso egoistisch und unsolidarisch verhalten, wie es uns die Reichen und Superreichen vormachen. Unsere Zivilisation entwickelt sich mehr und mehr zu einer großen Ellenbogen-Gesellschaft – es scheint so, dass dann doch das Gewaltprinzip „Der Stärkere setzt sich durch" gewonnen hätte. Wir dürfen dieses Spiel aber nicht mitspielen. Wir müssen dem Gewaltprinzip und dem wachsenden Egoismus unsere Empathie entgegensetzen – denn am Ende wird allein unsere Empathiefähigkeit darüber entscheiden, ob die Menschheit und ihre Zivilisation eine dauerhafte Zukunft haben kann.

Der Einzelne kann die Welt nicht retten – keiner von uns normalen Leuten. Wir haben keinen Einfluss darauf, ob wir das Gewaltprinzip durch das Prinzip Empathie ersetzen können – darüber wird dort entschieden, wo Geld, Macht und politischer Einfluss versammelt sind. Wir können auch keinen Einfluss auf die Politik ausüben – denn tatsächlich wird die Politik selbst von dort gesteuert, wo Geld, Macht und eben politischer Einfluss versammelt sind. Die Politik ist Spielball derer, die das Spiel „Der Stärkere setzt sich durch" am besten beherrschen – sie bestimmen darüber, wohin der Ball rollt und wer am Ende das Spiel gewinnt.

Können wir – wir normalen Menschen – denn überhaupt nichts tun? Doch wir können. Wir können unsere eigene, kleine Welt zu einer etwas besseren Welt machen – wir können den Menschen in unserem Umfeld die Empathie entgegenbringen, die im Großen so sehr fehlt und dort so dringend nötig wäre. Wir können es im Kleinen besser machen und so ein Zeichen setzen. Wir können uns auch engagieren, ob durch eigenes Handeln oder dadurch, dass wir andere finanziell unterstützen, die dann helfen. Wir können damit auch ein Zeichen setzen gegen den immer mehr um sich greifenden Egoismus. Und es lohnt sich, ein empathischer Mensch zu sein. Wir alle streben so sehr danach, ein glückliches Leben zu führen, und suchen überall nach Rezepten, um das zu erreichen. Es mag unterschiedliche Wege geben, ein glückliches Leben zu führen. Die Empathie ist definitiv ein solcher Weg – empathisch zu sein, macht nämlich glücklich. Es schafft viele Freunde und von dort kommt die investierte Empathie auch wieder zu einem zurück.

Wir können es auch noch aus religiöser Sicht betrachten. Jesus hat einmal gesagt: „Wo zwei oder drei Menschen in meinem Namen versammelt sind, da bin ich mitten unter ihnen." Wie soll man das verstehen? Jesus kann ja nicht als Person an vielen Orten gleichzeitig sein. Sich im Namen Jesus zu versammeln heißt, sich in Empathie, in Freundschaft, in gegenseitigem Respekt und gegenseitigem Verständnis, in gegenseitiger Wertschätzung und in gegenseitiger Liebe zu begegnen. Wenn man das tut, dann geschieht etwas – es entsteht ein Mehrwert, wir nennen es in anderen Bereichen auch „den Synergieeffekt". Aus einer Gruppe von Menschen, die sich im Namen Jesus versammeln, wird dann mehr als nur die Summe der einzelnen Gruppenmitglieder. Jesus gesellt sich dazu – nicht als Person, aber sehr wohl im Geiste. Und so können wir – wenn wir es denn wollen – eine echte Gotteserfahrung in unserem Leben machen.

Wir können also sehr wohl etwas tun: Wir können viele solche Orte schaffen, an denen das Gewaltprinzip durch das Prinzip Empathie abgelöst wird. Wir können immer mehr solche Orte schaffen, wo sich Jesus dazugesellt. Am Ende kann sich jeder Einzelne von uns nämlich frei entscheiden: sucht er sich eine Gemeinschaft, in der sich Jesus dazugesellt – oder sucht er sich eine Gemeinschaft, in der sich der Teufel dazugesellt. Wir können diese Orte, an denen sich Jesus dazugesellt, als Keimzellen verstehen, als Keimzellen, in denen ein neuer Mensch entstehen kann – der „Empathische Homo sapiens".

## 14. Untergehen oder überleben – wofür entscheiden wir uns?

Wir leben heute in einer Übergangszeit – wir machen eine Krise durch. Wir dürfen deswegen aber nicht in Panik verfallen, denn Krisen kann man auch meistern und Krisen kann man auch überwinden. Und diese Krise, die wir derzeit durchmachen – ist ja objektiv betrachtet, eine sehr junge Krise. Zwar verändern wir schon lange unsere Umwelt durch unsere Eingriffe, treiben unseren Zivilisationsindex in die Höhe und riskieren es, unseren Lebenskorridor zu verlieren – aber es ist uns ja noch nicht so lange bewusst, dass wir das tun und es ist uns ja noch nicht so lange bewusst, dass dies zum Untergang der Menschheit und unserer Zivilisation führen könnte. Wir stehen heute vor der größten Herausforderung, die der Homo sapiens jemals bewältigen musste – wir müssen unsere Zivilisation weiterentwickeln zu einer nachhaltigen Zivilisation. Das können wir schaffen, wir sind intelligent genug, um das zu schaffen, und wir haben auch die Mittel dazu. Aber diese Mittel müssen auch freigegeben werden.

Wagen wir noch mal eine Prognose: In den nächsten 50 Jahren wird wohl nicht viel passieren und wir werden so weitermachen wie bisher. Im Bereich der Energieerzeugung wird es Nationalstaaten geben, die verstärkt auf erneuerbare Energieformen umsteigen werden. Einen globalen Umstieg auf die Nutzung der Sonnenenergie wird es aber nicht geben. Tatsächlich wird es auch solche Länder geben, die wieder zur Kernenergie zurückkehren – und dann wird es noch die Staaten geben, die massiv in den Abbau von Methanhydrat einsteigen werden. Wenn wir dann etwa im Jahr 2075 angekommen sind, werden wir sehen, ob wir unsere Klimaziele von 1,5 Grad Celsius, maximal 2,0 Grad Celsius erreicht haben, oder aber vielleicht schon deutlich darüber liegen. Und wir werden auch sehen, ob wir es geschafft haben, den Anstieg der Weltbevölkerung bei 8,6 Milliarden Menschen zu stoppen, oder aber vielleicht schon auf die elf Milliarden Menschen zusteuern. Es ist nicht zu erwarten, dass wir Menschen schon vorher zur Vernunft kommen werden und den erforderlichen Wandel starten und vorantreiben werden.

Schauen wir uns dazu ein Beispiel aus unserem Alltag an: Stellen wir uns vor, wir hätten Zahnschmerzen – keine schlimmen Zahnschmerzen und da wir Angst vor dem Zahnarzt haben, gehen wir auch nicht zum Zahnarzt. Die Schmerzen werden aber schlimmer, wir nehmen Schmerztabletten und können es so noch einige Zeit aushalten. Irgendwann werden die Zahnschmerzen so unerträglich und wir gehen dann doch zum Zahnarzt. Der Zahnarzt wird uns dann sagen: „Wären sie mal früher gekommen, dann hätten sie nicht so lange die Schmerzen aushalten müssen und wir hätten den Zahn noch retten können – jetzt gibt es nur noch eine radikale Lösung, jetzt muss der Zahn samt Wurzel raus."

Wir Menschen sind anpassungsfähig und auch in einem gewissen Umfang leidensfähig. Also werden wir – etwa in Bezug auf die Klimaerwärmung – uns genauso verhalten, als hätten wir Zahnschmerzen. Wir werden eben erst mal nicht zum Zahnarzt gehen, sondern werden uns mit unseren Zahnschmerzen arrangieren und sie aushalten. Wir liegen heute im Jahr 2024 bei etwa einem Grad Celsius globaler Erwärmung. Das tut uns ein bisschen weh. Dieser eher geringe Schmerz wird die Menschheit nun aber für sehr lange Zeit begleiten – denn es dauert sehr lange, bis das Kohlendioxid wieder aus unserer Atmosphäre ausgewaschen worden ist. Je länger wir aber warten mit dem Umbau unserer Zivilisation – hin zu einer nachhaltigen Zivilisation –, umso stärker werden wir unsere Umwelt verändern und unseren eigenen Lebenskorridor dadurch einengen, einquetschen und beschädigen. Die Schmerzen werden immer größer werden – noch sind wir aber nicht bereit, uns an die Ursachen heranzuwagen und etwas zu verändern. Wir versuchen lieber noch die Schmerzen auszuhalten, die Probleme auszusitzen und mit den Veränderungen unserer Umweltbedingungen irgendwie klarzukommen.

Die Schmerzen werden aber nicht mehr nachlassen – die Schmerzen werden immer stärker werden. Und genau darin liegt auch die Hoffnung, dass wir es am Ende doch schaffen werden – wir werden die erforderlichen Maßnahmen in Angriff nehmen und unsere Zivilisation zu einer nachhaltigen Zivilisation umwandeln. Es wird nämlich am Ende der Leidensdruck sein, der uns dazu bringen wird, im erforderlichen Umfang aktiv zu werden.

Wir gehen allerdings auch ein gewisses Risiko ein, durch diese Vorgehensweise. Denn es könnte uns auch passieren, dass uns die Natur einfach das Licht ausschaltet – es könnte passieren, dass wir unseren Lebenskorridor komplett verlieren, weil wir zu lange gewartet und die Umweltbedingungen so stark verändert haben, dass wir Menschen dann in dieser umgeformten Natur nicht mehr leben können. Dieses Risiko besteht und wir werden jetzt eine lange Zeit mit diesem Risiko leben müssen. Wie hoch dieses Risiko tatsächlich ist, kann man nur schwer abschätzen. Denn es ist wahrscheinlicher, dass wir unseren Lebenskorridor eher durch einen schleichenden Prozess verlieren werden. Wir werden ihn langsam immer weiter einengen, einquetschen und beschädigen. Und auch darin liegt eine Hoffnung: Denn wenn sich der Verlust unseres Lebenskorridors eher langsam vollzieht, als ein schleichender Prozess, dann haben wir auch immer die Möglichkeit, in diesen schleichenden Prozess einzugreifen, um ihn abzubremsen und zum Stoppen zu bringen.

Es wird aber noch etwas ganz anderes passieren – und es hat tatsächlich ja auch schon begonnen. Wir Menschen werden nicht einfach tatenlos zusehen, wie uns der Boden unter den Füßen weggezogen und uns und unseren Kindern und Enkelkindern die Zukunft zerstört wird. Wenn es uns erst mal richtig wehtut – stellen wir uns vor, dass es mal so heiß ist, dass immer mehr Menschen an der Hitze einfach sterben, dass es mal so heiß ist, dass wir uns kaum noch dazu aufraffen können, arbeiten zu gehen, stellen wir uns vor, dass wegen der Hitze und Trockenheit immer weniger Nahrung produziert wird und unsere Lebensmittel so teuer sind, dass wir den größten Teil unseres Einkommens dafür ausgeben müssen, stellen wir uns vor, dass aufgrund der Vergiftung unserer Umwelt immer mehr Menschen schon in jungen Jahren an Krebs erkranken und stellen wir uns noch vor, dass uns das Atmen immer schwerer und schwerer fällt, weil der Sauerstoffanteil in unserer Luft abnimmt – wenn es uns also mal richtig wehtut, dann werden immer mehr Menschen aus ihrer Lethargie aufwachen, sich aufraffen und damit beginnen, sich zu engagieren. Es wird ein neues Bewusstsein entstehen und damit auch ein neuer Blick auf die Dinge. Wir werden plötzlich Veränderungen für möglich halten, die wir heute noch komplett für unmöglich halten – und dann wird aus einer Utopie auch ganz schnell eine Visionen, eine Visionen für eine erfolgreiche Zukunft.

Diese gesellschaftlichen Veränderungen, uns aufgezwungen durch den immer größer werdenden Leidensdruck, werden eine Dynamik entwickeln, die dann niemand mehr ausbremsen oder aufhalten kann. Unsere Kinder werden uns jeden Tag danach fragen, wann wir endlich aktiv werden – und auch die Kinder der Reichen und Superreichen werden von der Schule nach Hause kommen und zu ihrem Vater sagen: „Papa, tu endlich mal was – und damit meine ich nicht, immer noch reicher zu werden. Nimm endlich dein Geld und hilf uns damit, zu überleben." Diese Dynamik wird am Ende jeden erreichen und bei jedem ankommen. Und alle unsere Gewalt- und Machtmänner, die heute noch in unseren Führungspositionen sitzen, werden sich den neuen Gegebenheiten anpassen – oder man wird sie in Rente schicken. Es werden neue Menschen ihre Positionen besetzen, neue Menschen – Männer und immer mehr Frauen – die bereit sind, endlich echte Verantwortung zu übernehmen. Verantwortung nicht nur für das nächste Quartalsergebnis und die nächsten politischen Umfrageergebnisse, sondern Verantwortung für das Überleben der Menschheit und ihrer Zivilisation. Und auch darin liegt eine Hoffnung, dass wir es schaffen werden, unsere Zivilisation in eine erfolgreiche Zukunft zu führen.

Und es gibt noch eine weitere Hoffnung – wir werden ein neues Bewusstsein auch dafür entwickeln, dass wir Menschen nicht als Einzelne, nicht als lauter kleine Gruppen überleben können, sondern dass wir Menschen nur als „Die eine Menschheit" überleben können. Und dann wird sich nicht nur unsere Zivilisation weiterentwickeln, sondern auch wir Menschen werden uns weiterentwickeln – vom „Nur-Homo-sapiens" hin zu einem „Empathischen Homo sapiens".

Es wäre sehr klug und vernünftig, den Wandel, hin zu einer nachhaltigen Zivilisation, möglichst früh zu starten. Je früher wir damit anfangen, umso eher können wir diesen Wandel selbst gestalten und umso mehr Möglichkeiten werden wir haben, diesen Wandel auch sozialverträglich ablaufen zu lassen. Je länger wir abwarten, umso größer wird die Gefahr, dass uns der Wandel am Ende von der Natur mit Gewalt aufgezwungen wird. Dann werden nicht mehr wir Menschen es sein, die den Wandel gestalten, sondern dann wird uns der Wandel von außen aufgezwungen werden. Wir werden dann nicht mehr so viel Handlungsspielraum haben. Und je länger wir warten, umso radikaler werden am Ende die Maßnahmen sein, die dann von uns abverlangt werden. Wir sollten besser früher beginnen – erinnern wir uns daran, was der Zahnarzt gesagt hat. Wären wir früher zu ihm gekommen, dann hätten wir nicht so lange die Schmerzen aushalten müssen und die Behandlung wäre auch glimpflicher abgelaufen.

Um also die Frage dieses Buches zu beantworten: Ja, wir werden uns am Ende dafür entscheiden zu überleben. Aber wenn wir ehrlich sind und es realistisch betrachten, dann werden wir damit so lange warten, bis unsere Zahnschmerzen so stark geworden sind, dass wir sie fast nicht mehr aushalten können.

## Schlusswort

Wenn man etwas verändern möchte, etwas bewegen möchte, wenn man Unrecht überwinden möchte, wenn man etwas zum Guten wenden und wenn man am Ende sogar die Welt retten möchte und dafür die bestehenden Strukturen und Verhältnisse verändern muss, und dabei aber ganz bewusst auf das Mittel der Gewalt verzichtet und nur auf die Kraft des geschriebenen und gesprochenen Wortes setzt, dann hat man nicht gerade eine starke Ausgangsposition.

Frederick Douglass[*], ein ehemaliger Sklave, Abolitionist (= Gegner der Sklaverei) und amerikanischer Schriftsteller, der sich zur Zeit des amerikanischen Bürgerkriegs (1861–1865) vehement für die Befreiung der schwarzen Sklaven eingesetzt hat – und das nur mit dem geschriebenen und gesprochenen Wort –, wurde einmal, lange nach Ende des Bürgerkriegs von einem jungen Mann gefragt, was man tun könnte und tun sollte, um gegen Unrecht vorzugehen. Und Frederick Douglass antwortete dem jungen Mann: „Agitieren, agitieren – agitieren sie gegen das Unrecht."

Wenn man also etwas erreichen möchte, auf die Gewalt als Mittel verzichtet und nur auf die Kraft des Wortes setzt, dann muss man es am Ende so machen, wie es Frederick Douglass sein ganzes Leben lang getan hat: Man muss agitieren, agitieren und nochmals agitieren!

---

[*] Frederick Douglass (1818–1895) gehört in den Vereinigten Staaten zu den drei ganz Großen – den drei Ikonen – des „Schwarzen Widerstands", neben Martin Luther King (1929–1968) und Malcolm X (1925–1965).

# Anhang

## 1. Anhang: Sind wir allein im Universum? – Teil 2

Im Universum gibt es ganz viele Zivilisationen – davon kann man ausgehen. Die große Frage aber lautet, ob wir Menschen jemals zu einer anderen Zivilisation gelangen und mit ihr in direkten Kontakt treten können, oder ob die *Wissenden* einer anderen Zivilisation jemals zu uns gelangen und mit uns in direkten Kontakt treten werden?

Beschäftigen wir uns zuerst einmal mit den rein technischen Möglichkeiten. Mit unserer heutigen Raumfahrt-Technologie könnten wir realistisch betrachtet nicht einmal zu unserem nächstgelegenen Nachbarn, also zum nächstgelegenen anderen Sonnensystem, fliegen. Das wäre das Sonnensystem Proxima Centauri – dieses ist 4,2 Lichtjahre von uns entfernt. Also, selbst wenn wir mit unserem Raumschiff mit Lichtgeschwindigkeit fliegen könnten, bräuchten wir 4,2 Jahre für den Hinweg und dann noch mal 4,2 Jahre für den Rückweg. Unsere eigene Galaxie, die Milchstraße, hat einen Durchmesser von etwa 100.000 Lichtjahren und wir befinden uns in einem Seitenarm der Galaxie, im Orion-Arm, etwa 28.000 Lichtjahre vom Zentrum der Milchstraße entfernt. Das zeigt uns, wie unvorstellbar groß die Entfernungen in unserer eigenen Galaxie sind. Und unsere Galaxie ist ja nur ein winziger Teil des gesamten Universums.

Wollten wir zu Proxima Centauri fliegen – und wir reden hier davon, mit einem großen Raumschiff zu fliegen, in dem sich Menschen befinden –, dann bräuchten wir mindestens tausend Jahre für die einfache Strecke. Und zwar deswegen, weil unsere Raumschiffe viel zu langsam wären und nicht einmal annähernd mit Lichtgeschwindigkeit fliegen könnten. Wir sind mit unseren Antriebstechnologien ganz weit entfernt von der Lichtgeschwindigkeit.

Heute wird vermutet, es könnte in unserer eigenen Galaxie etwa 60 Zivilisationen geben. Die wären wohl ziemlich verstreut in unserer Milchstraße. Und wenn man sich nun die Größe unserer Galaxie vorstellt, wird ganz schnell klar, dass andere Zivilisationen sich wahrscheinlich sehr weit entfernt von uns befinden müssen und ein Flug dahin Tausende von Jahren dauern würde – selbst dann, wenn wir mit Lichtgeschwindigkeit dahinfliegen könnten. Die Reise würde viel zu lange dauern. Aber andere Zivilisationen, die uns technologisch weit überlegen sind, könnten vielleicht zu uns fliegen? Stimmt das denn? Bis heute gilt das „Naturgesetz", dass sich in unserem Universum nichts von großer Masse – also etwa ein großes Raumschiff – schneller als mit Lichtgeschwindigkeit bewegen lässt. Und bis heute hat noch kein Wissenschaftler eine realistische Möglichkeit aufgezeigt, wie man es tatsächlich schaffen könnte, der Lichtgeschwindigkeit ein Schnäppchen zu schlagen. Alle Ideen, die es in der Richtung gibt – etwa die Nutzung eines Wurmlochs oder die Verkrümmung der Raumzeit –, sind nur theoretische Fantastereien und wenig realistisch, um sie jemals in die Praxis umzusetzen. In diesem Bereich sind unsere Wünsche um ein Vielfaches höher als die realistischen Möglichkeiten, die in unserem Universum nun mal vorgegeben sind. Wir müssen uns damit abfinden, dass es Grenzen gibt – auch in Bezug auf gewünschte Reisen durch das Universum. Wir sind eingeschränkt – und werden es auch immer bleiben – durch die großen Entfernungen im Universum und durch die Lichtgeschwindigkeit als Maximalgeschwindigkeit.

Beschäftigen wir uns nun mit einem anderen, wichtigen Punkt: Reisen durch das All sind sehr gefährlich. Es gibt für uns Menschen und auch für alle anderen *Wissenden* im Universum tatsächlich keinen gefährlicheren Ort, um sich dort aufzuhalten als das All. Wir erinnern uns an Apollo 13, bei der es durch einen Kurzschluss zu einer Explosion eines der Sauerstofftanks kam. Die drei Astronauten an Bord haben allein deswegen überlebt, weil sie nur einen „Katzensprung" von der rettenden Erde entfernt waren und rechtzeitig wieder zurück waren, bevor der restliche Sauerstoff verbraucht war.

Hätten sie sich auf einem Flug zum Mars befunden, hätte keiner von ihnen diese technische Panne überlebt. Stellen wir uns vor: Menschen oder andere *Wissende* befänden sich auf einem langen Flug durch das All – es dürfte keine einzige technische Panne unterwegs auftreten. Wenn man sich auf einem langen Raumflug befindet und man eine technische Panne hat, kann man nicht auf den Seitenstreifen fahren und den Pannendienst anrufen. Wenn einem so etwas bei einem Raumflug passiert, dann gibt es keine Rettung, dann ist man tot – dann sind alle Insassen des Raumschiffs tot.

Es gäbe aber noch eine andere, große Gefahr, wenn wir in direkten Kontakt treten würden mit anderen Zivilisationen – oder umgekehrt, andere *Wissende* mit uns in direkten Kontakt treten würden. Eine andere Zivilisation kann es nur auf einem Planeten geben, auf dem auch eine Natur existiert. Und dort, wo es eine Natur gibt – und das wäre für uns Menschen ja eine fremde Natur –, gibt es auch sehr viele Bakterien, Keime, Krankheitserreger und Viren. Sie wären nicht nur für uns fremd, sondern auch für unser Immunsystem. Wir würden auf diesem Planeten landen und könnten nach wenigen Tagen alle tot sein. Klingt das übertrieben? Erinnern wir uns an die Geschichte von der Besiedlung des amerikanischen Kontinents durch weiße Einwanderer aus Europa. Erinnern wir uns an den sogenannten „Kolumbuseffekt". Die weißen Einwanderer hatten nämlich etwas im Gepäck, von dessen Bedeutung sie natürlich keine Ahnung hatten: Sie hatten das Pocken-Virus dabei. Dieses Virus hat viel, viel mehr Menschen der amerikanischen Ureinwohner getötet als alle Gewehrkugeln zusammengenommen. Es gab das Pocken-Virus in Amerika zuvor nicht – also konnte das Immunsystem der Ureinwohner diese auch nicht vor diesem eingeschleppten Virus schützen.

Man kann nicht einfach auf einem fremden Planeten landen, auf dem es eine fremde Natur gibt und eine fremde Zivilisation. Ein solches Unterfangen wäre lebensgefährlich – für beide Seiten, für die Eindringlinge und für die Einheimischen. Es wäre fast zwangsläufig so, dass man einander mit Krankheiten infizieren würde, die man nicht überleben könnte. Man müsste auf einem solchen Planeten permanent Schutzanzüge tragen und seine eigene Atemluft und auch seine eigene Nahrung mitbringen. Und wollte man sich gar dauerhaft auf einem solchen Planeten niederlassen, könnte es Generationen lang dauern, bis sich unser Organismus an die dortige Natur angepasst hätte.

Beschäftigen wir uns noch mit einem anderen Punkt – und dieser Punkt wird generell in allen Diskussionen und auch in allen Publikationen geflissentlich übersehen und ausgeklammert, in denen davon geträumt wird, wir Menschen würden jemals zu anderen Zivilisationen fliegen, oder umgekehrt, andere *Wissende* würden jemals zu uns fliegen. Wir kennen das aus unserem Alltag: Wir haben oft Träume und große Pläne, deren Realisierung am Ende aber schlichtweg am Geld scheitert. Wer leere Taschen hat, kann auch keine wirklich „großen Sprünge" machen. Das zwölfjährige Apollo-Programm war das teuerste Einzelprojekt, das von Menschen jemals gestemmt wurde. Und was haben wir tatsächlich erreicht? Wir haben jeweils drei Astronauten in einem winzigen Raumschiff bis zum Mond geschossen – gerade mal 385.000 Kilometer weit – und sie dann wieder zurückfliegen lassen. Am Ende wurde das Apollo-Programm eingestellt, weil niemand mehr die Kosten tragen wollte, die Mission überhaupt keinen Nutzen erbracht und der Kalte Krieg – um den ging es nämlich beim Apollo-Programm, man wollte der Sowjetunion die eigene technologische Überlegenheit beweisen – sich längst als sogenannter Stellvertreterkrieg nach Nord- und Südvietnam verlagert hatte. Man konnte in der Folge das Apollo-Programm nicht mehr finanzieren, da man das Geld für den Vietnam-Krieg brauchte.

Heute wäre niemand mehr bereit, die immens hohen Kosten für eine bemannte Raummission aufzubringen. Wir haben heute nicht einmal mehr eine Saturn-V-Rakete, die überhaupt Astronauten zum Mond, oder gar zum Mars fliegen könnte. Wir haben heute nur noch Raketen, mit denen wir den erdnahen Orbit erreichen können, um dort etwa Satelliten auszusetzen. Man kann sich leicht vorstellen, was es kosten würde, richtig große Raumschiffe zu bauen, mit denen man eine größere Zahl an Insassen über Jahre hinweg quer durch unsere Galaxie fliegen lassen könnte – hin zu einer anderen Zivilisation. Niemand hat dazu das Geld und in naher Zukunft wird es noch viel unwahrscheinlicher sein, dass wir dazu das Geld haben werden.

Wir haben schon heute große Probleme – Überbevölkerung, Armut, Hunger, Not, Migration, globale Erwärmung, Veränderung unserer Umwelt und damit verbunden eine Bedrohung unseres Lebenskorridors und diese Probleme werden in den nächsten 50 Jahren oder bis zum Ende dieses Jahrhunderts noch deutlich größer werden. Wenn wir unsere Zivilisation weiter so betreiben, wie bisher, dann werden unsere Nationalstaaten bald den größten Teil ihres Geldes nur noch dafür aufwenden müssen, die eigenen Bevölkerungen einigermaßen bei Laune zu halten und sie ausreichend mit dem Wichtigsten zu versorgen. Sie werden das tun müssen, um die sozialen und gesellschaftlichen Probleme zu bewältigen, die auf die meisten unserer Nationalstaaten zukommen werden. Tun sie das nicht, drohen große Konflikte – bis hin zu Aufständen und Revolutionen. Kein Staat dieser Welt wird noch das Geld haben, aufwendige und teure Raummissionen auf die Füße zu stellen.

Aber andere, uns technologisch überlegene und viel fortschrittlichere Zivilisationen könnten doch zu uns fliegen – oder? Es stellt sich eine ganz andere Frage: Will eine solche andere Zivilisation überhaupt zu uns fliegen? Jede Zivilisation, die vor unserer entstanden ist und heute noch existiert, hätte genau das geschafft, was uns noch bevorsteht: unsere Zivilisation in eine nachhaltige Zivilisation weiterzuentwickeln. Genau darin läge nämlich die Fortschrittlichkeit dieser anderen Zivilisation. Sie hätte den Sprung geschafft und wäre uns deswegen auch überlegen. Sie hätte die Chance darauf, über viele Tausende Jahre weiterzuexistieren. Und jede Zivilisation, die das geschafft hätte – die nachhaltig betreiben würde –, hätte längst verstanden, dass der eigene Planet ein geschlossenes System darstellt und die Ressourcen in einem geschlossenen System begrenzt sind. Sie hätte längst verstanden – und würde auch danach handeln –, dass man in seinem geschlossenen System Planet sehr sparsam mit seinen begrenzten Ressourcen umgehen und gut damit haushalten muss.

Was könnte eine solche Zivilisation denn für Vorteile dadurch haben, wenn sie quer durch unsere Milchstraße zu uns fliegen würde? Und sie müsste große Vorteile dadurch haben, sonst wäre eine solche lange, gefährliche und immens teure Mission nicht vertretbar, wollte man seine eigene, nachhaltige Existenz nicht gefährden. Wenn diese Außerirdischen in friedlicher Absicht kämen, was könnten sie dann bei uns überhaupt tun? Sie könnten sich mit uns am Sonntagnachmittag an den Couchtisch setzen, mit uns Kaffee trinken und Kuchen essen – um danach wieder zurückzufliegen, zu ihrem eigenen Planeten. Eine solche Mission wäre völlig sinnlos. Aber selbst wenn diese Außerirdischen zu uns fliegen würden, um all unser Gold zu rauben – dieses Gold wäre nicht annähernd so wertvoll, um damit die hohen Transportkosten abzudecken, die man dafür aufbringen müsste. Die Raumfahrt – und wir sprechen von der bemannten Raumfahrt mit Astronauten – beruht auf einem großen Irrtum. Die Transportkosten sind so hoch, dass man daraus niemals einen entsprechend hohen Nutzen ziehen könnte. Warum sind die Transportkosten in der bemannten Raumfahrt so hoch? Ein großer Teil der Ladekapazität eines Raumschiffs wird nur dafür benötigt, all das „mitzuschleppen", was die Astronauten zum Überleben brauchen: Sauerstoff, Wasser, Nahrung und Energie. Es bliebe nicht viel Laderaum übrig. Keine fortschrittliche Zivilisation, die den Sprung zu einer nachhaltig betriebenen Zivilisation geschafft hätte, würde so sinnlos und so verantwortungslos mit ihren begrenzten Ressourcen umgehen. Wenn diese Außerirdischen zu Hause nicht genug Gold hätten, dann würden sie sich in direkter Nähe zu ihrem eigenen Planeten geeignete Himmelsobjekte suchen, um sich ihr benötigtes Gold dort zu holen – aber sie würden niemals dafür quer durch unsere Galaxie fliegen und all die Risiken und die immens hohen Kosten auf sich nehmen.

Es gibt allerdings eine Ausnahme, es gibt ein einziges Szenario, in dem es sinnvoll wäre, all seine vorhandenen Ressourcen in eine groß angelegte Raummission zu stecken, möglichst viele Raumschiffe zu bauen und möglichst viele Angehörige der eigenen Zivilisation damit auf den Weg zu schicken – zu uns und zu unserem Planeten Erde: Stellen wir uns eine Zivilisation vor, die den Sprung zu einer nachhaltigen Zivilisation eben nicht geschafft hat, eine Zivilisation, die auf ihrem Heimatplaneten gerade ihren Lebenskorridor verloren hat und deswegen jetzt auf dem eigenen Planeten vor dem Aus stehen würde. Eine solche Zivilisation würde all ihre verbliebenen Ressourcen in eine groß angelegte Raummission stecken und sich irgendwo anders eine neue Heimat suchen. Vielleicht hätte sie sich den Planeten Erde ausgeguckt – als neue Heimat. Wir Menschen hätten keine Chance, denn diese Außerirdischen wären uns technologisch überlegen – auch waffentechnisch. Sie würden uns alle umbringen und danach ihre eigene Zivilisation auf unserem Planeten weiterführen. Wenn unsere Astronomen also irgendwann durch ihre Teleskope eine Raumschiffsflotte auf uns zufliegen sehen, dann hätte das nichts Gutes zu bedeuten: dann hätte nämlich unsere letzte Stunde geschlagen.

Am Ende steht die Erkenntnis, dass wir Menschen niemals zu einer anderen Zivilisation fliegen werden und andere Zivilisationen auch niemals mit uns in direkten Kontakt treten werden – es hat einfach keinen Sinn und fortschrittliche Zivilisationen werden ihre knappen Ressourcen lieber für Sinnvolleres verwenden. Insbesondere würde eine fortschrittliche Zivilisation ihre knappen Ressourcen dafür verwenden, solche Energieformen auszubauen, solche Produktionsabläufe zu gestalten und solche Rohstoffe zu entwickeln, die den eigenen Planeten nicht zu einer Müllhalde verkommen lassen und sie würde ihre knappen Ressourcen auch dafür verwenden, ihre eigene Bevölkerung – und zwar alle Mitglieder der eigenen Bevölkerung – in Wohlstand leben zu lassen. Eine solche fortschrittliche Zivilisation würde sich gezielt um den eigenen Planeten und die eigene, große Familie kümmern.

Und nun stellt sich die Frage ganz neu – die Frage danach, ob wir Menschen allein sind im Universum. Wir sind natürlich nicht allein, denn es gibt viele andere Zivilisationen da draußen – aber wenn wir niemals in direkten Kontakt mit anderen *Wissenden* und die anderen Zivilisationen auch niemals mit uns in direkten Kontakt treten werden, dann sind wir am Ende halt doch allein. Faktisch gesehen, leben wir auf einer einsamen Insel – auf unserem einsamen Planeten Erde. An diesem Punkt angelangt, erinnert man sich unwillkürlich zurück an Friedrich Dürrenmatt (1921–1990) und seinen Ausspruch: „Am 20. Juli 1969 bin ich wieder Ptolemäer geworden."

## 2. Anhang: Einstein und die 4. Dimension

Wir Menschen leben in einer dreidimensionalen Welt: Unser Alltagsleben wird von diesen drei Dimensionen bestimmt. Sie machen den Raum aus, in dem wir leben. Nehmen wir als Beispiel unser Wohnzimmer: Der Raum unseres Wohnzimmers wird dadurch bestimmt, wie lang, wie breit und wie hoch es ist. Das beschreibt den Raum, den unser Wohnzimmer einnimmt. Und mehr an Dimensionen brauchen wir nicht, um die Größe unseres Wohnzimmers zu bestimmen. Für unser Alltagsleben reicht es völlig aus, diese drei Dimensionen wahrnehmen zu können. Wir haben keinen Sinn dafür entwickelt, weitere Dimensionen wahrzunehmen, weil wir das für unser Überleben nie benötigt haben. Wenn wir also von weiteren Dimensionen reden und darüber nachdenken, dann handelt es sich für uns Menschen immer um ein gedankliches Gebilde, das wir gar nicht wahrnehmen, sondern uns nur in unserer Gedankenwelt vorstellen können.

Albert Einstein (1879–1955) hat die Zeit zur vierten Dimension erhoben – er hat unsere drei Alltagsdimensionen mit der Zeit verknüpft und hat aus unserem Raum – Länge, Breite und Höhe – zusammen mit der Zeit etwas Neues definiert: die Raumzeit. Das ist ein rein gedankliches Konstrukt, das wir Menschen nur denken, aber nicht wahrnehmen können.

Können wir die Zeit wahrnehmen? Schauen wir uns dazu zwei Beispiele an: Stellen wir uns einen Sonntagnachmittag vor. Wir gehen unserem Hobby nach, basteln etwa an einer kleinen Eisenbahn-Lokomotive und uns fliegt aus Versehen ein winzig kleines Metallstück ins Auge. Da wir diesen Fremdkörper nicht allein aus unserem Auge herausbekommen und er uns stört, gehen wir gezwungenermaßen in die Augenklinik. Dort ist aber am Sonntagnachmittag nur wenig Personal vor Ort und es gibt obendrein noch viele andere Patienten, denen ein ähnliches Missgeschick passiert ist. Man sagt uns, wir müssten lange warten, bis wir dran kämen. Also sitzen wir im Wartebereich und langweilen uns. Die Wartezeit will einfach nicht zu Ende gehen. Wir warten, warten und warten – am Ende haben wir fünf Stunden gewartet und hatten das Gefühl, die Zeit verging viel zu langsam.

Im zweiten Beispiel – auch an einem Sonntagnachmittag – verbringt man dieselben fünf Stunden mit seinen beiden Lieblingspatenkindern. Man hat eine schöne Zeit, die Stimmung ist fröhlich, man spielt und bastelt gemeinsam und hat viel Spaß zusammen. Dieses Mal vergehen die fünf Stunden wie im Flug und man hat hinterher das Gefühl, die Zeit verging viel zu schnell. In beiden Fällen war die Zeit aber die gleiche – nämlich exakt fünf Stunden. Aber wir haben diese gleichen Zeiträume vollkommen unterschiedlich wahrgenommen. Genau deshalb haben wir die Uhr erfunden: Mit unserer Uhr am Handgelenk können wir unser mangelndes Zeitempfinden gleichsam austricksen. Wir können die Zeit zwar trotzdem nicht wahrnehmen, aber unsere Uhr kann sie uns wenigstens exakt anzeigen. Wir brauchen immer ein Hilfsmittel, um die Zeit nicht aus den Augen zu verlieren, weil wir selbst die Zeit gar nicht wahrnehmen können.

Gehen wir noch kurz auf die Langeweile ein, die wir im ersten Beispiel erlebt haben. Die Langeweile hat auch Vorteile – tatsächlich ist sie nämlich eine starke Triebfeder, um Intelligenz und Kreativität zu fördern. Wir können davon ausgehen, dass es in der menschlichen Evolution auch die Langeweile war, die uns zu immer neuen geistigen Höchstleistungen getrieben hat. Erinnern wir uns an Einstein, der als junger Mann in Bern am Patentamt arbeitete – das war damals sein Broterwerb. Er war angesichts seines Genies massiv unterfordert und sicherlich war es ihm auch langweilig. In dieser Zeit entwickelte er seine „spezielle Relativitätstheorie" – auch wenn er später immer Wert darauf legte, dass er dies nicht während seiner Arbeitszeit getan hätte, sondern nur in seiner Freizeit. Da hat er uns wohl angeschwindelt. Heute haben wir die Langeweile komplett aus unserem Leben verdrängt. In unserer modernen Welt haben wir so viel Ablenkung durch all die Multimediageräte, dass Langeweile gar nicht mehr aufkommen kann. Wer aber keine Langeweile mehr erlebt, der braucht auch nicht mehr so oft seinen eigenen Verstand zu benutzen und wer keine Langeweile mehr erlebt, der braucht auch nicht mehr so oft seine eigene Kreativität einzusetzen.

Wir können also die Zeit gar nicht wahrnehmen. Was können wir aber stattdessen wahrnehmen? Wir können wahrnehmen, was in dieser Zeit passiert – was in dieser Zeit geschieht, was sich in dieser Zeit verändert. Wir können wahrnehmen, ob wir in diesen fünf Stunden nur herumsitzen und warten, oder ob wir zusammen spielen, basteln und gemeinsam Spaß haben. Und dabei verändert sich etwas; man hat nach dem Basteln etwas, was vorher nicht da war. Es ist für uns Menschen also gar nicht so wichtig, wie viel Zeit vergeht, sondern es ist viel wichtiger, was wir in dieser Zeit getan haben, welche Veränderungen in der abgelaufenen Zeit eingetreten sind.

Unser ganzes Leben besteht aus nichts anderem, als aus einer permanenten Aneinanderreihung von Veränderungen. Viele dieser Veränderungen spüren wir gar nicht, etwa, dass sich ständig neue Hautzellen bilden und die alten als Hautschuppen abgestoßen werden. Andere Veränderungen können wir deutlich sehen, etwa wenn wir beim Friseur waren und hinterher etwas anders aussehen als vorher. Das Leben selbst ist Veränderung: Wir werden geboren, wir wachsen, wir suchen uns eine Arbeit, wir verlieben uns und gründen eine Familie, wir werden alt und irgendwann sterben wir. All das sind Veränderungen. Diese Veränderungen machen unser Leben aus. Und was hat das mit der Zeit zu tun? Tatsächlich ist es so, dass nicht die Zeit unser Leben bestimmt, sondern es ist diese permanente Aneinanderreihung von Veränderungen, die unser Leben bestimmt. Die Zeit hat nicht wirklich eine Bedeutung für uns.

Nehmen wir noch einmal eine Anleihe bei einem ebenfalls wunderbaren Film: „Und täglich grüßt das Murmeltier". Es ist immer die Rede davon, dass Phil in eine Zeitschleife gerät, aus der er fast nicht mehr herauskommt. Stimmt das denn? Geht es wirklich um eine Zeitschleife? Tatsächlich geschieht etwas ganz anderes. Phils Leben kommt zum Stillstand. Er erlebt zwar diesen einen Tag in tausend verschiedenen Varianten, aber spätestens, wenn er dann in der Nacht einschläft, wird alles zurück auf Anfang gestellt. Immer wenn er nachts einschläft, fährt sein Leben gegen eine Wand, durch die er nicht hindurchkommt. An dieser Stelle bleibt sein Leben stehen: Es gibt keine Veränderung mehr. Sein Leben kommt an diesem Punkt zum Stillstand. Es ist nicht die Zeit, die stehen bleibt – es ist sein Leben, das stehen bleibt und es ist die Veränderung, die zum Erliegen kommt. Als Phil am Ende des Films neben Rita aufwacht, begreift er, dass sein Leben plötzlich wieder weitergeht, wieder an Fahrt aufnimmt. Er macht das überhaupt nicht an der Zeit fest. Er schaut nicht auf die Uhr oder auf den Kalender. Er sagt zu Rita: „Irgendetwas ist anders", also, irgendetwas hat sich verändert. Und auf die Rückfrage von Rita: „Gut oder schlecht?", meint er: „Alles, was anders ist, ist gut." Also, dass die Veränderung weitergeht, ist gut. Dass die Uhr weiter gelaufen ist, ist Phil in diesem Moment völlig gleichgültig.

Und was ist mit unserem Universum? Was passiert eigentlich in unserem Universum? Es passiert das Gleiche, wie in unserem menschlichen Leben. Das Universum verändert sich ständig, es gibt keinen Stillstand. Könnten wir das Universum von außen in seiner Ganzheit betrachten, dann würden wir sehen, dass das Universum von morgen schon wieder etwas anders aussehen wird, wie es heute ausgesehen hat. Auch das Universum wird von einer permanenten Aneinanderreihung von Veränderungen bestimmt. Ja, man kann sogar sagen, die Veränderung macht das Wesen des Universums aus – diese Veränderung selbst ist das Universum. Und dieses Wesen des Universums, die Veränderung, spiegelt sich in unserem Leben wider. Aber nicht nur in unserem Leben, sondern in allem, was im Universum passiert. Auch ein Stern unterliegt von seiner Geburt, bis zum Zeitpunkt, in dem er in einer Supernova explodiert, der permanenten Aneinanderreihung von Veränderungen.

Und welche Rolle spielt die Zeit? Stellen wir uns vor, die Veränderung würde plötzlich zum Stillstand kommen, es würde sich gar nichts mehr verändern, alles wäre morgen genau so, wie es heute gewesen war. Die Zeit würde aufhören zu existieren – die Zeit würde zu Eis gefrieren. Denn wenn sich nichts mehr verändern würde, was wollte die Zeit dann noch messen? Im Film muss Phil nach einer Weile morgens, wenn er aufwacht, gar nicht mehr auf seinen Radiowecker schauen. Er weiß auch so, welcher Tag es ist, welcher Tag an jedem Tag ist. Die Zeit hat aufgehört zu existieren und ist längst zu Eis gefroren.

Die Zeit ist nichts. Sie existiert nur durch die Veränderung. Ohne Veränderung ist die Zeit völlig bedeutungslos. Kann also die Zeit tatsächlich eine eigene Dimension sein, so wie Einstein behauptete? Die Zeit ist keine Dimension, die Zeit ist lediglich ein Anhängsel der echten Dimension. Diese echte Dimension aber, das ist die Veränderung. Diese Veränderung selbst ist das Universum. Die Veränderung ist das Prinzip und die treibende Kraft in unserem Universum – nicht der Ablauf von Zeit.

Und das kann man nun auch noch aus religiöser Sicht betrachten. Denn in diesem Prinzip der Veränderung, das sich in der Gestalt unseres Universums ausgeformt hat, kann man, wenn man es möchte, Gott erkennen. Für die Menschen unter uns, die sich aber Gott lieber als ein Individuum vorstellen, so wie wir Menschen Individuen sind, bleibt die Möglichkeit, nicht im Prinzip Gott zu erkennen, sondern Gott als das Individuum zu sehen, das hinter dem Prinzip steht und dieses Prinzip erschaffen hat. Für die Frage nach der Existenz Gottes macht das aber keinen Unterschied. Der Unterschied besteht nur darin, wie jeder Einzelne von uns sich Gott vorstellen mag.

Kehren wir kurz zurück zum Film, den man als Metapher verstehen könnte, für das, was mit uns Menschen wirklich passieren müsste. Phil muss diesen einen Tag in tausend verschiedenen Varianten erleben, und allmählich wird er zu einem besseren Menschen. Er wird von einem mürrischen, unfreundlichen und egoistischen Menschen, der nur an sich selbst denkt und sich über alle anderen lustig macht, zu einem besseren Menschen. Am Ende des Films hat er sich völlig gewandelt; er ist zu einem empathischen Menschen geworden. Erst als er an diesem Punkt angelangt ist, darf er sein Leben endlich weiterführen, geht sein Leben endlich weiter. Möglicherweise erwartet uns etwas Ähnliches: Wir werden unsere Zivilisation nur weiterführen können, wenn wir es vorher geschafft haben, genau wie Phil es geschafft hat, uns zu besseren Menschen zu verändern. Wenn wir es geschafft haben, uns von einem „Nur-Homo-sapiens" hin zu einem „Empathischen Homo sapiens" weiterzuentwickeln.

Was aber Einstein und seine vierte Dimension – die Zeit – betrifft: Da lag er falsch. In diesem einen Punkt hat sich Einstein geirrt. Er wird es mir verzeihen – meine Bewunderung für ihn bleibt.

# Danksagung

Mein besonderer Dank gilt Herrn Dr. Matthias Feldbaum für seine wertvolle Hilfe und Unterstützung bei der Realisierung dieses Buches. Man kann ein solches Projekt unmöglich allein stemmen, ohne die Mithilfe kompetenter Partner. Für das Einbringen dieser Kompetenz bedanke ich mich und auch für die offene, kritische und produktive Zusammenarbeit.

Mein Dank gilt auch meiner Frau, Irene Springweiler, für die Unterstützung, die Geduld und das Verständnis, das sie mir in den 12 Monaten, in denen dieses Buch entstanden ist, entgegengebracht hat.